DIREITOS FUNDAMENTAIS NAS RELAÇÕES ENTRE PARTICULARES

Teoria e Jurisprudência
do Supremo Tribunal Federal

Andréa Karla Amaral de Galiza

Prefácio
Paulo Lôbo

DIREITOS FUNDAMENTAIS NAS RELAÇÕES ENTRE PARTICULARES

Teoria e Jurisprudência do Supremo Tribunal Federal

Belo Horizonte

2011

© 2011 Editora Fórum Ltda.

É proibida a reprodução total ou parcial desta obra, por qualquer meio eletrônico, inclusive por processos xerográficos, sem autorização expressa do Editor.

Conselho Editorial

Adilson Abreu Dallari
André Ramos Tavares
Carlos Ayres Britto
Carlos Mário da Silva Velloso
Carlos Pinto Coelho Motta
Cármen Lúcia Antunes Rocha
Clovis Beznos
Cristiana Fortini
Diogo de Figueiredo Moreira Neto
Egon Bockmann Moreira
Emerson Gabardo
Fabrício Motta
Fernando Rossi
Flávio Henrique Unes Pereira

Floriano de Azevedo Marques Neto
Gustavo Justino de Oliveira
Jorge Ulisses Jacoby Fernandes
José Nilo de Castro
Juarez Freitas
Lúcia Valle Figueiredo (*in memoriam*)
Luciano Ferraz
Lúcio Delfino
Márcio Cammarosano
Maria Sylvia Zanella Di Pietro
Oswaldo Othon de Pontes Saraiva Filho
Paulo Modesto
Romeu Felipe Bacellar Filho
Sérgio Guerra

Luís Cláudio Rodrigues Ferreira
Presidente e Editor

Coordenação editorial: Olga M. A. Sousa
Revisão: Leonardo Eustáquio Siqueira Araújo
Bibliotecária: Tatiana Augusta Duarte – CRB 2842 – 6ª Região
Indexação: Clarissa Jane de Assis Silva – CRB 2457 – 6ª Região
Capa, projeto gráfico e diagramação: Walter Santos

Av. Afonso Pena, 2770 – 15º/16º andares – Funcionários – CEP 30130-007
Belo Horizonte – Minas Gerais – Tel.: (31) 2121.4900 / 2121.4949
www.editoraforum.com.br – editoraforum@editoraforum.com.br

G161d   Galiza, Andréa Karla Amaral de

          Direitos fundamentais nas relações entre particulares: teoria e jurisprudência do Supremo Tribunal Federal / Andréa Karla Amaral de Galiza; prefácio de Paulo Lôbo. Belo Horizonte: Fórum, 2011.

          224 p.
          ISBN 978-85-7700-428-7

          1. Direito constitucional. 2. Direito civil. I. Lôbo, Paulo. II. Título.

                                   CDD: 341.2
                                   CDU: 342

Informação bibliográfica deste livro, conforme a NBR 6023:2002 da Associação Brasileira de Normas Técnicas (ABNT):

GALIZA, Andréa Karla Amaral de. *Direitos fundamentais nas relações entre particulares*: teoria e jurisprudência do Supremo Tribunal Federal. Belo Horizonte: Fórum, 2011. 224 p. ISBN 978-85-7700-428-7.

A Marcos e aos meus filhos João Pedro e Ana.
Ao meu pai, Israel Gomes de Galiza (in memoriam*).*

Agradecimentos

É difícil agradecer, uma a uma, as pessoas que de alguma forma contribuíram para a realização deste trabalho. Os agradecimentos expressos sempre omitem pessoas importantes, que, contudo, não deixam de estar registradas na nossa memória ainda que ela nos tenha traído em determinado momento.

Agradeço, em primeiro lugar, aos meus pais, pelo estímulo.

Minha gratidão aos amigos da Procuradoria do Município do Recife pelo apoio e compreensão dispensados.

Na Pós-Graduação da UFPE agradeço aos Professores João Maurício Adeodato, Geraldo de Oliveira dos Santos Neves, Torquato de Castro Jr., Fabíola Santos Albuquerque, Gustavo Ferreira Santos e Artur Stamford e aos colegas de mestrado cuja companhia me proporcionou a parte mais proveitosa da pesquisa, tanto do ponto de vista intelectual quanto afetivo. Agradeço ao professor e amigo Alexandre da Maia pelo acolhimento e por ter ajudado, com sua coorientação, a contornar a insegurança no trato de temas oriundos da Teoria Geral do Direito, importantes para o trabalho. Sou grata, ainda, a Josi, a Carminha, a Eurico e a Gracinha pela delicadeza e presteza nos trabalhos de secretaria.

Meus agradecimentos a Patrícia do Amaral Gonçalves Oliveira pela assessoria e contribuição no desenvolvimento dos aspectos formais e materiais da pesquisa. Neste aspecto, destaco, também, as contribuições de Daniela Gadelha de Galiza, Tatiana Mariz e Juliana Correia e, especialmente, de Juracy Andrade.

Agradeço, por fim, ao Professor Paulo Lôbo, não apenas pela orientação segura, mas por ter sido responsável, com sua dignidade e seriedade acadêmica, pela importância que hoje posso tributar ao trabalho de pesquisa em Direito.

Sumário

Prefácio
Paulo Lôbo..13

Introdução..17
1 Delimitação do tema..17
2 Discussão terminológica...20
3 Desenvolvimento...23

Capítulo 1
A Identificação da Ofensa Privada aos Direitos Fundamentais: os Argumentos que Apontam para a Necessidade de Estender sua Aplicação às Relações entre Particulares 25
1.1 A construção dos direitos fundamentais como direitos subjetivos públicos: a ameaça estatal como pano de fundo para a elaboração teórica...26
1.2 O *big-bang* legislativo das sociedades "pós-modernas" e a quebra do monopólio do Código Civil na regulamentação das relações privadas..31
1.3 O problema dos poderes privados e a percepção de sua carga agressiva sobre os direitos fundamentais...36
1.4 A ampliação do raio de ação das normas constitucionais e a sua interferência sobre as relações privadas: a tentativa de reconstrução do sistema de Direito privado a partir dos princípios constitucionais....41

Capítulo 2
A Defesa da Irrelevância do Problema da Aplicabilidade dos Direitos Fundamentais às Relações Privadas: as Teorias que Reduzem o Tema à Relação dos Particulares com o Estado 47
2.1 A relação entre a dimensão objetiva dos direitos fundamentais, sua eficácia irradiante e os deveres de proteção por parte do Estado: a teoria do Tribunal Constitucional Alemão..49
2.2 A negação da liberdade como dado independente do Estado de acordo com a teoria da "convergência estatista" 58
2.3 A doutrina liberal da *state action* e a solução do Direito Constitucional americano para as agressões privadas aos direitos fundamentais.........60
2.4 Porque vale a pena a discussão..66

Capítulo 3
A Discussão sobre o Modo pelo qual os Direitos Fundamentais Vinculam os Particulares 71
3.1 A teoria da eficácia absoluta ou imediata 72
3.2 A defesa de uma eficácia mediata ou indireta dos direitos fundamentais..78
3.3 A defesa da eficácia mediata sob o prisma dos deveres de proteção.....84
3.4 O esforço ideológico da distinção entre particulares dotados e não dotados de poderes sociais para justificar (em alguns casos) uma vinculação direta aos direitos fundamentais..............................90
3.5 A proposta de solução "em três níveis" formulada por Robert Alexy.....94
3.6 Considerações críticas à luz da Constituição brasileira 96

Capítulo 4
Os Conflitos de Direitos Fundamentais nas Relações entre Particulares 105
4.1 A natureza conflituosa da invocação dos direitos fundamentais nas relações privadas...106
4.1.1 A tutela constitucional da autonomia privada 109
4.1.2 O problema da contradição normativa no momento de aplicação das normas constitucionais 118
4.2 A necessidade de ponderação...125
4.3 O problema da construção de precedentes diante da impossibilidade de solução única para cada caso..136
4.4 Precedências *prima facie*..139
4.5 Aspectos específicos da aplicação do princípio da igualdade nas relações entre particulares...144

Capítulo 5
A Análise Concreta da Eficácia Privada dos Direitos Fundamentais na Jurisprudência Constitucional Brasileira 153
5.1 Considerações iniciais...153
5.2 A aplicação do princípio da igualdade às relações privadas: o caso do tratamento desigual de empregado brasileiro efetuado pela empresa aérea *Compagnie Nationale Air France* 158
5.3 O direito à intimidade e à privacidade e o exercício da liberdade contratual: o caso da exigência de revista íntima por parte da empresa de *lingerie De Millus S. A.* 163
5.4 O direito ao conhecimento da origem genética e a proteção da integridade física: o caso da "condução do réu debaixo de vara" para realização do exame de DNA 171
5.5 O conflito entre a autonomia privada e o direito ao contraditório e à ampla defesa: os casos da exclusão de sócios de cooperativas e associações 181

5.6   O problema da impenhorabilidade do bem de família do fiador e a garantia de não intervenção pelo locatário no seu direito constitucional à moradia..190

Conclusão 197

Referências 203

Índice de Assuntos 215

Índice da Jurisprudência 221

Índice Onomástico 223

Prefácio

Esta obra propõe-se a lançar luz sobre um dos mais importantes — provavelmente, o mais importante — temas da interlocução entre o direito privado e o direito constitucional brasileiros, na atualidade, máxime a partir da Constituição de 1988. Resultou de estudos e reflexões feitos com apuro e cuidado pela autora sobre a construção doutrinária desenvolvida nas últimas décadas, no mundo ocidental, e sobre as soluções dos tribunais, notadamente de casos exemplares julgados pelo Supremo Tribunal Federal.

O problema é assim posto, nesse campo instigante: até que ponto e de que modo os direitos fundamentais são aplicados nos conflitos entre pessoas físicas e jurídicas privadas?

A autora assume clara posição na controvérsia existente, no sentido de afirmar, com nosso apoio, que, no direito brasileiro, a aplicabilidade dos princípios e regras constitucionais que estabelecem direitos fundamentais são direta e imediatamente aplicáveis às relações entre pessoas privadas. Discorda, portanto, da doutrina que terminou por prevalecer na Alemanha, inclusive na Corte Constitucional, da eficácia mediata e indireta desses direitos entre os particulares, segundo a concepção tradicional de sua oponibilidade apenas ao Estado, daí irradiando efeitos reflexos nas relações privadas. Criticando a teoria da eficácia apenas mediata e indireta, e que continua contrapondo Estado e sociedade civil, Constituição e direito privado, disse Raiser[1] que é contraditória porque pressupõe o direito privado em uma dimensão rígida e anti-histórica. Com efeito, no Brasil, acertadamente, os tribunais passaram a aplicar imediatamente, sem aguardar a interposição do legislador ordinário, os direitos fundamentais estabelecidos na Constituição de 1988, desde seu advento, e diretamente nas relações privadas. Os casos analisados pela autora são boa amostra dessa orientação.

A doutrina brasileira do direito civil constitucional construiu caminho próprio, no rumo da aplicabilidade direta e imediata das

---

[1] RAISER, Ludwig. *Il compito del diritto privato.* Trad. Marta Graziadei. Milano: Giuffrè, 1990. p. 175.

normas constitucionais, sem se impressionar com as interferências políticas, ideológicas e econômicas do refluxo do Estado de bem-estar social na Europa, nos países em que as demandas sociais encontram-se razoavelmente satisfeitas e que estão sob o fascínio da globalização econômica.[2] O Brasil é um Estado social sob o ponto de vista jurídico-constitucional, mas ainda é projeto no campo da justiça social, ante a exclusão da maioria da população. Além de que a ideologia constitucionalmente estabelecida é a do Estado social e democrático de direito.

A autora não desconhece nem minimiza a dificuldade hermenêutica que essa opção acarreta, ou seja, qual direito fundamental deve prevalecer, já que ambas as partes são titulares de direitos fundamentais de igual envergadura e não se está ante o clássico meio de defesa do cidadão contra o Estado. Não se cuida de defesa das liberdades públicas ameaçadas ou violadas pelo Estado, mas de ameaça ou violação de direito fundamental de um particular por outro, também titular de direito fundamental, que por sua vez também pretende garantir. A autora toma posição no sentido da adoção de critérios verificáveis de ponderação, que permitam identificar, no caso concreto, qual o direito fundamental (e, consequentemente, o titular) que apresenta maior peso e deve ser considerado.

A autora chama atenção para, na maioria das situações levadas ao Judiciário, o fato comum de uma das partes invocar invariavelmente o princípio da autonomia privada consubstanciado na liberdade negocial (em alguns casos, também o direito de propriedade) ou o direito de autodeterminar-se em face de outra, e a preocupação de influente doutrina com o risco à tutela de liberdade pessoal. Todavia, essa doutrina parte do equívoco da primazia da autonomia privada, que não é princípio absoluto e frequentemente tem de ceder ante a irrupção forte da dignidade da pessoa humana, que pode ser sopesada no caso concreto, mas nunca afastada. Como diz a autora, não se pode de antemão garantir que tais decisões judiciais, na prática, venham ou não a conduzir a uma asfixia da liberdade ou a uma destituição de efetividade dos direitos fundamentais.

A consideração de primazia da autonomia privada, que nem princípio constitucional explícito é, pode levar ao aniquilamento dos

---

[2] Também entre constitucionalistas brasileiros com visão mais atenta da realidade social brasileira, que consideram conservadora a tese dominante na Alemanha da eficácia horizontal indireta. Cf. SARMENTO, Daniel. A vinculação dos particulares aos direitos fundamentais no direito comparado e no Brasil. DIDIER JR, Fredie (Org.). *Leituras complementares de processo civil*. Salvador: JusPodivm, 2007. p. 156.

valores que se concentraram no princípio da dignidade da pessoa humana, como ocorreu no julgamento do RE nº 407.688, pelo STF, cuja maioria entendeu que a impenhorabilidade do bem de família não alcançava o fiador em contrato de locação de imóvel. Contudo, o que subjaz na garantia de impenhorabilidade do local em que vive a pessoa e sua família é a preservação do patrimônio mínimo necessário a suas existências e, consequentemente, da concretização de suas dignidades, tanto em relação ao locatário inadimplente quanto ao fiador, que não podem ser afastadas em razão de estímulo à oferta de moradias pelos locadores, referida no voto vencedor.

Em outro julgamento, também analisado pela autora, o STF (RE nº 201.819-RJ, em 2005), relativamente à exclusão de associado de associação civil sem lhe garantir direito de defesa, pela primeira vez, adota explicitamente a doutrina da aplicabilidade direta e imediata, cujo voto vencedor afirma que "os direitos fundamentais assegurados na Constituição vinculam diretamente não apenas os poderes públicos, estando direcionados também à prestação dos particulares em face dos poderes privados" e que os princípios constitucionais são limites à autonomia privada.

Outra questão controvertida nessa matéria é relativa aos poderes privados. A autora filia-se à corrente de que a aplicabilidade direta e imediata, no Brasil, não depende da existência de um poder privado dominante, que desafie o direito fundamental da outra parte. Mas, quando ficar configurada sua existência, a "parte dotada de menor poder social deve possuir um peso maior do que o princípio invocado pela parte mais poderosa".

São, portanto, questões relevantes que apontam para a necessidade da releitura do direito privado, notadamente do direito civil, sob influxo permanente dos valores vertidos em normas constitucionais. Esta obra é efetiva contribuição nesse bom caminho.

Paulo Lôbo
Doutor em Direito Civil pela USP.

Introdução

Sumário: **1** Delimitação do tema – **2** Discussão terminológica – **3** Desenvolvimento

1 Delimitação do tema

Tradicionalmente os direitos fundamentais foram entendidos como opostos ao Estado. Seja por influência de uma teoria liberal, seja pela herança estatalista da chamada Escola do Direito Público Subjetivo (Jellinek), a ideia de que os direitos fundamentais expressam a repartição entre as liberdades individuais e o âmbito de atuação soberana do Estado (FORSTHOFF, 1975, p. 124-125), tendo apenas este último como sujeito obrigado, constituiu durante anos um lugar-comum na teoria constitucional.

Em meados do século passado, contudo, sobretudo nos Estados Unidos e na Europa, passou a ganhar corpo a discussão sobre a possibilidade de que as normas definidoras dos direitos fundamentais fossem aplicadas também aos particulares nas suas relações. A experiência social, com reflexo nos tribunais, pôs a claro que as violações a direitos fundamentais não estavam circunscritas ao âmbito das relações entre o Poder Público e os cidadãos, mas ocorriam, também, nas relações entre particulares, especialmente quando um deles é dotado de significativo poder social.

Do ponto de vista estritamente jurídico, este estudo investiga se as normas definidoras de direitos fundamentais são aplicáveis às relações jurídicas estabelecidas entre particulares e de que modo se dá esta aplicação. Trata-se de verificar se é possível admitir a invocação por um particular frente a outro de um direito fundamental ou, dito de outro modo, se os particulares podem ser tomados como sujeitos obrigados (destinatários) diante do conteúdo das normas de direitos fundamentais.

Formulemos alguns exemplos: 1. Uma escola particular dirigida por religiosos de orientação católica recusa-se a receber crianças não batizadas ou cujos pais professem uma religião diferente da adotada no colégio. Poderão os pais invocar a liberdade religiosa garantida no art. 5º, VIII, da Constituição Federal para assegurar a matrícula dos filhos no estabelecimento, em outras palavras, é possível limitar a liberdade religiosa por contrato? (ANDRADE, 1998, p. 275). 2. Uma empresa propõe a uma executiva de *top*, como única alternativa para manter seu emprego, assumir uma importante função de direção. Porém, terá que se abster de engravidar por um período mínimo de 5 (cinco) anos, o que significaria, em função de sua idade, riscos de não mais engravidar. Poderia a funcionária invocar, frente à empresa, seu direito fundamental a livre disposição do corpo para anular a cláusula contratual? (CANOTILHO, 2000, p. 111). 3. Pode alguém ser conduzido coercitivamente à realização de exame de DNA para garantir o direito ao conhecimento à origem genética por parte de prováveis filhos? 4. As pessoas jurídicas de direito privado estão obrigadas a respeitar, na relação com seus sócios, o princípio da ampla defesa? 5. Uma empresa pode conferir privilégios a seus trabalhadores em detrimento de outros em função exclusivamente da sua nacionalidade? 6. É lícito a uma empresa contratar ou deixar de contratar empregados em face de orientação religiosa, sexual ou política? 7. Os donos de estabelecimentos comerciais abertos ao público (hotéis, bares e restaurantes) podem recusar a prestação do serviço a determinadas classes de pessoas? (ANDRADE, 1998, p. 275).

Boa parte desses problemas jurídicos não são novos e para a maioria deles a doutrina e jurisprudência (inclusive as brasileiras) já há algum tempo apontam soluções no direito privado, ou, de forma intuitiva, na própria Constituição.

Existe, contudo, todo um conjunto de considerações, do ponto de vista da Teoria dos Direitos Fundamentais, sobre ser ou não aplicáveis as normas definidoras desses direitos nas relações entre dois sujeitos privados. A verdadeira peculiaridade do tema não reside apenas no fato de que se cogita da superação da orientação "clássica" (MÜNCH, 1997, p. 32), a qual opõe os direitos fundamentais tão somente ao Estado, mas na constatação de que a relação jurídica se estabelece entre dois titulares de direitos fundamentais, o que não ocorre quando o poder público é um dos envolvidos (ALEXY, 2001, p. 511; MÜNCH, 1997, p. 26). Em função disso, a sujeição dos particulares aos direitos fundamentais não se dará do mesmo modo que a sujeição estatal, pois o particular, diferentemente do Estado, sempre poderá invocar em seu favor um princípio de liberdade, consubstanciado em sua autonomia privada. Por essa razão, será discutido se os direitos fundamentais são aplicáveis às relações privadas diretamente ou através das disposições de Direito civil.

O tema da aplicabilidade dos direitos fundamentais nas relações privadas foi objeto de numerosos debates na Alemanha, onde, já na década de 50, foi batizado como *Drittwirkung* (traduzido para o português como "eficácia externa" ou "eficácia em relação a terceiros". SARLET, 2000, p. 113).[1] Também na Alemanha é usual a denominação de eficácia horizontal (*horizontalwirkung*) em contraste com uma eficácia vertical dos direitos fundamentais (relativa à relação tradicional entre Estado e particular) ou, ainda, eficácia irradiante (ALEXY, 2001, p. 206). O material teórico ali desenvolvido acabou sendo transportado para outros países, onde tem recebido atenção considerável, seja por parte da doutrina, seja pela jurisprudência, de que são exemplos Espanha e Portugal.[2]

Na abordagem estrangeira, têm repercutido e obtido atenção os aspectos processuais envolvidos no tratamento do problema, especialmente na Espanha, onde especificamente se discute a possibilidade de impetração de recurso de amparo por um particular. As questões de ordem processual relativas ao uso de medidas ou remédios constitucionais tendentes ao exercício de direitos fundamentais na esfera privada não serão objeto desta análise. Com Daniel Sarmento (2004, p. 7), compartilhamos a ideia de sua importância secundária no Brasil, tendo em vista a existência de controle difuso de constitucionalidade, o que evita maiores dificuldades no tocante à tutela processual dos direitos fundamentais.

Cabe, também, esclarecer que o problema da aplicação dos direitos fundamentais às relações privadas não interessa a todos os direitos fundamentais consagrados em normas constitucionais. Alguns direitos fundamentais insertos na Constituição brasileira e, de maneira geral, em todas as constituições escritas (MÜNCH, 1997, p. 34), por sua própria dicção, se orientam exclusivamente ao Estado. Assim, o direito à nacionalidade, direito de asilo e não extradição ou os que fixam algumas garantias processuais (não todas), em especial no âmbito penal, têm

---

[1] De acordo com Ingo von Münch (1997, p. 28), conhecido publicista germânico, a expressão *Drittwirkung*, ao que consta, foi cunhada por Jörn Ipsen, em obra publicada em 1954, denominada *Die Grundrecht*.

[2] O tema é hoje discutido também na Irlanda, Itália, Bélgica, Holanda, Áustria, Suíça, África do Sul, dentre outros países (cf. MÜNCH, 1997, p. 28). No Brasil, o debate já começa a ficar mais consistente, seja no campo do Direito privado (especialmente entre os autores que trabalham sob a perspectiva de um direito civil constitucional), seja entre os constitucionalistas, destacando-se o pioneiro artigo de Ingo Sarlet (2000), a tese de doutorado do professor Daniel Sarmento (2004), o trabalho de Wilson Steinmetz (2004) e (2005), de André Rufino do Vale (2004); de Paulo Gustavo Gonet Branco (2002), de Gilmar Ferreira Mendes (2006), de Rodrigo Kaufman (2003) e de Virgílio Afonso da Silva (2005).

como destinatário apenas o Estado, de modo que, no tocante à aplicação deles, não tem, por óbvio, interesse o presente estudo.

Por outro lado, as questões aqui analisadas não incluem o questionamento da aplicação interprivada dos chamados direitos prestacionais (direitos econômicos, sociais e culturais ou direitos de "participar do bem-estar social"), ditos de 2ª geração ou dimensão (LAFER, 2003a, p. 127). Tampouco os direitos de titularidade coletiva ou difusa (como o direito à proteção do meio ambiente ou do patrimônio histórico), classificados já como de 3ª geração. Aqui serão analisados os problemas decorrentes da aplicação dos direitos de liberdade (que inclui também o direito à igualdade), classificados entre os direitos de 1ª geração, incluindo um conjunto de liberdades de exercício coletivo, como, por exemplo, a liberdade de associação (LAFER, 2003a, p. 127).[3] São exemplos desses direitos o direito à autonomia contratual, as liberdades de manifestação e expressão, a liberdade de imprensa, ao livre exercício da profissão etc. Na análise, incluem-se, também, direitos ligados à própria afirmação do indivíduo como pessoa (direitos da personalidade), como, por exemplo, o direito ao conhecimento da própria origem genética e o direito a livre disposição do próprio corpo.

2 Discussão terminológica

A utilização de algumas expressões para denominar o tema ora tratado tem sido objeto de crítica por alguns autores (SARLET, 2000, p. 112-117; STEINMETZ, 2004, p. 39-58). Especialmente em relação ao seu tratamento na Alemanha, argumenta-se que expressões como "efeito externo" e "eficácia em relação a terceiros" remetem a uma teoria consolidada naquele país que não poderia ser transportada para a realidade jurídica de outros ordenamentos: ela afirmaria de saída que os particulares não podem ser considerados sujeitos obrigados das normas de direitos fundamentais. Seriam, em relação a elas, apenas

---

[3] Daniel Sarmento procura introduzir na discussão aqui travada a aplicação dos seus postulados também a estes direitos de 2ª e 3ª geração, questionando a possibilidade de opô-los também a entes privados, o que exigiria uma atuação comissiva desses entes, para garantir a sua satisfação. A ampliação do tema a tais direitos é nova e dotada de tratamento impreciso, de modo que, segundo reconhece o próprio autor, seu tratamento fica muito restrito a abordagens tópicas e casuísticas (SARMENTO, 2004, p. 337), sendo cercado de uma série de cautelas. Sem desconhecer sua importância, optamos por não abordá-lo, limitando-nos às situações que já forjaram uma discussão mais substanciosa e ligada a uma série de casos já decididos pela jurisprudência nacional e estrangeira e que se referem à aplicação dos direitos ditos de 1ª geração.

terceiros, estando de fora do referencial semântico da norma definidora destes direitos, o mesmo se podendo dizer em relação à expressão "eficácia irradiante" (SILVA, 1986, p. 42). Assim, estas expressões trariam inconvenientes para quem vai sustentar uma teoria em sentido contrário. Já a denominação "eficácia horizontal" recebe, de um lado, a crítica de padecer do problema oposto, por ser excessivamente metafórica, nada indicaria quanto ao objeto designado; e, de outro, traduziria uma igualdade entre os envolvidos (na noção de horizontalidade) que nem sempre ocorre nas relações privadas, algumas delas travadas entre particulares desiguais em termos de poder, mais aproximadas de uma relação vertical (SARLET, 2000, p. 114).

Por outro lado, entende-se que o termo "eficácia" não é adequado para designar o problema, porque o que estaria em discussão seria o âmbito de validade das normas definidoras dos direitos fundamentais, como pretendem Peces-Barba Martínez (1999, p. 618) e Vieira de Andrade (2003, 272, nota 3). Para estes professores, a eficácia dos direitos fundamentais entre os sujeitos privados refere-se a aspectos de ordem processual, atribuindo a confusão terminológica à adoção acrítica da doutrina alemã e ao seu transporte irrefletido para outros ordenamentos. Peces-Barba (1999, p. 618) exemplifica como um problema de eficácia o de se perquirir sobre a possibilidade de utilização de remédios constitucionais (instrumentos processuais), para proteger direitos fundamentais nas relações entre particulares, afirmando que a questão da vinculação dos particulares diz respeito a um problema "de âmbito de validade pessoal dos direitos, dos titulares dos mesmos e da validade material, quer dizer, das relações a que se aplicam".

Na verdade, a crítica de Peces-Barba decorre de uma tentativa preliminar de não fazer interferir na análise do problema o fato de existir ou não no ordenamento jurídico um instrumento processual destinado a corrigir as lesões perpetradas por particulares a direitos fundamentais de outros. Essa interferência é especialmente relevante no caso do ordenamento espanhol, em que a Lei Orgânica do seu Tribunal Constitucional (art. 41.2) restringe o chamado recurso de amparo apenas aos casos de violação de direito fundamental pelo Poder Público. A preocupação do autor, que irá defender a tese de que as normas de direitos fundamentais são válidas nas relações entre particulares, é de não limitar o debate ao fato de haver ou não possibilidade de manifestação do Tribunal Constitucional, por meio de recurso específico, quanto a possível violação privada de direito fundamental. No raciocínio de Peces-Barba, saber se existe a possibilidade de se invocar um direito fundamental por parte de um particular frente a outro é uma coisa, outra diferente é saber se existe no ordenamento uma proteção processual específica e privilegiada para semelhante caso. Tal problema não possui maior significação no Brasil.

O que se verifica em torno dessas disputas terminológicas é que elas, sobre representar um esforço de suprimir imprecisões ou ambiguidades, cumprem um papel instrumental: servem às teorias que serão desenvolvidas a partir das escolhas efetuadas. Como se verá no desenvolvimento do trabalho, a teoria construída pelo Tribunal Constitucional Alemão não poderia adotar outro termo que não o da eficácia, uma vez que isso permitiria o manejo da ideia de externalidade.[4] Entender o problema a partir da expressão *âmbito de validade*, como faz Peces-Barba, já remete à afirmação de que as relações entre particulares compõem a abrangência semântica das normas definidoras dos direitos fundamentais (KELSEN, 2000, p. 13-16; WARAT, 1995, p. 35, 44),[5] e, por consequência, imputam aos particulares direitos e obrigações, facilitando a tese de que estes devem ser considerados sujeitos obrigados das normas definidoras de direitos fundamentais.

Esta função instrumental não significa que as questões terminológicas, por serem relativas às palavras, sejam desprovidas de importância.[6] Pelo contrário, as palavras não se esgotam nas informações que transmitem (função designativa). Elas tecem uma rede de significações que normalizam práticas sociais e interferem na realidade, constituindo situações objetivas (AUSTIN, 1976, p. 5-6). Não é à toa, portanto, que as escolhas terminológicas são influenciadas por uma teoria que se tem previamente em vista e, nesse sentido, são instrumentos poderosos de afirmação de posições, conscientes ou inconscientes sobre situações da vida (carga persuasiva).

O problema da distinção entre eficácia e validade é complexo e o seu enfrentamento constituiria uma investigação em si, um mergulho na teoria geral do Direito que fugiria aos objetivos do presente trabalho,

---

[4] De acordo com Vasco Manuel Pascoal Dias Pereira da Silva (1986, p. 82), a ideia de um efeito externo dos direitos fundamentais inspira-se no direito das obrigações, em especial na ideia de que os direitos de crédito possuem efeito duplo: um interpartes ou interno e outro, que aparece como seu complemento, que obriga terceiros a respeitarem o direito constituído pelos titulares primários da relação creditícia.

[5] A expressão "âmbito de validade" é encontrada em Bobbio (1997, p.87), que afirma existir um âmbito de validade temporal, espacial, pessoal e material das normas jurídicas e que corresponde àquilo que Kelsen, em sua *Teoria pura*, chamou de *domínio de vigência ou validade* das normas, distinguindo um domínio de validade pessoal e outro material. De acordo com Kelsen, o domínio de vigência (= a validade) de uma norma "é um elemento do seu conteúdo (interno), e este conteúdo pode ser predeterminado até certo ponto por uma norma superior" (2000, p. 14).

[6] Como afirma Daniel Sarmento (2004, p. 10).

até porque, há de se ver que o sentido de *validade da norma* (aspecto sintático) e de *âmbito de validade* (aspecto semântico) já merece uma diferenciação (FERRAZ JR., 2001, p. 120-124).

Se tomarmos o uso dessas expressões a partir da teoria constitucional brasileira, podemos afirmar que o termo *aplicabilidade* é o mais preciso para a investigação. José Afonso da Silva (2002, p. 51) define aplicabilidade da norma como "possibilidade de aplicação", como "atuação concreta da norma", consistente "no enquadrar um caso concreto numa norma jurídica adequada". Também Virgílio Afonso da Silva (2005, p. 56) entende a aplicabilidade como uma conexão entre o suporte fático da norma e os fatos e, nesse sentido, o termo é razoavelmente adequado ao tratamento do tema.

A investigação que ora se processa desenvolver-se-á visando simplesmente perquirir se é possível aplicar direitos fundamentais às relações privadas, o que implica em saber se os particulares podem ser sujeitos passivos de direitos fundamentais e como se dará esta aplicação. O problema de se estabelecer precisamente quando a questão se refere à eficácia ou à validade da norma é secundário. Utilizaremos o termo "aplicabilidade", mas, também, por estar consagrada no debate, a expressão "eficácia privada dos direitos fundamentais". Aludiremos, ainda, genericamente, a uma vinculação dos particulares aos direitos fundamentais, o que em nada comprometerá a precisão da discussão que será travada ao longo do trabalho.

3 Desenvolvimento

O primeiro capítulo destina-se a esclarecer o porquê da controvérsia em torno de serem ou não os direitos fundamentais aplicáveis às relações privadas. Em primeiro lugar, explica-se como a teoria tradicional construiu a ideia de que apenas o Estado seria o sujeito passivo de tais direitos (distorcendo, inclusive, a orientação contratualista), para, em seguida, demonstrar que esta concepção não é mais adequada à situaçao atual.

No segundo capítulo, serão analisadas e criticadas teorias que, mesmo sem pretender desamparar os particulares das agressões privadas, o fazem não através da oposição de particulares frente a particulares, mas de particulares frente ao Estado, reduzindo fundamentalmente o problema ora tratado aos seus moldes tradicionais. Trata-se de concepções que, de um lado, procuram enxergar nas agressões privadas uma agressão estatal, e, de outro, procuram identificar similitudes nas pessoas privadas com os poderes públicos, de modo que, elastecendo o conceito destes últimos, seria possível equipará-los para efeito do controle da violação.

No terceiro capítulo serão abordadas as disputas relativas ao modo pelo qual os particulares estão submetidos, nas suas relações, aos direitos fundamentais. Aqui serão analisadas basicamente duas linhas de raciocínio. A primeira é a de que as normas definidoras dos direitos fundamentais se aplicam diretamente às relações privadas e apenas neste caso pode-se afirmar que os particulares são também destinatários destas normas. A outra é a de que os direitos fundamentais se aplicam através da recepção pelos dispositivos de Direito privado do conteúdo das normas constitucionais, especialmente através do preenchimento das chamadas cláusulas gerais. Também se analisa o problema da distinção entre particulares dotados e não dotados de poder social e a sua utilização como critério teórico para se definir o modo de vinculação aos direitos fundamentais. Aborda-se, ainda, a tentativa de reconstruir a teoria da eficácia mediata sob o prisma dos deveres de proteção, para, nas considerações críticas, fixar a posição adotada neste trabalho.

O quarto capítulo analisa o problema dos conflitos entre direitos fundamentais que se instalam nas relações privadas e quais os parâmetros que poderiam ser utilizados na sua solução. Aqui está explicitada a opção feita neste trabalho de tratar o tema sob a perspectiva da colisão entre os direitos fundamentais e da adoção do procedimento da ponderação como adequado para resolvê-la. Em primeiro lugar, procura-se explicar como se processam esses conflitos nas relações entre os particulares, assentando-se alguns postulados teóricos necessários à sua caracterização. Em segundo, procura-se esclarecer como se desenvolve o procedimento da ponderação e como é possível a construção de parâmetros que balizem o julgamento de casos posteriores, para propô-los em seguida. Por fim, procura-se demonstrar que tais parâmetros são aplicáveis, também, ao princípio da igualdade, não obstante as especificidades de sua aplicação às relações privadas.

Por fim, o quinto e último capítulo procura analisar, à luz dos postulados teóricos fixados no trabalho, como a jurisprudência constitucional brasileira vem se posicionando diante do assunto, por ocasião da análise das situações concretas postas ao seu crivo, tecendo-lhe algumas críticas.

Capítulo 1

A Identificação da Ofensa Privada aos Direitos Fundamentais: os Argumentos que Apontam para a Necessidade de Estender sua Aplicação às Relações entre Particulares

Sumário: **1.1** A construção dos direitos fundamentais como direitos subjetivos públicos: a ameaça estatal como pano de fundo para a elaboração teórica – **1.2** O *big-bang* legislativo das sociedades "pós-modernas" e a quebra do monopólio do Código Civil na regulamentação das relações privadas – **1.3** O problema dos poderes privados e a percepção de sua carga agressiva sobre os direitos fundamentais – **1.4** A ampliação do raio de ação das normas constitucionais e a sua interferência sobre as relações privadas: a tentativa de reconstrução do sistema de Direito privado a partir dos princípios constitucionais

Afirmar que os direitos fundamentais regem as relações privadas parece evidente para o senso comum. Se existem normas que regulam a convivência coletiva e atribuem direitos às pessoas em geral, então por que aqueles consagrados nas constituições não seriam aplicáveis a estas relações?

Mas consolidou-se na teoria constitucional a ideia de que tais direitos estão inseridos numa relação jurídica que tem num dos polos o particular e no outro o Estado. Bilbao Ubillos (1997a, p. 851) afirma que não alcança compreender, como a essa altura, os manuais de Direito Constitucional seguem sem prestar a devida atenção ao problema. Em alguns deles, nem sequer é mencionada qualquer discussão acerca de serem os direitos fundamentais aplicáveis ou não às relações privadas. Dá-se por assentado que os direitos fundamentais só operam nas relações cidadãos-Estado, e os autores não se sentem sequer obrigados a fundamentar esta afirmação. É de se perguntar: "Por que se assume sem a menor vacilação, acriticamente, uma postura que apresenta tantos aspectos débeis?" (BILBAO UBILLOS, 1997a, p. 851). Este primeiro capítulo é dedicado à análise de como surgiu essa concepção e de quais os argumentos que apontam para uma mudança de perspectiva, de modo a se afirmar a necessidade de revisão da doutrina tradicional para submeter também os sujeitos privados às normas definidoras de direitos fundamentais.

1.1 A construção dos direitos fundamentais como direitos subjetivos públicos: a ameaça estatal como pano de fundo para a elaboração teórica

A noção material de direitos fundamentais, mesmo na sua acepção mais ampla de direitos humanos, não se processa fora da história (BOBBIO, 2004, p. 38). A ideia (metafísica) de um conteúdo essencial de direitos fundamentais, como tal independente das circunstâncias político-sociais, padece de certa "ingenuidade", seja teórica, por pretender ultrapassar a experiência finita e histórica do homem, seja prática, diante da necessidade de se construir, à luz das experiências concretas, uma teoria apta a dar conta das agressões reais a que estão sujeitos tais direitos. É difícil atribuir uma dimensão permanente e não variável para direitos que se apresentaram historicamente como relativos (LAFER, 2003a, p. 124). As diversas gerações (ou dimensões, como preferem alguns)[7] de direitos seguiram-se lançando luz na insuficiência das anteriores a partir das necessidades humanas contingentes e mutáveis e a sua afirmação só pôde se dar diante de uma postura crítica da realidade histórica (PEREZ LUÑO, 1996, p. 15).

Os direitos humanos são um construto que se equilibra entre um "universal fugidio" (Arendt) e uma dimensão particular caracterizada pela reflexão tópica de problemas havidos da experiência concreta e

---

[7] Alguns autores, a exemplo de Ingo Sarlet (2000, p. 49), preferem o termo "dimensão" para evitar a ideia de substituição de uma "geração" de direitos fundamentais por outra, quando o que ocorre, na realidade, é uma "complementação" da geração anterior com um acréscimo de novos conteúdos. Nesse sentido, afirma Perez Luño (1996, p. 15): "A nova geração não é simplesmente 'outra', mas, de certo modo, é também a anterior porque necessariamente deverá tê-la em conta para completar suas insuficiências e corrigir seus erros".

real (LAFER, 2003b, p. 122). Assim, os direitos que se gostaria de ter (BOBBIO, 2004, p. 35) são sempre influenciados pelos direitos que se tem. Toda interpretação dos direitos fundamentais vincula-se a uma determinada teoria acerca destes direitos, que, por sua vez, está associada a uma determinada concepção do Estado, da Constituição e da cidadania.

A possibilidade de aceitação da aplicabilidade das normas definidoras de direitos fundamentais às relações privadas está vinculada, se não a uma superação, pelo menos a uma revisão crítica daquilo que Juan Maria Bilbao Ubillos (1997a, p. 241) chama de concepção "tradicional" ou "clássica" dos direitos fundamentais: a de que tais direitos são oponíveis apenas ao Estado. Tal concepção é apontada como fruto da teoria liberal dos direitos fundamentais (BILBAO UBILLOS, 1997a, p. 233-237), inserida, assim, no contexto jurídico-político do Estado liberal. A construção teórica dos direitos fundamentais como oponíveis unicamente ao Estado decorre, segundo este raciocínio, de sua instrumentalização como limite contra o poder político, em favor de interesses privados e da autonomia individual.

Com efeito, as ideias iluministas, respondendo à ameaça do absolutismo, sedimentaram a defesa de uma esfera privada livre de ingerências estatais, procurando garantir um âmbito (formal) de liberdade individual que se afirmava como prévia ao Estado, e, portanto, intangível, reagindo assim às teorias pactistas que encaravam o contrato social a partir de uma entrega total de poder ao soberano, para a garantia da ordem e do equilíbrio da convivência social. Em Hobbes, o Estado é constitutivo das instituições da sociedade, inclusive da propriedade, podendo cassá-la se necessário, mas o Estado não "assina" o contrato, "pois no momento do contrato não existe ainda soberano, que só surge devido ao contrato" (RIBEIRO, 1996, p. 63).

A revisão da doutrina hobbesiana pelos filósofos iluministas posteriores implicou, face à reação às experiências concretas do absolutismo, a identificação do Estado como, ele próprio, agressor da esfera individual dos cidadãos e a necessidade de defendê-los de sua atuação ilimitada. Tal releitura destinou-se a corrigir a ideia de que as instituições sociais, em especial a propriedade, são concessões estatais, afirmando com veemência sua anterioridade ao Estado, cabendo a este preservá-las e garanti-las.

Mas o que permanece no perfil desse novo pacto social é que o acordo continua a se dar entre os cidadãos. Também aqui o Estado não toma parte no contrato, apenas se lhe outorga uma função de garantia. É de se entender os protestos precisos de Peces-Barba Martínez (1999,

p. 620), ao afirmar que "na origem histórica dos direitos humanos não existe base alguma que justifique a exclusão do âmbito das relações privadas dos direitos fundamentais", antes, pelo contrário, os direitos naturais, convertidos em civis e individuais, o são frente aos particulares. "O poder protege o direito, porém não se pensa de modo algum que o fim dos direitos seja só limitar o poder" (PECES-BARBA, 1999, p. 620).

Celso Lafer (2003a, p. 126-127) anota que os direitos de primeira geração, nesse sentido, aqueles consagrados na Declaração da Virgínia e na Declaração Francesa de 1789, se baseiam numa clara demarcação entre Estado e não Estado (sociedade), fundamentada no contratualismo de inspiração individualista. São, assim, direitos individuais relativamente aos seguintes aspectos: (a) quanto ao modo de exercício – é individualmente que se afirma, por exemplo, a liberdade de opinião; (b) quanto ao titular do direito – que é o homem em sua individualidade e, finalmente, (c) quanto ao sujeito passivo do direito – que são todos os demais indivíduos, "já que estes têm como limite o reconhecimento do direito do outro". Isso é bem delineado nas palavras do art. 4º da Declaração Francesa de 1789 que estabelece: [...] "A existência dos direitos naturais de cada homem tem como limite apenas aquele que assegura aos outros membros da sociedade o gozo destes mesmos direitos" (cf. LAFER, 2003a, p. 127). Desse modo, é possível afirmar que:

> [...] se partirmos da origem contratualista da maioria das teorias sobre os direitos a partir do trânsito à modernidade e da distinção entre estado de natureza e estado de sociedade, os direitos naturais são sempre direitos nas relações entre privados, posto que no estado de natureza (Locke) não existe poder (PECES-BARBA, 1999, p. 619).

Assim, na sua formulação liberal como limitadores do poder, os direitos fundamentais serviram de justificativa para a existência de barreiras à atuação estatal, confundindo-se, num dado momento, com elas próprias. De início, a teoria era sustentada em pressupostos racionais jusnaturalistas, que afirmavam um direito universalmente válido, superior ao direito positivo, e, portanto, vedado a incursões restritivas do Estado. Posteriormente, contudo, diante da contestação positivista às teses metafísicas do direito natural, eles acabaram por receber uma fundamentação estritamente estatalista, a qual procurou enquadrá-los na categoria positiva de direito público subjetivo.

A ideia de que os direitos fundamentais encerram uma relação entre indivíduo, de um lado, e Estado, de outro, ganhou assim sua expressão mais acabada na chamada Escola do Direito Público Subjetivo, construída no marco do formalismo jurídico alemão do século XIX, através da doutrina de Gerber (1971) e Jellinek (1919). Estes autores procuraram trazer para o constitucionalismo a categoria do direito subjetivo tal como forjada no Direito privado, na qual até então traduzia um domínio de afirmação da vontade individual (WIEACKER, 2004, p. 717).[8] A nova categoria se apresentará com o intento de oferecer uma configuração jurídico-positiva da exigência mantida pela teoria dos direitos naturais de afirmar as liberdades do indivíduo frente à autoridade do Estado. Para tanto, era preciso enquadrar as estruturas do poder de uma maneira que fosse possível a instalação de relações jurídicas entre o Estado e os particulares, o que implicava num reconhecimento da personalidade jurídica do Estado (JELLINEK, 1912, p. 36), que, desse modo, adquiria a titularidade de direitos e obrigações para com os cidadãos, estabelecendo-se, também, uma consequente tutela jurisdicional das situações subjetivas assim instituídas (PEREZ LUÑO, 1999, p. 56-57).

Esse aspecto é especialmente ressaltado por Gerber (1971, p. 203), ao tratar da submissão dos cidadãos ao poder estatal:

[...] o direito estatal de submissão não se esgota na submissão do cidadão, ao mesmo tempo atribui por esta submissão e em virtude dela uma série de importantíssimos poderes: os direitos civis e em particular os direitos políticos que, em certa medida, têm o caráter de correlativos. Surge, assim, entre o Estado e as pessoas a ele submetidas um vínculo jurídico, uma relação correspondente de direitos e deveres.

Desenvolvendo o raciocínio de Gerber, Jellinek (1912, p. 96) defenderá que o fato de pertencer a um Estado faz com que os cidadãos se conectem a uma série de relações geradoras de situações jurídicas que constituem os direitos públicos subjetivos. Tais situações jurídicas não são dotadas de um conteúdo determinado, são posições meramente formais. De acordo com Jellinek, os direitos subjetivos afirmam-se

---

[8] O individualismo moderno concebe a liberdade como a faculdade de autodeterminação do ser humano (isolado), capaz de razão independentemente da comunicação intersubjetiva (Descartes), o que culminará na elaboração de um conceito de direito subjetivo inspirado na ideia kantiana de autonomia, que destaca os poderes de agir atribuídos ao indivíduo. O direito subjetivo era um *prius* em relação ao direito objetivo, e, assim, se converte em "palavra-chave do Direito Moderno". A figura do direito subjetivo serviu no ideário liberal de enquadramento para os direitos do homem e da personalidade, todos representativos do desenvolvimento teórico do individualismo (numa época em que começava a se afirmar o mercado e a competição), inspirado num princípio formal de igualdade que reagia ao correspondente conceito medieval de *status* ou *privilégio* (LAFER, 2003a, p. 121).

progressivamente em quatro fases ou *status*. O primeiro, *status subjectionis* (1912, p. 96-97), não gera nenhum direito, pois implica uma posição passiva dos destinatários diante do Estado, reflete a situação de sujeição à qual se submete o indivíduo diante do poder estatal. A segunda fase corresponde ao *status libertatis* (1912, p. 105-126), através do qual se reconhece uma esfera de não ingerência do poder na atividade dos indivíduos, comportando uma situação negativa. A terceira, chamada de *status civitatis* (1912, p. 127-150), permite ao cidadão solicitar um comportamento ativo por parte do Estado. Trata-se de uma situação positiva (*positive status*) na qual já existem autênticos direitos públicos subjetivos aos moldes dos direitos civis. Por último, o *status ativae civitatis* (1912, p. 151-212) ou situação ativa em que os cidadãos desfrutam de direitos políticos participando da vontade do Estado como membros da comunidade política.

Enquanto nas teses jusnaturalistas, especialmente na construção dos séculos XVII e XVIII, a positivação dos direitos fundamentais funciona como um processo declaratório de direitos essenciais do homem, e, portanto, anteriores e fundamentadores do direito positivo, Jellinek (1973, p. 591) vê no processo de positivação um elemento constitutivo dos direitos fundamentais, na medida em que afirma que "todo o direito é direito positivo". Através da situação que deriva do que chamará de *status passivo* ou *subjetionis*, Jellinek (1912, p. 92-93, 96) destaca a inexistência de uma "personalidade absoluta" do indivíduo, independente do poder estatal, uma vez que esta seria uma concepção incompatível com a fundação do Estado, só admissível na personalidade mística do direito natural:

> [...] um ser vivente é elevado à condição de pessoa, de sujeito de direito, antes de tudo pelo fato de que o Estado lhe atribua a capacidade de reclamar eficazmente a tutela jurídica estatal; é o Estado, então, que cria a personalidade.

Surge aí um paradoxo (aporia), apontado por Rafael de Asís Roig (2000, p. 91): apesar de concebidos como limites ao poder do Estado, os direitos fundamentais precisavam do Estado para o seu reconhecimento. O raciocínio desenvolvido era o de que o próprio Estado, através do legislador, renunciava a regulação de determinados âmbitos das relações individuais, autolimitando-se, de modo que a liberdade privada era, assim, uma liberdade consentida pelo poder estatal, da qual decorria o *status libertatis* dos cidadãos. Dentro de uma visão puramente estatalista do Direito, os direitos fundamentais serviam como direitos à imunização da autonomia privada (esta, por sua vez, adequadamente regulada pelo Código Civil), a serem exercidos unicamente contra o Estado.

Assim, a construção de uma teoria dos direitos fundamentais como direitos públicos subjetivos, cuja influência ainda hoje se faz sentir, por exemplo, nos esforços interpretativos para se manter, mesmo que através de uma noção alargada, o poder público como sujeito passivo de direitos fundamentais, desenvolveu-se pautada em pressupostos históricos e ideológicos específicos. Tais pressupostos visavam prevenir restrições estatais à autonomia privada e, ao mesmo tempo, conferir certeza metodológica à ciência jurídica através do rechaço a teses metafísicas não passíveis de comprovação científica (HESSE, 2001, p. 41). Desse modo, a teoria do direito público subjetivo é uma doutrina adaptada ao funcionamento de um determinado tipo de Estado, o liberal (PEREZ LUÑO, 1999, p. 34), e a um tipo de concepção do Direito, a positivista.

1.2 O *big-bang* legislativo das sociedades "pós-modernas" e a quebra do monopólio do Código Civil na regulamentação das relações privadas

A ideia de que os direitos fundamentais operam unicamente na relação cidadão/Estado, estando as relações privadas fora do seu âmbito de atuação, não pode ser perfeitamente apreendida sem que se atente para o papel e para a influência do processo de codificação típico do século XIX e da fé nos códigos e no Direito civil como *locus* regulativo das relações entre particulares (LÔBO, 1999a, p. 99).

Os códigos, fruto da tentativa de construção de um sistema dito científico, cujo alto grau de abstração fazia crê-lo liberto de injunções econômicas ou políticas, pretendiam esgotar no seu conteúdo a tutela das relações privadas, combinando aspirações de neutralidade, estabilidade e unidade. Pretendiam sistematizar todo o conteúdo do Direito privado num corpo único, que servia como uma espécie de manual, podendo ser por todos manuseado e consultado nos casos duvidosos, servindo-lhes de guia no desempenho de suas obrigações (LORENZETTI, 1998, p. 42-43, 59).[9]

---

[9] Joseph Esser (1961, p. 186-187) chama atenção para o fato de que a atitude "enciclopédica" e o esforço de simplicidade constituíram características do Código Civil napoleônico, neste particular um pouco distinto do Código Civil da Áustria, resultado da ilustração e da erudição filosófica (de ar patriarcal) presente no mundo austríaco. Neste aspecto o projeto

Havia mesmo uma ideia de ordem privada (social) como ordem natural perfeita e, portanto, autossuficiente. A ordem privada se autorregulava por uma mão invisível, pois se tratava do *locus* das relações entre iguais, e, por conseguinte, entre os que se entendiam. Os direitos fundamentais (como barreiras de atuação), nesta ordem privada por si independente, não teriam sentido. Ela requeria um tipo de regulação específica que prestigiasse e reproduzisse, sem interferir, este princípio ordenador imanente (PECES-BARBA, 1999, p. 620-621).[10]

De acordo com Peces-Barba Martínez (1999, p. 622), para que se entenda os argumentos que levam à limitação dos direitos fundamentais no âmbito das relações cidadãos/Estado, é interessante que se atente para a distinção feita por Domat entre leis imutáveis, que coincidem com o Direito privado e são assim por serem naturais e justas, e leis arbitrárias, estas coincidentes com o Direito público e que são editadas por uma autoridade legítima que pode mudá-las e aboli-las conforme seja necessário. O papel reservado aos códigos era, desse modo, de regular adequadamente essa "ordem imutável" presente nas relações privadas, ao passo em que as normas de Direito público diziam respeito a outros quadrantes, àqueles relativos especificamente às relações entre os particulares e o Estado.

A crença na completude e no caráter sistemático do Código foi o postulado no qual se assentou a metodologia jurídica do século XIX, particularmente a desenvolvida pela Escola da Exegese. A Escola da Exegese estava fundamentada na ideia escrita por Laurent, em 1878, de que "os Códigos nada deixam ao arbítrio do intérprete", e, portanto, apenas em casos absolutamente excepcionais a lei era de fato insuficiente (PERELMAN, 2004, p. 32). A missão dos tribunais de estabelecer as consequências jurídicas dos fatos postos a sua análise deveria se ater ao que fora legislado, de modo que a posição do juiz é neutra,

---

do *Code* pretendia adequar-se "à evolução dos tempos" e da doutrina, pretendendo ser: "a-histórico, por ser herdeiro de uma revolução; não literário, porque evita adrede todo enlace com a tradição interrompida em 1793 e hostil à judicatura (melhor dizendo: hostil aos juristas), pois também era a arte hermenêutica do antigo corpo judicial representava uma peça do *ancien regime*".

[10] De acordo com Peces-Barba Martínez (1999, p. 620-621), esta ideia de racionalidade interna e de autorregulação das relações sociais (que se encontra na teoria econômica de Adam Smith), transferiu-se para o Direito privado na medida em que era identificado com o direito natural, regulador das relações estáveis e permanentes do homem em contraste com o Direito público que se ocupava das variantes relações de poder, inexistentes no estado de natureza (no sentido de Locke), e, portanto, arbitrárias. O primeiro "era expressão da razão", o segundo "da vontade". "O Direito privado tem em si a racionalidade incorporada e não necessita do apoio externo dos direitos" (PECES-BARBA, 1999, p. 621).

pois toma parte numa operação impessoal (uma espécie de cálculo) que lhe permite pesar a pretensão das partes de forma a satisfazer a necessidade de segurança jurídica.

O sistema jurídico deveria ser tratado como completo e livre de lacunas, incoerências, antinomias e ambiguidades que dessem azo a interpretações diferenciadas. Apenas diante de um tal sistema é que o juiz cumpriria sua missão de determinar os fatos do processo e daí extrair as consequências jurídicas sem a sua própria colaboração na elaboração legal (PERELMAN, 2004, p. 34).[11]

Nesse contexto, os direitos fundamentais, por constituírem matéria estranha ao Código Civil, ficavam de fora da atividade interpretativa e justificadora do aplicador jurídico no tocante às matérias consideradas privadas. Quando muito, os princípios constitucionais, vistos como normas políticas dirigidas ao legislador, funcionavam como meio de "confirmação ou de legitimação de um princípio geral de direito", que servia de parâmetro para a interpretação apenas excepcionalmente em situações lacunosas (TEPEDINO, 2000b, p. 2-3).[12]

Tal procedimento era e é estimulado ainda hoje por um apego ideológico aos valores tradicionais codificados, que monopolizaram durante longos anos o tratamento das questões privadas. Paulo Luiz Netto Lôbo (1999a, p. 103) chama atenção para uma tradição patrimonialista típica da codificação civil liberal, através da qual a pessoa se realizava no seu patrimônio. Esta linha ideológica constituía o fio que perpassava as diversas regulações privadas, desde os direitos obrigacionais (contrato), passando pelos direitos reais (propriedade), às relações afetivas (família) e se instalou de tal forma na cultura jurídica que, ainda hoje, dificulta a efetividade de uma série de normas constitucionais.

Essa forma de proceder começa a entrar em crise face à quebra do monopólio legislativo ordinário do Código Civil, dado o aparecimento de inúmeras legislações esparsas reguladoras de novos tipos de situações dificilmente enquadráveis no ideário do Código e sua

---

[11] Para uma análise mais detalhada de como se desenvolve o raciocínio silogístico do juiz para julgar e motivar suas decisões e das dificuldades encontradas ver (PERELMAN, 2004, p. 35-68). Também, (ATIENZA, 2002, p. 43-50).

[12] "O contraste entre a racionalidade da codificação, fundada na abstração, e os direitos fundamentais, que podem permitir uma abertura a valores não sistêmicos, se reflete na aplicação do Direito às situações concretas. Quando o Direito civil ainda é visto como um sistema fechado, mantendo-se a separação entre o público e o privado, Código Civil e Constituição, há a prevalência de uma racionalidade sistêmica em prejuízo da dignidade da pessoa e dos direitos fundamentais" (FACHIN; RUZYK, 2003, p. 97).

pretensão de regular a conduta dos cidadãos de forma igualitária e padronizada, nos moldes sistemáticos propostos pelo racionalismo moderno. São por demais conhecidas as críticas à razão moderna dirigidas por teorias enquadradas, na falta de melhor qualificativo, como "pós-modernas".

"A dar crédito a artistas, críticos e escritores", diz Sérgio Paulo Rouanet (2000, p. 229), "estamos vivendo um período pós-moderno".[13] A inquietação que gera esta afirmação não lhe passa despercebida:

> [...] dizer que somos pós-modernos nos dá um pouco a impressão de que deixamos de ser contemporâneos de nós mesmos. Seja como for, temos que aceitar filosoficamente o fato de que, na opinião de um grande número de pessoas, nem todas lunáticas, entramos na era da pós-modernidade.

Se não é possível falar com propriedade de um Direito pós-moderno — coloquemos, como faz Canotilho (2000, p. 115), em parênteses a caracterização da pós-modernidade —, é possível aludir a uma quebra das pretensões totalizantes que caracterizaram o século XIX, substituída por uma "bombástica" fragmentação legislativa das sociedades contemporâneas, nas quais, a lei vulgarizou-se, tendo reduzido a autoridade que possuía na época do surgimento dos Códigos.

Lorenzetti (1998, p. 45) afirma que o Código (referindo-se ao Código Civil argentino) divide sua vida com outros Códigos, com microssistemas jurídicos e com subsistemas. A "explosão" do Código (daí o *"big-bang"*) teria produzido um fracionamento da ordem jurídica semelhante ao sistema planetário, os microssistemas giram em torno de si próprios, assim como os planetas, enquanto o Código, como o sol, ilumina-os, interferem nas suas vidas, mas não pode incidir diretamente sobre eles. Aplicando uma feliz imagem de Wittgenstein ao Direito, o autor afirma que o Código é o centro da cidade, a que se acrescentaram novos subúrbios com seus próprios centros e suas próprias

---

[13] A ideia de pós-modernidade tomou conta dos debates em torno das possibilidades da ciência e dos saberes em geral principalmente a partir da publicação do ensaio de Lyotard (1979), a respeito da condição pós-moderna. Lyotard (1979, p. 11) põe em evidência o descompasso entre as promessas emancipatórias do iluminismo e a "lógica" do desempenho observável nas chamadas sociedades pós-industriais, característicos de uma racionalidade puramente instrumental e especializada, nocivas, assim, à democratização do saber. Sobre as dificuldades de compatibilização dos diversos paradigmas em que se apoiou a modernidade e o acirramento dos riscos, violência e ignorância fomentados pela ciência moderna, em especial, sobre o papel do Direito neste processo, ver (SANTOS, 2000, p. 50-52).

características: "As visitas uns aos outros são escassas e vai-se vez por outra ao centro contemplar 'relíquias históricas'".

É assombroso o quadro de desintegração legislativa. Basta tomar os índices remissivos de leis especiais constantes das edições do Código Civil brasileiro ou do Código Comercial para verificar a quantidade de assuntos importantes que estão regulados em leis esparsas (direito societário, relação de consumo, locação de imóveis, juros, falência, cheque, desapropriação, divórcio, cooperativas, correção monetária, liberdade de imprensa, mercado de capitais, mulher casada, penhor, propriedade intelectual, parcelamento do solo urbano, parcelamento rural, transplante de órgãos, criança e adolescente, arbitragem, falência, debêntures, *franchising*, microempresa, seguros, seguridade social, planos de saúde etc.).

Os códigos pretenderam uniformizar uma noção de cidadão, numa proposta de garantia de igualdade. Essa uniformização não existe mais. O Direito regula o homem fragmentado em diversos papéis, aos quais se dirige uma legislação específica: ao contribuinte, ao comprador, ao comerciante, ao usuário de serviços, ao trabalhador etc. A fragmentação jurídica gera a proteção de interesses hiperespecializados e horizontais, instaurando-se conflitos em que ambas as partes têm razão (LORENZETTI, 1998, p. 53-54).[14]

O contrato social que se encontra pressuposto no pensamento moderno perde a autoridade como fundamento de racionalidade da lei. Cai o mito do legislador racional, e a metodologia jurídica, diante da constatação inevitável da existência de lacunas e contradições no sistema jurídico e da dificuldade de supri-las, já busca caminhos que contornem o ceticismo quanto à possibilidade de controlar a arbitrariedade das decisões jurídicas. O Código Civil, assim, não é mais suficiente para regular as relações de direito privado, perdeu a sua função de "manual" e "guia", o que corrobora a necessidade de que os conflitos decorrentes das relações privadas sejam regulados também a partir da normativa constitucional, em especial das normas definidoras dos direitos fundamentais, dotadas de conteúdos mais abertos e capazes de fornecer soluções mais adequadas aos novos conflitos de Direito privado.

---

[14] Ricardo Luis Lorenzetti (1998, p. 54) ilustra: "O direito de informar, de que é titular o jornalista, confrontado com a privacidade de Maradona estabeleceu um debate nacional no qual se alegaram argumentos de igual valor para ambas as partes, sem que tenha ficado muito claro qual é o 'meio-termo'".

1.3 O problema dos poderes privados e a percepção de sua carga agressiva sobre os direitos fundamentais

O problema da ampliação dos poderes privados constitui, ainda, um argumento significativo para justificar a extensão da aplicabilidade das normas definidoras dos direitos fundamentais às relações privadas. Isto é dito, claro, levando-se em consideração um novo contexto histórico, portanto, com um novo viés político-ideológico, assim definido por Ingo Sarlet (2000, p. 118):

> [...] com a ampliação crescente das atividades e funções estatais, somadas ao incremento da participação ativa da sociedade no exercício do poder, verificou-se que a liberdade dos particulares — assim como os demais bens jurídicos fundamentais assegurados pela ordem constitucional — não carecia apenas de proteção contra ameaças oriundas dos poderes públicos, mas também contra os mais fortes no âmbito da sociedade, isto é, advindas da esfera privada.

O constitucionalista alude, assim, ao surgimento da necessidade de uma postura estatal ativa, no sentido de uma proteção integral e global dos direitos fundamentais, razão pela qual teria deixado de ocupar a posição de inimigo número um da liberdade e dos direitos do cidadão. Nesta afirmação, estão contidos dois dados importantes. O primeiro, refere-se à ameaça aos direitos fundamentais oriunda dos poderes estatais. É interessante notar que embora o autor refira-se a um aumento "de atividades e funções estatais", o que do ponto de vista do liberalismo significaria um potencial aumento da possibilidade de violação estatal de direitos fundamentais, afirma-se que o Estado deixa de desempenhar o papel de inimigo da liberdade e dos direitos do cidadão. No contexto do Estado Social, a intervenção do Estado, no que diz respeito a uma série de situações antes não cogitadas, deixa de ser temida para ser querida. E isto inclui não apenas a satisfação dos chamados direitos prestacionais (ditos de segunda geração), mas também uma postura ativa no sentido de garantir de forma global o exercício dos direitos fundamentais, impedindo intervenções restritivas ilegítimas e garantindo sua operatividade. O segundo dado diz respeito à possibilidade de agressões perpetradas por entes privados. Tal preocupação surge a partir da ampliação da visão sobre o exercício do poder e de seus efeitos nocivos sobre os direitos fundamentais. Constata-se que não apenas o Estado merece o olhar cauteloso dos cidadãos, mas também que, contemporaneamente, determinados grupos sociais ou mesmo indivíduos reúnem condições de ofensa consideráveis

aos direitos fundamentais de liberdade, em especial, aos direitos de personalidade.
Assim é que Böckenforde (1993, p. 52) afirma:

> Neste ponto se faz evidente o problema da teoria liberal dos direitos fundamentais: sua relativa "cegueira" frente aos pressupostos sociais de realização da liberdade dos direitos fundamentais. No ponto de partida desta teoria de direitos fundamentais não se tem em conta, e por conseguinte não se reflete nela, a dependência das possibilidades de realização da liberdade de direito fundamental com respeito aos pressupostos sociais existentes. O indivíduo é pressuposto como algo autárquico, que dispõe de um "espaço vital dominado", e de autonomia (burguesa) no sentido de Kant. Com base nestas premissas, a defesa e a delimitação frente a intervenções estatais é suficiente para a garantia jurídica das possibilidades de realização da liberdade [...]. Sem embargo, isto não basta para o *homme situé do siglo XX*, situados entre múltiplas dependências sociais.

As "dependências sociais" de realização dos direitos fundamentais, de que fala Böckenforde, são sublinhadas por Bilbao Ubillos (1997a, p. 242) sob o aspecto da progressiva multiplicação dos centros de poder no âmbito das relações privadas (grupos de pressão, grandes empresas e outras entidades quase públicas) e da "enorme magnitude que adquiriram alguns deles". "O poder já não está concentrado no aparato estatal, está disperso, disseminado na sociedade". Dessa forma, os poderes privados constituiriam hoje uma ameaça para o gozo dos direitos fundamentais não menos significativa do que aquela representada pelo poder público. Tais poderes seriam especialmente temíveis não somente pela capacidade de impor sua própria vontade em uma relação jurídica, mas, também, porque poderiam resultar mais perigosos que os poderes públicos. Isso em decorrência da dificuldade de se articular um sistema efetivo de controle, face ao seu estatuto privado e sua prerrogativa de auto-organização. O autor dá como exemplo a fiscalização das atividades dos sindicatos e dos partidos políticos.

As relações de sujeição privadas podem ser constatadas, não raras vezes, no âmbito das relações contratuais e, assim, o contrato deixa de ser a sede indiscutível de relações entre iguais. Admite-se que uma das partes não dispõe da mesma liberdade para acordar determinado conteúdo, embora a aderência seja reputada voluntária e aí a liberdade contratual, exercida pelo contratante em posição de superioridade, anula a da parte mais débil. Ubillos (1997a, p. 243) cita como exemplo a influência dos grandes grupos empresariais multimídia que detêm uma posição de domínio, em escala mundial, no mercado de informação e são capazes até de controlar a formação da opinião pública. Além disso, no nosso cotidiano, nos deparamos constantemente com tais situações de desigualdade na tentativa extenuante e neurotizante de comunicação com administradoras de cartões de crédito, bancos, empresas de telefonia, de energia elétrica, de seguro saúde entre outros, em que os atendentes "robotizados" se apresentam como que surdos aos argumentos dos consumidores os quais são obrigados a se adequarem a sistemas de relacionamento desenvolvidos unicamente no interesse dessas empresas (uma espécie de burocracia privada). E, o mais grave, no âmbito de serviços que se tornaram essenciais à vida cotidiana.

Com efeito, a sede do exercício do poder privado são as situações caracterizadas por uma substancial disparidade entre as partes, que permite que uma delas, por razões sociais ou econômicas, condicione a decisão da parte mais fragilizada. Trata-se de um poder que é privado quanto a sua fonte e quanto aos sujeitos envolvidos, mas cujo ato de exercício se realiza com formas de coação e autoridade substancialmente similares às utilizadas pelos poderes públicos. O paralelismo que se pode traçar dos poderes privados com os poderes públicos diz respeito à forma de adotar e executar as decisões, cuja imperatividade e definitividade dos atos fazem, muitas vezes, subtraí-las do controle jurisdicional, numa espécie de autotutela (BILBAO UBILLOS, 1997a, p. 245). Não é de se estranhar, tendo como base a jurisprudência de países europeus, que o desenvolvimento mais fecundo da *Drittwirkung* dos direitos fundamentais tenha tido como cenário o campo das relações trabalhistas.[15] Nas suas decisões, os tribunais do trabalho não opuseram maiores dificuldades na aplicação direta dos direitos fundamentais às relações privadas, influenciados pela hipossuficiência do trabalhador, embora isso não os tenha impedido de reconhecer os direitos das empresas em muitos casos (como se verá mais detalhadamente nos capítulos 3 e 4).

Vasco Manuel Pascoal Dias Pereira da Silva (1986, p. 43) enquadra o fenômeno da pulverização dos poderes a partir do alargamento dos atores políticos com a introdução do sufrágio universal, o que teria levado à multiplicação de instituições mediadoras entre o indivíduo e o Estado (organismos intermédios), os quais não se limitam à conquista

---

[15] Conferir, no tocante à abordagem do tema sob a ótica do Direito do trabalho na doutrina portuguesa a importante obra de João Caupers (CAUPERS. *Os direitos fundamentais dos trabalhadores e a Constituição*, 1985).

do poder, mas adquirem, eles próprios, um estatuto de poder. Dessa feita, o poder, pulverizado, deixa de ser atribuído unicamente ao Estado, mas se distribui na sociedade de modo que o Estado acaba exercendo uma função de coordenação e arbitragem dos diversos centros políticos. Afirma então, que, nesta nova estrutura de poderes, típica do Estado Social, o problema da validade interprivada das normas de direitos fundamentais "não só possa ser posto", mas, "tenha de ser posto".

As preocupações com as possíveis agressões aos direitos fundamentais provenientes dos poderes privados trazem ínsita uma crítica à igualdade formal dos indivíduos (que já era afirmada em Hobbes, mas que ganhou força no ideário iluminista), suposição que inspirou toda a construção do princípio de não interferência estatal nas relações privadas, na medida em que estas se realizavam entre iguais. Esta tese de igualdade formal, resultado de um acordo de vontades entre pessoas formalmente livres, conforme afirma Bilbao Ubillos (1997a, p. 41), uma vez aplicada à realidade atual, está longe de ser convincente:

> A realidade, o verdadeiro banco de provas em que se há de medir a validade de qualquer proposta teórica, desmentiu sempre e continua desmentindo hoje a existência de uma paridade jurídica em boa parte das relações entabuladas entre sujeitos privados.

Segundo dados do Banco Mundial,[16] ainda no ano de 2003 mantinha-se a tendência que se iniciara com o novo milênio: das 100 maiores economias do planeta, 51 eram corporações transnacionais e 49 eram países. Na ordem de seu produto interno bruto (PIB), os países que encabeçavam a lista eram: Estados Unidos, Japão, Alemanha, Reino Unido, França, China, Itália, Canadá, Espanha, México, Índia, Coreia, Brasil, Holanda, Austrália, Rússia, Suíça e Bélgica. Depois, localiza-se a rede de supermercados Walmart, com vendas por valor de 246.525 milhões de dólares durante 2002. A venda da Walmart era, então, maior que o PIB da Suécia, Áustria ou Noruega. Havia ainda a General Motors, Exxon Mobil, Shell, Ford, Daimler, Chrysler, Toyota, General Electric, Mitsubishi, Citigroup, IBM e outras.

Nesse contexto, não há como negar que a potencialidade ofensiva dos poderes privados, em especial quando se trata de poder econômico, não fica atrás daquela de que são dotados os poderes públicos e que este

---

[16] Dados disponibilizados pelo ETC Group, baseados nos indicadores mundiais de desenvolvimento, de julho de 2003, fornecidos pelo Banco Mundial. Disponível em: <http://www.etcgroup.org>. Acesso em: 18 maio 2005.

argumento não pode ser desconsiderado quando se trata de estender a aplicação dos direitos fundamentais às relações privadas. É claro que isto não significa afirmar que, sempre, a parte dotada de poder econômico é a que ofenderá direitos fundamentais em caso de conflito. García Torres e Jimenez Blanco (1986, p. 142) chamam atenção para os casos que apresentam um empresário (isolado) de um lado e sindicatos de trabalhadores ou associações de defesa de consumidores de outro, em que, efetivamente, podem ocorrer ofensas a direitos fundamentais do primeiro pelos segundos e para os casos em que as ofensas ocorrem entre iguais. Mas essas raras situações não desqualificam o argumento da constatação da ameaça do poder privado (seja econômico, social ou político) como uma das justificativas para se superar a teoria tradicional (BILBAO UBILLOS, 1997a, p. 244). Esta toma como ofensivos aos direitos fundamentais apenas os poderes públicos — daí a sua formulação como limites ao Estado — e a constatação de poderes privados potencialmente agressores põe às claras a aporia contida na formulação. A tese em que se apoia a teoria tradicional, que apresenta os direitos fundamentais como um processo de tensão apenas entre Estado e indivíduo não corresponde à realidade destes direitos (ASÍS ROIG, 2000, p. 87).

Por outro lado, para além da carga ofensiva dos chamados poderes privados, referida no item anterior, o enquadramento de determinada manifestação de autoridade no qualificativo de pública ou privada encontra, no atual perfil das sociedades modernas, cada vez maiores dificuldades. Para pensar num caso extremado, mas não menos real e atual que os demais exemplos, Bilbao Ubillos (1997a, p. 253) aponta uma das mais novas conquistas do mercado americano: empresas que oferecem a gestão dos serviços penitenciários (incluída a execução de pena privativa de liberdade). Embora reunindo aspectos extremamente inquietantes, esta é uma alternativa que parece se impor cada dia mais nos Estados Unidos. As empresas recebem um valor do erário por quantidade de preso e promete oferecer um serviço mais eficiente e barato do que aquele desempenhado pelo Estado.

A esse somam-se outros exemplos: as empresas privadas de seguridade social, que cada vez mais desempenham função tipicamente pública; hospitais privados que recebem verba governamental para fazerem frente aos serviços públicos de saúde; entidades qualificadas como Organização Social, que, por delegação do próprio Estado, passam a prestar serviços considerados públicos não estatais;[17] enfim,

---

[17] Cf. Plano Diretor da Reforma do Estado Brasileiro (Brasil, 1995).

uma gama cada vez maior de instituições cuja atuação dificilmente poderá ser catalogada senão numa faixa intermediária entre o público e o privado, sem falar nas situações em que o próprio Estado se coloca na condição de particular, praticando atos regidos pelo Direito privado.

Dessa forma, a distinção entre o Direito público e o Direito privado dificilmente pode hoje ser sustentada com base no critério tradicional da distinção de interesses, estes embaralhados o suficiente para impedir uma separação precisa (LÔBO, 1999a, p. 100).

Não é de se admirar, então, que os defensores da aplicação dos direitos fundamentais às relações privadas vinculem à discussão as dificuldades decorrentes da delimitação rigorosa entre o público e o privado em termos de relações jurídicas e ponham especial ênfase na dissolução da partição. Daí dizer-se que a dicotomia público/privado é o "calcanhar de Aquiles" da concepção tradicional dos direitos fundamentais (BILBAO UBILLOS, 1997a, p. 254), esta formulada com vistas a conferir um critério jurídico específico para as relações de Direito público (como pretendeu a Escola do Direito Público Subjetivo), distinguindo-o do Direito privado.

1.4 A ampliação do raio de ação das normas constitucionais e a sua interferência sobre as relações privadas: a tentativa de reconstrução do sistema de Direito privado a partir dos princípios constitucionais

Um outro argumento utilizado em favor da superação da concepção tradicional dos direitos fundamentais é de ordem formal e parte de que as Constituições contemporâneas incorporaram no seu conteúdo matérias tradicionalmente afetas ao Direito privado e, diante disto, passaram a conter disciplinas que antes pertenciam apenas ao universo do legislador civil. De um modelo minimalista (LORENZETTI, 1998, p. 255), que contém um projeto de garantias básicas e elementares, como organização de competências estatais e garantias do cidadão (as clássicas constituições liberais), evoluiu-se para um modelo no qual passaram a ser regulamentadas matérias relativas ao Direito privado, especialmente naquelas que pretenderam implementar o modelo do Estado de bem-estar, através de um processo crescente de intervenção estatal, o qual o professor Paulo Luiz Netto Lôbo (1999a, p. 101) chama de publicização.

Lorenzetti (1998, p. 255-256) chama atenção para o fato de que, na América Latina, as Constituições afirmam a tendência de incorporação de normas de conteúdo privado e aponta a Constituição brasileira como aquela que, neste sentido, tem mais avançado. Relativamente a ela afirma que:

> [...] o conteúdo das normas de Direito privado é muito numeroso. Os direitos da pessoa, sua intimidade, a igualdade, o segredo, o direito de acesso à informação, o de trabalhar, os direitos dos consumidores, a regulamentação da empresa, das finanças, constituem um verdadeiro corpo normativo de Direito privado.

Na mesma linha, aponta as Constituições do Paraguai, da Bolívia, da Colômbia e da Argentina, afirmando que "estes casos são exemplos de uma tendência fundamental na América Latina, que é vanguarda e que vai delimitando um 'sistema jurídico latino-americano' de base comum" (LORENZETTI, 1998, p. 257-258).

Tal processo promoveu modificações profundas na normativa dos institutos regulados no Código Civil, que passaram a exigir uma resposta do aplicador às antinomias entre as normas ordinárias e constitucionais, estas normalmente de conteúdos mais abertos do que o das normas contidas nos Códigos Civis. O aplicador é, assim, obrigado a proceder uma interpretação das normas ordinárias à luz das normas constitucionais, e, muitas vezes a aplicá-la diretamente.

Dessa forma, os estudos mais recentes dos civilistas apontam para uma investigação que procura não apenas identificar os conteúdos do Direito civil inseridos nas constituições, mas, sobretudo, questionar a própria validade das normas ordinárias, procurando aferi-la desde o olhar da Constituição e do regramento contido em norma constitucional.

Gustavo Tepedino (2004, p. 12), por exemplo, defende a necessidade de uma nova postura na aplicação do Direito privado, facilitada pela compreensão do papel dos princípios constitucionais na regulação das relações entre os particulares. Assim, entende que a "reunificação do sistema de Direito privado", em termos de interpretação, só pode ser compreendida com a atribuição de "um papel proeminente e central" à Constituição. Seria possível, assim, uma reconstrução sistemática em bases distintas das levadas em conta outrora.

A proposta de ressistematização do Direito Civil é tema recorrente entre os privatistas e se dá não mais em termos puramente lógico-formais nos moldes do positivismo legalista (LORENZETTI, 2003, p. 229), mas, predominantemente, em torno de princípios. O papel dos princípios constitucionais, tidos como dotados de caráter vinculante,[18]

---

[18] O problema da aplicação dos princípios e de sua caracterização como tipo especial de normas jurídicas será analisado mais adiante, em conjunto com o problema das colisões dos direitos fundamentais nas relações privadas (capítulo 4 deste trabalho).

ganham importância fundamental no discurso dos que pretendem submeter a ordem privada à Constituição, em especial o princípio da dignidade da pessoa humana que é elevado à categoria de princípio mor do Direito privado, fundante do olhar do intérprete e do aplicador do Direito em todos os âmbitos das relações privadas.

Para cumprir a função de garantir a unidade da ordem jurídica, o princípio da dignidade da pessoa humana é tido como sede de um novo conjunto de valores que funcionam como redutor do peso individualista e patrimonialista que acompanhava noção de autonomia privada no ideário liberal do Código Civil. A ideia kantiana de autonomia é reinterpretada para conter um equilíbrio entre a ideia de liberdade e a de solidariedade, pois "a imposição de solidariedade, se excessiva, anula a liberdade; a liberdade desmedida é incompatível com a solidariedade" (MORAES, 2006, p. 10-11). Chega-se a falar, com certo exagero, da "substituição" de uma ética da autonomia e da liberdade por outra da responsabilidade e da solidariedade, em que não apenas os poderes públicos, mas também a sociedade e cada um dos seus membros individuais respondem cada vez mais pelo bem-estar social (WIEACKER, 2004, p. 718).

Dessa forma, a aplicação dos direitos fundamentais às relações privadas encontra campo fecundo nesta tentativa de aplicar o Direito privado tendo em conta o conteúdo das normas constitucionais, podendo-se mesmo afirmar que há um consenso entre os teóricos de que não existe um gueto privatístico à margem da Constituição (SILVA, 1986, p. 45). Concepções mais radicais, que negam veementemente a possibilidade de que os direitos fundamentais sejam vistos mais além de suas funções como limites ao poder do Estado, constituem vozes isoladas no debate contemporâneo em torno da eficácia horizontal dos direitos fundamentais (BILBAO UBILLOS, 1997a, p. 278).[19]

A rejeição mais violenta da tese de uma eficácia privada dos direitos fundamentais talvez seja a de Ernest Forsthoff (1975, p. 124-125). De acordo com esse autor, para que os direitos fundamentais possam cumprir sua função social não é necessário renunciar à sua configuração como limites ao poder do Estado, pois assim o foram e continuam sendo consagrados nas Constituições. Os direitos fundamentais expressariam a repartição entre liberdade individual e o âmbito de atuação soberana do Estado, de modo que a liberdade significa distanciamento do

---

[19] Sob os argumentos que se apresentam como contrários a uma eficácia privada dos direitos fundamentais ver (ESTRADA, 2000, p. 98-99).

indivíduo frente ao Estado: "A Constituição não é um supermercado onde se possam satisfazer todos os desejos". A crítica conservadora de Forsthoff (1975, p. 242) coincide com uma crítica à ideia de Constituição como ordem de valores ou sistema de valores. Tal teoria seria dotada de uma tal insegurança jurídica que acabaria por dissolver a Constituição num instrumento desprovido de normatividade (valores não são normas), legitimador das mais diversas arbitrariedades interpretativas, ao passo em que, ao irradiar seus efeitos para todo o ordenamento, transformar-se-ia num "ovo jurídico originário" de onde tudo surge "desde o Código Penal, até a lei sobre a fabricação de termômetros". A Constituição, assim, tornaria desnecessária toda a legislação ordinária uma vez que já a conteria *in nuce* e *ab initio*. De outro lado, afirma o autor que a aplicação dos direitos fundamentais às relações privadas, em especial do princípio da igualdade, significaria a transformação destes direitos em deveres socialmente determinados com a eliminação substancial do seu conteúdo liberal.

Não se pode descartar totalmente as colocações de Forsthoff, posto que elas apresentam aspectos importantes quanto aos riscos que uma aplicação descuidada dos direitos fundamentais às relações privadas pode comportar. Deve-se considerar, contudo, que para a garantia da autonomia privada e para se evitar arbitrariedades judiciais na aplicação da Constituição, não é preciso, tampouco seria eficiente, reduzir estes direitos fundamentais a sua configuração de limites ao Poder Estatal.

A negação pura e simples de qualquer eficácia aos direitos fundamentais (em favor da concepção clássica ou tradicional desses direitos) é algo que dificilmente pode se sustentar, a não ser que se desconsiderasse totalmente as matérias de Direito privado incorporadas a algumas Constituições ou se entendesse que o legislador privado não está a elas vinculado.

Embora se possa dizer que a crítica à aplicabilidade dos direitos fundamentais nas relações privadas nunca emudeceu, houve um isolamento das posições que negam qualquer influência dos direitos fundamentais na esfera privada e defendem uma completa separação do Direito constitucional e do Direito privado. No dia a dia dos Tribunais (especialmente os inferiores), estes foram de certa forma forçados a afastar a separação entre o Direito constitucional e o Direito civil, diante dos inúmeros casos em que se passou a invocar os direitos fundamentais, seja por parte do demandante, seja por parte do demandado. Ingo von Münch (1997, p. 33-34), referindo-se à situação da Alemanha e de outros países europeus como Espanha e Portugal, fala mesmo de um "uso inflacionário" e de uma "artilharia pesada" dos direitos fundamentais nos âmbitos privados, em que eles cumprem importante papel, em especial nos ilícitos civis (direito de dano), nas locações, no Direito das associações, no Direito do trabalho, e, embora ainda incipiente, no Direito desportivo. No Brasil, esta realidade não foi diferente, muito embora, como já afirmado, não se tenha enfrentado as questões sob a ótica que aqui se discute, salvo rara exceção.

Assim, o problema da eficácia privada não é tanto o de saber se os direitos fundamentais devem ser estendidos aos particulares em suas relações, mas de como devem ser aplicados (ALEXY, 2001, p. 511), uma vez que a proteção da autonomia privada e do livre desenvolvimento da personalidade seguem sendo princípios constitucionais e apontam, muitas vezes, para limites à vinculação dos particulares a tais direitos. Diferentemente das relações entre os entes privados e o poder público, nas relações privadas estão envolvidos dois titulares de direitos fundamentais.

Capítulo 2

A Defesa da Irrelevância do Problema da Aplicabilidade dos Direitos Fundamentais às Relações Privadas: as Teorias que Reduzem o Tema à Relação dos Particulares com o Estado

Sumário: 2.1 A relação entre a dimensão objetiva dos direitos fundamentais, sua eficácia irradiante e os deveres de proteção por parte do Estado: a teoria do Tribunal Constitucional Alemão – 2.2 A negação da liberdade como dado independente do Estado de acordo com a teoria da "convergência estatista" – 2.3 A doutrina liberal da *state action* e a solução do Direito Constitucional americano para as agressões privadas aos direitos fundamentais – 2.4 Porque vale a pena a discussão

A discussão sobre a aplicabilidade dos direitos fundamentais às relações privadas está sempre às voltas com um problema recorrente: o de saber se é possível transferir a condição de sujeito obrigado do Estado a um particular. De acordo com Canaris (2003a, p. 234), a compreensão da relação entre direitos fundamentais e Direito privado, cercada de inúmeras perspectivas e pontos de partida, poderia ser enormemente facilitada se se respondesse a três perguntas.

A primeira delas (a) diz respeito a quem é o destinatário dos direitos fundamentais — apenas o Estado ou também os sujeitos privados? O primeiro capítulo abordou, do ponto de vista da teoria constitucional, as razões (históricas e teóricas) para que se respondesse esta pergunta apenas com o Estado, e, também, os argumentos que apontam para uma mudança de perspectiva.

O segundo questionamento seria (b) de quem é o comportamento objeto da análise realizada com base nos direitos fundamentais — o comportamento de um órgão público ou de um particular? Poderiam os atos de direito privado (negócios jurídicos) ser objeto de um exame direto com base nos direitos fundamentais? Esta pergunta tem relação com a primeira, pois se as pessoas que executam tais atos não são destinatários dos direitos fundamentais então estes (atos) não estariam sujeitos a um exame direto com base nos direitos fundamentais (CANARIS, 2003a, p. 234).

O terceiro questionamento é formulado face ao posicionamento adotado em relação aos outros dois pelo próprio Canaris e tenta explicar por que podem os direitos fundamentais influir nas relações privadas, mesmo defendendo-se a tese de que nem os destinatários dos direitos fundamentais podem ser sujeitos privados, nem os seus atos podem ser considerados como objeto da análise relativa a tais direitos. Ele corresponde à seguinte questão: com que função se aplicam os direitos fundamentais: como proibições de intervenção e direitos de defesa contra o Estado ou como mandamentos (deveres) de proteção? Deixemos em suspenso a crítica às respostas fornecidas por Canaris. Ela será formulada no capítulo seguinte, face a sua estreita relação com a teoria da eficácia mediata dos direitos fundamentais, que pretende sejam estes aplicados às relações privadas apenas mediante a interpretação da legislação de Direito privado (capítulo 3, item 3.3). Tomemos, contudo, pela sua utilidade analítica, a organização do seu raciocínio.

O peso da doutrina tradicional que resultou nos direitos fundamentais como oponíveis apenas ao poder público é algo que se pode observar mesmo entre os que avançam no sentido de garanti-los contra ofensas dos particulares, a depender do caminho (metodológico) escolhido para a proteção (problema do como) (ALEXY, 2001, p. 511).

Nesse ponto, as posições mais conservadoras adotam uma linha argumentativa que percorre um caminho mais longo do que o de simplesmente reconhecer, partindo da dicção das normas constitucionais positivas, que os direitos fundamentais constituem direitos (subjetivos) também em face de outros particulares. Vão mais longe para voltar ao mesmo lugar: os direitos fundamentais seguem sendo direitos opostos ao Estado.

Em síntese, essa é a ideia que se coloca nas teorias a seguir analisadas e que estaria a indicar que a discussão deste trabalho não possui maior relevância prática ou, pelo menos, não se trata de uma discussão autônoma. É à análise do "quê" de peculiar que essas teorias trouxeram, e de porque vale a pena investir na discussão proposta, que se dedica este capítulo.

2.1 A relação entre a dimensão objetiva dos direitos fundamentais, sua eficácia irradiante e os deveres de proteção por parte do Estado: a teoria do Tribunal Constitucional Alemão

Konrad Hesse (1998, p. 240) afirma que os direitos fundamentais, a par de uma dimensão subjetiva, fundamentadora de *status* (Jellinek), possuem ainda uma outra objetiva, vez que representam "os elementos fundamentais da ordem objetiva da coletividade". Tal afirmação está ligada ao fato de que, além de representarem direitos subjetivos, no sentido de direitos individuais, os direitos fundamentais consagram valores fundamentais da vida em comunidade, constituindo, assim, as "bases" da ordem jurídica comunitária. Esta ordem jurídica, por ser "determinante de *status*, limitadora de *status* e asseguradora de *status*" (HESSE, 1998, p. 240) insere o particular na dimensão coletiva, daí que o significado objetivo dos direitos fundamentais seria complementar e fortalecedor do seu significado subjetivo (o que significa que as dimensões não podem ser separadas).

A ordem jurídica total da comunidade é dada, de acordo com Hesse (1998, p. 240), a partir de "conteúdos" hauridos dos direitos fundamentais, de modo que estes não devem ser vistos apenas em sua estrutura formal (que os coloca como limites contra intervenções estatais). É na "atualização" de tais conteúdos que a ordem jurídica da coletividade ganha realidade (HESSE, 1998, p. 230) e o fundamento de que os direitos fundamentais não são apenas uma estrutura formal (garantia individual de restrição estatal) está contido na proteção da dignidade humana, estabelecida no art. 1º da Lei Fundamental de Bonn (HESSE, 1998, p. 296), e na afirmação do seu art. 2º de que os direitos do homem constituem o fundamento de toda comunidade humana.

Daí que a Constituição é vista por Hesse (1998, p. 37) como a *ordem fundamental jurídica da coletividade* de modo que: a) fixa os princípios diretores segundo os quais se deve formar a unidade política e desenvolver as tarefas estatais; b) define os procedimentos para a solução dos conflitos no interior da comunidade; c) disciplina o processo de formação da unidade política e da atuação estatal e d) cria as bases e determina os princípios jurídicos da ordem jurídica global.[20]

---

[20] Aqui alertamos, contudo, que, para Konrad Hesse (1998, p. 241), não se pode, sem mais, deduzir a partir da dimensão objetiva dos direitos fundamentais a existência de direitos a prestações, mas simplesmente "o objetivo, os limites e o modo de cumprimento das tarefas estatal-social" relativamente a todos os seus poderes. Assim, não se podem deduzir novos

Dessas afirmações pode-se inferir que a afirmação de uma dimensão objetiva dos direitos fundamentais implica que estes não sejam pensados apenas "do ponto de vista dos indivíduos, enquanto faculdades ou poderes de que estes são titulares, antes valem juridicamente também do ponto de vista da comunidade, como valores ou fins que esta se propõe a perseguir" (ANDRADE, 1998, p. 144-145).

Esse novo ponto de vista relativo aos direitos fundamentais ausente, por exemplo, na teoria dos direitos públicos subjetivos de Jellinek (1912), decorre, segundo afirma Perez Luño (1996, p. 21), da passagem do modelo de Estado Liberal ao Social. Segundo o autor, os direitos fundamentais passaram de meros limites ao exercício do poder (garantias negativas dos indivíduos) a um "conjunto de valores ou fins diretivos da ação positiva dos poderes públicos", funcionando simultaneamente como fonte de direitos subjetivos e como as bases fundamentais da ordem jurídica que, como tal, vinculam todo o direito positivo, "impulsionando e orientando a atuação do Executivo, Legislativo e Judiciário" (SARMENTO, 2002, p. 65).[21]

É possível encontrar manifestações dessa objetivação no constitucionalismo de Weimer, em especial, na teoria da Constituição como integração de Rudolf Smend (PEREZ LUÑO, 1999, p. 298).[22]

"direitos subjetivos" desta dimensão objetiva. Para o autor, os direitos fundamentais em sua dimensão objetiva contêm apenas as "diretrizes" e os "critérios" para a "planificação" e produção dos pressupostos de garantia fática das liberdades jurídico-constitucionais, o que é compensado com a exigência de direitos à participação no procedimento que determina tais diretrizes e critérios (HESSE, 1998, p. 243).

[21] A dificuldade de se isolar totalmente os pontos de vista objetivista e subjetivista no tema dos direitos fundamentais pode ser notada de maneira geral no debate acerca de qual das duas perspectivas deve prevalecer para a orientação de uma teoria dos direitos humanos: de um lado, os perigos de uma funcionalização excessiva dos direitos, o que poderia conduzir a totalitarismos; de outro, o perigo de um enfoque excessivamente individualista que desconsidere o compromisso em torno de valores compartilhados por todos (metas coletivas). A defesa de posições individuais dificilmente abre mão, para sua fundamentação, de argumentos fundados em valores objetivos. Neste aspecto, é sintomática a teoria de Dworkin (2002, p. 141-147), cujas preocupações conferem um peso maior à defesa dos direitos na sua perspectiva individual, em especial, na defesa dos indivíduos frente às maiorias, mas que, para tanto, não descarta a necessidade de se reconstruir um sistema coerente de valores (objetivos) através do qual estes direitos morais podem ser tutelados judicialmente, sem que isso implique problemas para a legitimidade da jurisdição (DWORKIN, 2002, p. 125-203). O debate ensejado pela disputa desses pontos de vista, tanto na Teoria Política como no Direito é infindável, e sua reprodução detalhada foge ao escopo do presente trabalho. Para uma análise comparativa das fundamentações objetivistas e subjetivistas na teoria dos direitos fundamentais ver Antonio Enrique Perez Luño (1999, p. 145-162).

[22] Os constitucionalistas costumam referir a diversas teorias relativas aos direitos fundamentais. Alude-se, assim, a uma teoria liberal dos direitos fundamentais, a uma teoria dos direitos fundamentais como ordem de valores (Smend), a uma teoria institucional (Schimitt), dentre outras que podem ser consideradas desdobramentos destas três formulações. Tais teorias podem funcionar, na prática, como *topoi*, é dizer, como pontos

Rudolf Smend pretende que a Constituição seja encarada não apenas como um conjunto de normas definidoras das competências para órgãos do Estado, mas como instrumento de integração da comunidade, o que só se torna possível através da tutela de valores compartilhados socialmente. Tais valores estariam especialmente consagrados de forma objetiva nas normas definidoras de direitos fundamentais e cumpririam a função de "sistematizar o conteúdo axiológico do ordenamento jurídico, ao qual a maioria dos cidadãos dá consentimento" (PEREZ LUÑO, 1999, p. 298). A teoria da ordem de valores defendida por Smend encontrou ampla adesão na doutrina e jurisprudência da Alemanha do pós-guerra. Combinada com os influxos da ética material de Max Scheller e Nicolai Hartman (HABERMAS, 2003a, p. 315), representou o apoio de uma interpretação constitucional que se pretendia eticamente legítima e dotada de grande "segurança intuitiva" (PEREZ LUÑO, 1999, p. 299), embora acompanhada de não poucas críticas no tocante à incerteza metodológica que a acompanhava (HABERMAS, 2003a, p. 321-323).

Sem embargo dessas influências, a referência explícita a uma dimensão objetiva dos direitos fundamentais ocorreu mesmo na jurisprudência do Tribunal Constitucional Alemão, já na vigência da Lei Fundamental de Bonn.[23] Em um de seus julgados (BVerfGE 39 1 (41)) afirma-se:

> [...] de acordo com a jurisprudência permanente do Tribunal Constitucional Federal, as normas jusfundamentais contêm não só direitos subjetivos de defesa do indivíduo frente ao Estado, mas também representam, ao mesmo tempo, uma ordem de valores objetiva, que, enquanto decisão básica jurídico-constitucional, vale para todos os âmbitos do Direito e proporciona diretrizes e impulsos para a legislação, a administração e a jurisprudência (cf. ALEXY, 2001, p. 507).[24]

---

de vista livremente escolhidos pelo intérprete conforme as características do caso e, não raro, elas tanto se combinam como se excluem no interesse da operação interpretativa, de modo que tanto podem servir isoladamente de fundamento para a decisão como podem, combinadas, constituir o universo de uma pré-compreensão que influi na orientação do aplicador. Em geral, elas alternam predominantemente pontos de vista objetivistas (como na teoria da ordem de valores e na teoria institucional) ou subjetivistas (como na teoria liberal dos direitos fundamentais) e suscitam não pouca controvérsia acerca de qual deles deve prevalecer (BONAVIDES, 1997, p. 560-561, 582-588).

[23] O tema dos direitos fundamentais como ordem objetiva de valores foi, de fato, um produto da teoria constitucional alemã, sendo estranho, por exemplo, à dogmática constitucional americana. Ali a discussão, no tocante à aplicação de direitos fundamentais, está mais centrada no problema dos limites e da legitimidade da atuação do Judiciário, em especial a partir da jurisprudência criativa e liberal da Suprema Corte nas décadas de 50, 60 e 70 (SARMENTO, 2002, p. 72).

[24] Trata-se da análise em tese (abstrata) da constitucionalidade de uma lei editada em 1974, através da qual se procedeu à descriminalização do aborto (BVerfGE 39 I), narrada mais adiante.

O marco dessa orientação objetiva é a discussão travada no julgamento do caso Lüth (BVerfGE 7, 198 s). Em 1950, o diretor do Clube de Imprensa de Hamburgo, Eric Lüth, sustentou publicamente o boicote ao filme *Amada Imortal* do polêmico cineasta Veit Harlam, acusado de colaboração com o nazismo através da produção de filmes de cunho antissemita. Harlam conseguiu, junto ao Tribunal de Justiça de Hamburgo, ordem para que Lüth se abstivesse de boicotar o filme com base no art. 826 do BGB (Código Civil Alemão) que determina a reparação de dano causado a outrem de maneira lesiva aos bons costumes. Inconformado, Lüth recorreu ao Tribunal Constitucional que acolheu o seu recurso, entendendo que os Tribunais ordinários, na atividade de interpretação da lei, podem lesar direito fundamental (MARTINS, 2005, p. 381-382). Por fim, a Corte Constitucional entendeu que restou vulnerado o direito fundamental de Lüth (liberdade de expressão e informação), uma vez que na aplicação do art. 856 do BGB, o Tribunal de Justiça desconsiderou a influência dos valores objetivos constantes das normas definidoras de direitos fundamentais. O Tribunal deveria ter comprovado, e não o fez, que as normas de Direito civil aplicadas estavam em sintonia com esses valores.

Aqui ressaltamos importante trecho do julgado lavrado pelo Tribunal (cf. GARCÍA TORRES; JIMÉNEZ-BLANCO, 1986, p. 29):

> Sem dúvida, o objetivo primário dos direitos fundamentais é o de salvaguardar as liberdades individuais contra interferências das autoridades públicas; são direitos de defesa do cidadão contra o Estado. Isto decorre do desenvolvimento histórico da idéia de direitos fundamentais e também dos fatos históricos que levaram à inclusão de direitos fundamentais nas constituições dos Estados.
>
> Não obstante, é igualmente verdadeiro que a Lei Fundamental não é um documento axiologicamente neutro. Sua seção de direitos fundamentais estabelece uma ordem de valores, e esta ordem reforça o poder efetivo destes direitos fundamentais. Este sistema de valores, que se centra no livre desenvolvimento da personalidade humana e sua dignidade no interior da comunidade social, deve ser considerado como uma decisão constitucional fundamental, que afeta todos os âmbitos do direito; dele recebe diretrizes e impulso a legislação, administração e jurisdição. Assim é evidente que os direitos fundamentais também influenciam o direito civil; nenhuma disposição jurídico-civil deve estar em contradição com ele e todas elas devem ser interpretadas conforme o seu espírito.
>
> O conteúdo dos direitos fundamentais como normas objetivas se desenvolve no direito privado por meio das disposições que regem esse âmbito jurídico. Enquanto o novo direito deve estar em harmonia com o sistema

de valores dos direitos fundamentais, o direito pré-constitucional subsistente deve ordenar-se a esse sistema de valores, do qual recebe específico conteúdo jurídico-constitucional que em todo caso determina sua interpretação.

A manifestação do Tribunal Constitucional aponta algumas orientações importantes que permitiram afirmar uma eficácia "irradiante" e vinculante de todos os âmbitos do ordenamento jurídico. O Tribunal começa afirmando, com base no desenvolvimento histórico dos direitos fundamentais, uma função principal relativa à salvaguarda de liberdades individuais diante do Estado, portanto, um direito fundamental de *status* negativo (ALEXY, 2001, p. 519). Isso denota inicialmente que, havendo uma função principal, haveria uma outra, não principal. Mais ainda, do ponto de vista de que são direitos subjetivos (de *status* negativo), os direitos fundamentais são direitos de defesa do indivíduo frente ao Estado, o que está a indicar que não seriam, a princípio, direitos subjetivos frente aos demais particulares.

O raciocínio evolui para a afirmação de que a Lei Fundamental não é documento axiologicamente neutro, o que significa que ela não pode ser reduzida a uma dimensão formal reguladora de uma não intervenção estatal, mas institui uma ordem de valores que estaria a reforçar o poder efetivo desses direitos fundamentais, na medida em que tal sistema representa uma decisão constitucional fundamental, centrada na dignidade da pessoa humana, e, como tal, vinculante de todas as esferas do Direito público ou privado.

Dessa decisão, pode-se inferir e entender um tipo de raciocínio frequentemente ligado à aplicabilidade dos direitos fundamentais nas relações privadas: a afirmação de uma eficácia "irradiante" dos direitos fundamentais (CANARIS, 2003a, p. 228), que corresponderia à sua influência em todo o ordenamento jurídico (inclusive nas relações submetidas ao Direito privado).

A relação entre a ordem objetiva de valores e uma eficácia irradiante dos direitos fundamentais pode ser encontrada em outros julgados do mesmo tribunal. No caso Blinkfüer (BVerGE 25, 256), por exemplo, discutia-se a licitude de um boicote organizado pelo jornal Springer, de orientação conservadora, contra o semanário comunista Blinkfüer de pequena circulação, que publicava a programação das rádios da República Democrática Alemã mesmo após a construção do muro de Berlim. A editora Springer dirigiu uma circular a todas as bancas e lojas de jornais, ameaçando-os com a suspensão de fornecimento de jornais e revistas caso continuassem a comercializar o pequeno periódico. Os prejuízos do jornal Blinkfüer foram significativos, o que fez com que ajuizasse ação indenizatória inicialmente rejeitada pela justiça civil (Supremo Tribunal de Justiça), mas acolhida pelo Tribunal Constitucional, no julgamento de recurso interposto pelo prejudicado. A Corte, neste caso, cuidou da obrigação (dever) dos juízes de protegerem direitos fundamentais nas relações privadas, mediante um dever de interpretação das cláusulas gerais de Direito privado (no caso o art. 823 do BGB)[25] de acordo com a ordem objetiva de valores constitucionalmente consagrada, entendendo que a liberdade de opinião invocada pela editora não poderia se sobrepor à liberdade de imprensa invocada pelo jornal (MARTINS, 2005, p. 400-402; MENDES, 2006, p. 126-127).

Alexy (2001, p. 508-510) oferece interessante explicação para a perspectiva do Tribunal Constitucional relativa a essa ordem objetiva de valores. De acordo com ele, é difícil responder a questão acerca do que consiste o caráter objetivo dos direitos fundamentais na ótica da Corte. Seria mais fácil estabelecer no que ela não consiste. Em primeiro lugar, ela não diz respeito à negação de uma dimensão subjetiva (de *status* negativo) dos direitos fundamentais, o que contradiria a orientação básica destes direitos referida ao indivíduo e seria incompatível com a afirmação pela Corte de que a ordem objetiva de valores é um "reforço" ao seu poder efetivo (c). Portanto, não se afirma um caráter meramente objetivo (ALEXY, 2001, p. 508).

Depois, essa dimensão objetiva não pode significar, simplesmente, a possibilidade de influência dos direitos fundamentais em todo sistema jurídico (eficácia irradiante), pois também os direitos fundamentais, vistos em suas posições subjetivas, influem no ordenamento em toda sua totalidade, como toda e qualquer norma constitucional. Há que se verificar, então, a forma peculiar dos direitos fundamentais influírem no sistema jurídico *enquanto* princípios (valores) objetivos (ALEXY, 2001, p. 508).

Isso ocorre, segundo Alexy (2001, p. 509), mediante uma tripla abstração, feita pelo Tribunal em relação 1. Ao titular do direito, 2. Ao destinatário do direito (sujeito obrigado) e 3. A determinadas peculiaridades do seu objeto.

Alexy (2001, p. 509) parte do pressuposto de que os direitos fundamentais, no seu aspecto subjetivo, se inserem em uma relação jurídica na qual um particular, *"a"*, tem frente ao Estado, *"e"*, um direito

---

[25] "1. Quem, com dolo ou negligência, ofender ilicitamente a vida, o corpo, a saúde, a liberdade, a propriedade ou outro direito de outra pessoa fica obrigado a indenizar a esta pelos danos resultantes da ofensa".

a "G" (RaeG), e, por consequência, "e" tem frente a "a" um dever em relação ao objeto "G" (OeaG). A abstração do aspecto subjetivo (relativo ao titular do direito), conduz à noção de que este dever relacional se converta num dever não relacional de "e" com respeito a "G" (OeG). Supondo que o direito do qual se partiu tenha sido o direito à liberdade de opinião, com base nesta primeira abstração, tem-se que resta apenas um dever *prima facie* do Estado de omitir intervenções na liberdade de opinião. Mas tal resultado é muito específico para justificar a influência desse direito em todo o sistema jurídico, posto que cobre apenas o âmbito dos direitos a uma omissão estatal de intervenção nas manifestações de opinião.

Há que se realizar, então, mais duas abstrações, 2. A do destinatário do direito (sujeito obrigado) — que pode ser o Estado ou entes particulares — e 3. Das peculiaridades de seu objeto (que pode ser não apenas a omissão de intervenções estatais). Através dessa tripla abstração, chega-se a um simples dever ser do direito, no exemplo dado, a um simples dever ser da liberdade de opinião, princípio de nível supremo de abstração. É este dever ser (norma objetiva) que inspira as ideias de "decisões básicas jurídico-constitucionais", "normas básicas que decidem valores", "decisões valorativas", expressadas pelo Tribunal Constitucional Alemão (ALEXY, 2001, p. 501-510).

É desse dever geral abstrato que o Tribunal Constitucional Alemão desenvolve um outro raciocínio, também ligado frequentemente ao tema da aplicabilidade dos direitos fundamentais às relações privadas: a existência de um dever específico à proteção jurídica dos direitos fundamentais por parte do Estado, consubstanciado num dever a legislar de acordo com suas normas e de tê-las em conta quando da interpretação do Direito privado. Nesse sentido é que o Tribunal afirma em um dos casos postos à sua apreciação (BVerfGE 49, 89 (140)) a existência de "deveres de proteção jurídico-objetivos que podem ser derivados da ordem dos direitos fundamentais" (ALEXY, 2001, p. 437).

O caso mais emblemático e polêmico da aplicação das teorias dos deveres de proteção na Alemanha foi o que ficou conhecido como Aborto I (BVerfGE 39 1). Tratava-se da análise em tese (abstrata) da constitucionalidade de uma lei editada em 1974, através da qual se estabeleceu exceções à punibilidade do aborto (excludentes de ilicitude). De acordo com essa lei, não era punível a conduta do médico que, com o consentimento da mãe, procedesse à interrupção da gravidez até a 12ª semana de gestação. Na decisão, a Corte destacou a importância do direito à vida dentro da ordem objetiva de valores consagrada na Lei Fundamental de Bonn, afirmando que a sua proteção começa antes do nascimento, mais propriamente a partir do 14º dia seguinte à concepção, reputando inconstitucional a regra permissiva da interrupção no prazo acima citado. Entendeu prevalente o direito à vida sobre o direito à autodeterminação da mulher grávida, em princípio, durante toda a gravidez, estabelecendo que o aborto só poderia ser isento de pena em situações especiais (risco à vida ou à saúde da mãe, aborto eugênico, situação dramática da família) e com algumas cautelas (MARTINS, 2005, p. 266).

O argumento dos deveres de proteção acabou dando ensejo à elaboração de uma verdadeira teoria, a teoria dos deveres de proteção, que constituiu uma importante orientação para a resolução dos problemas relativos à aplicabilidade dos direitos fundamentais às relações privadas (ANDRADE, 2003, p. 279).

De acordo com Vieira de Andrade (2003, p. 279-280), esses deveres de proteção correspondem

> [...] a um dever geral, decorrente do princípio do Estado de Direito e do correspondente monopólio estatal da autoridade e do uso da força legítima, visto que os particulares, salvo situações excepcionais, só podem evitar ou defender-se das agressões aos seus direitos por outros particulares se os poderes públicos proibirem, prevenirem e reprimirem tais ofensas.

Tal dever aparece associado, segundo o autor, como "princípio da proibição de *déficit*" simétrico ao da proibição de excesso que, ao contrário deste segundo, é entendido pela doutrina como um princípio orientador — que não tem de ser visto como uma proteção mínima, mas não impõe uma proteção máxima, na medida em que deve respeito ao princípio da proporcionalidade, quando atinja outros direitos, liberdades ou bens coletivos, especialmente a autonomia privada, resguardada, ainda, a liberdade constitucional do legislador promover uma graduação da proteção.[26]

As ofensas privadas aos direitos fundamentais deveriam ser coibidas pelo Poder Público em todas as suas formas (administração, legislação e jurisdição). Desse modo, o problema relativo à eficácia interprivada dos direitos fundamentais fica reconduzido à sua configuração tradicional, qual seja: um particular no polo ativo e o Estado no polo passivo.

---

[26] A questão acaba sendo reconduzida a um problema de ponderação, ao qual voltaremos no capítulo 4, item 4.2, *infra*.

A relação entre o argumento dos deveres de proteção e uma eficácia irradiante, por sua vez derivada de uma ordem objetiva de valores, é tão estreita que se chega mesmo a discutir se a teoria dos deveres de proteção não teria tornado supérflua toda a construção relativa à *Drittwirkung* na jurisprudência constitucional alemã, ou seja, a uma eficácia irradiante. Assim, alguns autores como Stefan Oeter, Josef Isensee e Cristian Starck chegam mesmo a pregar um abandono da construção teórica relativa à *Drittwikung* para resolver o problema da aplicabilidade dos direitos fundamentais às relações privadas em favor da aplicação da figura do dever de proteção estatal, por entenderem que a *Drittwirkung* seria incompatível em definitivo com a preservação da autonomia privada dos particulares. Entende-se que o dever de proteção seria mais conveniente para evitar as consequências indesejadas da doutrina da eficácia privada dos direitos fundamentais (especialmente a anulação da autonomia privada e o favorecimento do ativismo judicial), de modo que a discussão deveria ser substituída pelo recurso aos direitos de proteção (cf. ESTRADA, 2000, p. 139-140).

De acordo com Ingo von Münch (1997, p. 46), saber se a teoria dos deveres de proteção teria substituído toda a construção da *Drittwirkung* é difícil de se responder à luz dos julgados do Tribunal Constitucional. Embora entenda que dogmaticamente as duas teorias são distintas, o autor reconhece que a Corte se inclina para essa linha, quando apoia a eficácia dos direitos fundamentais nas relações privadas basicamente nos deveres de proteção, em especial, a partir de decisão proferida em 1990 (BVerf 81, 242). Neste caso, o Tribunal entendeu inconstitucional a norma do Código de comércio que estabelecia uma proibição de concorrência pelo prazo de dois anos para representantes comerciais de determinada empresa, após o término do vínculo contratual com uma vinícola. A Corte reputou ofendida a liberdade de profissão e fundou a decisão não na construção tradicional da *Drittwirkung* (eficácia irradiante), mas no dever de proteção estatal da liberdade violada, embora faça referência expressa ao caso Lüth.

O fato é que a afirmação de uma dimensão objetiva dos direitos fundamentais foi tomada na jurisprudência constitucional alemã como instrumento argumentativo para garantir que tais direitos fossem levados em consideração contra as intervenções de quem quer que seja, e não apenas do Estado, atribuindo-se, assim, um efeito irradiador. Desse modo, o Tribunal Constitucional parece pressupor a possibilidade de lesão aos direitos fundamentais por parte de terceiros. Mas a vinculação dos particulares aos direitos fundamentais poderia ser justificada a partir da simples afirmação de que as normas constitucionais, ao consagrá-los, o faz elegendo como sujeito passivo (destinatário) não apenas o Estado, mas também os particulares, o que implicaria admitir direitos de um particular frente a outro. Mas isto significaria afirmar também um dever dos próprios particulares frente a direitos fundamentais, uma "tese muito forte", que o Tribunal Constitucional Alemão recusou (ALEXY, 2001, p. 438; BILBAO UBILLOS, 1997a, p. 284-285). O argumento dos deveres de proteção atribuíveis ao Estado constitui tese menos problemática. Os direitos fundamentais seguem sendo direitos opostos ao Estado, só que agora relativos não apenas a uma abstenção de intervenção, mas também a um dever de garantia. Uma garantia (encargo) voltada para a proteção dos indivíduos frente a outros indivíduos, que, "à diferença dos direitos fundamentais sociais, é dizer, dos direitos a prestação em sentido estrito, cabe perfeitamente na tradição da compreensão liberal dos direitos fundamentais" (ALEXY, 2001, p. 440).

Embora isso não seja claro na jurisprudência da Corte Constitucional Alemã, é intuitivo afirmar que ela acaba por retirar de uma dimensão objetiva dos direitos fundamentais uma outra subjetiva, só que relativa a direitos à proteção, seja a uma proteção por parte do legislador, seja jurisdicional (BILBAO UBILLOS, 1997a, p. 284-285). Se se concebe o dever à proteção do ponto de vista relacional, "então ao dever de proteção do Estado corresponde um direito do indivíduo" (*RabG* ↔*OabG*) (ALEXY, 2001, p. 437). Daí se dizer que, embora reste aberta a questão da subjetivação dos direitos de proteção, os exemplos mostram claramente que:

> [...] da jurisprudência do Tribunal Constitucional Federal (alemão), não obstante a tendência objetiva, é possível obter também indicações claras para uma interpretação subjetiva dos direitos fundamentais. (ALEXY, 2001, p. 438)

Essa interpretação recoloca os direitos fundamentais na situação de direitos frente ao Estado.

2.2 A negação da liberdade como dado independente do Estado de acordo com a teoria da "convergência estatista"

Há, contudo, quem vá mais além e ultrapasse a ideia de um mero dever de proteção, retirando do monopólio estatal da autoridade uma responsabilidade pública por toda e qualquer agressão a direitos fundamentais (ANDRADE, 2003, p. 280). Na esteira dos deveres de proteção é que Jürgen Schwabe[27] irá desenvolver a teoria que ficou conhecida como "convergência estatista" (cf. SARLET, 2000, p. 133). Tal teoria parte do princípio de que quando o Estado não protege os direitos fundamentais contra toda e qualquer agressão, simplesmente vulnera-os. As agressões perpetradas por particulares a direitos fundamentais são, em realidade, agressões oriundas do próprio Estado, que tinha o dever de garantir o que não garantiu. Esta tese vai mais além da orientação relativa aos deveres de proteção e afirma que a atuação dos particulares no exercício da autonomia privada é sempre fruto de uma autorização estatal e que quando estes (os particulares) violam direitos fundamentais, tal violação deve ser imputada ao Estado. Note-se que não se trata de exigir do Estado um dever de proteção, mas de considerá-lo como o próprio sujeito agressor na situação, o que conduz à ideia de que, também em caso de agressões privadas, o que existe é apenas um direito de defesa (*status* negativo) diante do Estado.

Para essa teoria, a distinção entre deveres de proteção e direitos de defesa é artificiosa, supérflua e induz a erro. Tal diferenciação funda-se, como se sabe, no fato de que aos direitos de defesa *(de status negativo)* corresponde uma ação negativa do Estado, e, aos direitos de proteção *(de status positivo)* corresponde uma ação estatal positiva, fática ou normativa, tendente a impedir as intervenções de terceiros. A distinção supõe que omitir intervenções e se encarregar de que os outros (terceiros) omitam intervenções são coisas diferentes (ALEXY, 2001, p. 441).

Schwabe argumenta que o que se pretende com a diferenciação entre direitos de defesa e direitos de proteção se alcança mais facilmente no marco de uma "função denegatória" dos direitos fundamentais. Ao proteger as atividades privadas através da regulação jurídica, ou seja, ao exercer o seu "dever de tolerância", o Estado participaria do processo de lesão dos direitos fundamentais por particulares, lesão esta que afronta um direito de defesa do particular. A tese é a de que se deve imputar ao próprio Estado a prática de todas as ações humanas que não tenham sido proibidas, e, portanto, da existência de um dever estatal universal de responsabilidade para tudo aquilo que esteja permitido a estas pessoas fazerem (ALEXY, 2001, p. 443). Aqui se personifica o Estado na pessoa dos particulares e se supõe que a liberdade privada é apenas uma liberdade consentida pelo Poder Público.

---

[27] A obra onde o autor divulgou a sua posição é *Die sogennante Drittwirkung der Grundrechte*, publicada em 1971, onde qualificou o debate em torno da eficácia horizontal dos direitos fundamentais como um "fantasma" ou "mistificação" (cf. KAUFMAN, 2003, p. 115; NARANJO DE LA CRUZ, 2000, p. 181, nota 57).

Essa doutrina se mantém, portanto, dentro da concepção tradicional dos direitos fundamentais como direitos públicos subjetivos (oponíveis unicamente aos poderes públicos), de *status* negativo, embora o resultado prático que se pode com ela alcançar seja similar àquele que se poderia obter no marco da defesa de uma eficácia privada dos direitos fundamentais. Isso ocorre porque se afirma um efetivo controle dos atos dos particulares ofensivos a direito fundamental, contudo, a partir da suposição de que tais atos são, em última instância, praticados pelo Estado (NARANJO DE LA CRUZ, 2000, p. 182).

2.3 A doutrina liberal da *state action* e a solução do Direito Constitucional americano para as agressões privadas aos direitos fundamentais

Nos Estados Unidos, a discussão em torno da aplicabilidade dos direitos fundamentais às relações privadas adquiriu contornos bem distintos daqueles que caracterizaram o debate alemão. A tradição liberal norte-americana contribuiu para que se delineasse tese bem mais refratária a uma vinculação dos particulares aos direitos fundamentais. Teoricamente é hegemônica a ideia de que os direitos fundamentais, previstos no *Bill of Rights* não atribuem direitos aos particulares frente a outros, mas vinculam apenas os poderes públicos (com exceção da 13ª emenda, que proibiu a escravatura). Tal raciocínio encontra apoio na literalidade do texto constitucional que, na maioria das cláusulas que consagram direitos fundamentais, faz referência expressa apenas ao poder público (BILBAO UBILLOS, 1997b, p. 01-02). Exemplo disso são os direitos a não discriminação (*equal protection*) e ao devido processo legal (*due procces of law*) insculpidos na primeira seção da XIV emenda, onde constam expressões como *non State shall...* ou... *nor shall any State*.

Não obstante, os americanos têm aplicado os direitos fundamentais em alguns casos em que, a critério do julgador, seja possível estabelecer uma conexão entre a ação lesiva do particular e os atos próprios do Estado. Nesse sentido, há uma espécie de extensão da qualificação do poder público para alcançar, em algumas situações, os sujeitos privados. A exigência da caracterização de uma ação estatal (*state action*) para que se admita uma aplicabilidade dos direitos fundamentais, ao teor da Constituição, exige uma divisão bem marcada entre os atos públicos e os atos privados. A relativização dessa doutrina decorreu do reconhecimento de que, na prática, há uma zona difusa e que atos de particulares podem conter características de verdadeiras ações estatais.

Assim é que construções jurisprudenciais como a ideia de ordem objetiva de valores ou dos deveres de proteção são estranhas ao Direito Constitucional americano, no qual o tema foi desenvolvido através de temperamentos opostos, na prática jurisdicional, aos pressupostos teóricos da doutrina da *state action* (ação estatal). De acordo com esses pressupostos, haveria basicamente dois argumentos que justificam a ideia de que os direitos fundamentais não sejam aplicados nas relações privadas.

(a) O primeiro refere-se ao risco de restrição indevida da liberdade individual e a privação dos indivíduos de fazerem suas escolhas livremente (como a de se associarem e com quem se associarem), o que estaria seriamente comprometido se estes devessem conformar suas condutas aos direitos fundamentais e às proibições constitucionais. (b) O segundo refere-se ao risco de agressão ao pacto federativo, vez que nos Estados Unidos compete aos estados legislar sobre Direito privado. Uma possível aplicação da Constituição às relações privadas pelas Cortes Federais poderiam intervir indevidamente na disciplina destas relações a cargo dos entes estaduais (TRIBE, 1988, p. 1691).

Essa tese foi firmada no final do século XIX, nos quais a Suprema Corte considerou inconstitucional norma aprovada pelo Congresso Nacional que previa uma série de punições civis e penais contra a discriminação racial em locais e serviços acessíveis ao público. No julgamento de casos envolvendo o cerceamento de negros em hotéis, trens e teatros, a Suprema Corte assentou que: (a) os direitos fundamentais estabelecidos na Constituição vinculam apenas os poderes públicos e (b) o Congresso Nacional não tem poderes para a edição de normas protegendo direitos fundamentais em relações privadas, pois a regulação destas cabe exclusivamente ao legislador estadual (NOWAK; ROTUNDA, 2004, p. 554-555).

A segunda orientação foi revista posteriormente pela jurisprudência, após a promulgação de diversos diplomas federais protetores dos direitos civis em meados do século passado. Dessa forma, admite-se hoje a competência da União para legislar sobre direitos humanos, mesmo em situações que envolvam sujeitos privados. A primeira orientação vem sendo objeto de uma série de temperamentos que têm ampliado o raio de ação das normas constitucionais (NOWAK; ROTUNDA, 2004, p. 555-558). Essa ampliação tem se dado basicamente por duas vias que, na prática, demonstram-se bastante imprecisas: (a) a constatação do exercício por um sujeito privado de uma função própria do Estado, função que pode ser ou não fruto de delegação (teoria da função pública) e (b) quando haja contato ou cumplicidades suficientes para implicar o Estado na conduta de um ator privado (BILBAO UBILLOS, 1997b, p. 15-16).

A maioria dessas decisões foi proferida em casos relativos à discriminação racial, seara na qual a sensibilidade dos juízes constituiu poderoso instrumento de efetividade dos direitos civis dos negros americanos. Assim é que, até 1968, período em que predominaram os casos envolvendo questões de discriminação racial, a Suprema Corte deu resposta afirmativa à caracterização de uma *state action*, tendo em vista os atos de sujeitos privados. Contudo, quando outros assuntos passaram a ser o foco das controvérsias, tal como a propriedade privada e o devido processo legal, as decisões que negam a existência de uma *state action* passam a ser mais numerosas (BILBAO UBILLOS, 1997b, p. 38).

O procedimento utilizado pela doutrina da *state action* é basicamente o seguinte: 1. Verifica-se se a demanda é contra o Estado ou um dos seus órgãos ou entidades (funcionário, agência, entidade pública etc.) ou contra um particular. Caso o demandado não seja o Estado, o juiz ou o tribunal verifica 2. Se a ação ou as ações do demandado podem ser imputadas ao Estado, isto é, se elas se subsumem ao conceito de *state action* (STEINMETZ, 2004, p. 179; BILBAO UBILLOS, 1997b, p. 31, nota 38).

Ainda que não se tenha por escopo uma análise exaustiva das situações que ensejaram a elaboração da doutrina da *state action*, o panorama que se segue demonstra, em linhas gerais, como se dá o esforço norte-americano em manter o Estado no polo passivo dos direitos fundamentais ainda que, em algumas situações, aplicando-os às relações entre particulares.

Com base na teoria da função pública, a Suprema Corte, no caso *Marsh v. Alabama* (326 U.S. 501 (1946)), declarou inválida a proibição de que Testemunhas de Jeová pregassem no interior de terras pertencentes a empresa privada, onde se localizavam ruas, residências e estabelecimentos comerciais. Entendeu-se que ao manter uma espécie de cidade privada (*private owned town*), a empresa se equiparava ao Estado e estava sujeita à 1ª emenda que assegura a liberdade de culto (NOWAK; ROTUNDA, 2004, p. 559).

No mesmo sentido, a Corte vinculou os partidos políticos (pessoas jurídicas de direito privado) às XIV e XV emendas, as quais consagram o devido processo legal e o direito de voto dos cidadãos, proibindo, quando da realização de suas eleições internas para a escolha de candidatos, a exclusão de eleitores por motivos raciais, conforme se deu em *Smith v. Allwright* (321 U. S. 649 (1944)). Aqui constatou-se, em primeiro lugar, a importância das eleições primárias internas para o sistema eleitoral geral norte-americano e entendeu-se que os partidos políticos receberiam uma espécie de transferência legal de poder, convertendo-se em um órgão do Estado na medida em que atuam em assunto de relevante interesse público (NOWAK; ROTUNDA, 2004, p. 558-559; BILBAO UBILLOS, 1997b, p. 40-51).

Instada, contudo, a se manifestar em diversas situações envolvendo a restrição da autonomia para gerir espaços privados, em especial na gestão de centros comerciais ou *shopping centers*, a Suprema Corte adotou entendimentos mais restritivos à aplicação dos direitos fundamentais nas relações entre particulares. Assim é que em *Lloyd Corp. v. Tanner* (407 U.S. 551 (1972)) reconheceu o direito dos proprietários dos estabelecimentos em não permitir a entrada de manifestantes, quando o objeto da manifestação ou da propaganda não possuísse qualquer relação com o negócio desenvolvido pelo centro comercial (NOWAK; ROTUNDA, 2004, p. 560).

Já com base no critério relativo à existência de implicação do Estado na conduta de um ator privado, a Suprema Corte em *Shelley v. Kramer* (334 U.S. 1 (1948)), rejeitou ação de proprietários de imóveis de uma determinada região, fundada em cláusula de convenção privada que impedia a alienação das unidades a pessoas integrantes de minorias raciais. Um dos proprietários descumpriu a cláusula e alienou seu imóvel a um negro. A Corte rejeitou a ação dos autores sob o argumento de que se o Judiciário tutelasse a pretensão estaria pondo sua força e autoridade a serviço de uma discriminação contrária à Constituição. Neste caso, reconheceu a presença da *state action*.[28] O argumento era o de que, se o contrato é cumprido voluntariamente pelas partes, não se pode falar em desrespeito à norma constitucional, uma vez que a discriminação não transcende a esfera privada. Contudo, se um dos contratantes decide vender o imóvel a um negro, violando as cláusulas contratuais e a questão chega aos Tribunais, o problema passaria a ser outro, pois as Cortes, diante do dilema de decidir se valida ou não cláusulas discriminatórias, optando pela primeira opção, violaria direitos fundamentais consagrados na XIV emenda, o que significa que a execução judicial do contrato acaba perfazendo uma *state action* (ROTUNDA, 1989, p. 442; BILBAO UBILLOS, 1997b, p. 87).

---

[28] O mesmo argumento poderia ter sido aplicado e não o foi em *Moose Lodge Number 107 v. Irvis* (407 U.S. 163 (1972)), conforme narrado a seguir.

Um outro tipo de implicação estatal já foi caracterizado no caso *Burton v. Wilmington Parking Authority* (365 U.S. 725 (1961)). Nele, a Suprema Corte entendeu estar um restaurante vinculado ao princípio da não discriminação, e, portanto, proibido de impedir o acesso de clientes por motivos raciais, pelo fato de ocupar espaço arrendado da agência estatal do Estado de Delaware — *Wilmington Parking Authority*, com vistas a cobrir os custos para a construção de um estacionamento público no terreno (NOWAK; ROTUNDA, 2004, p. 580-581). A Corte entendeu que um conjunto de circunstâncias demonstraria haver uma conexão entre a atividade privada e a Administração Pública, entre elas, a existência de vínculo contratual entre o restaurante e a agência estatal. O fato de o terreno e as instalações serem de propriedade pública e o fato de que o complexo em que estava inserido o restaurante era destinado a um uso público, contribuiria para uma aparência pública de que o Estado estaria envolvido e aprovava a política discriminatória do restaurante (BILBAO UBILLOS, 1997b, 103).

Em *Reitman v. Mulkey* (387 U.S. 369 (1967)) surge um outro tipo de envolvimento: o da facilitação estatal de atos privados. Aqui, discutia-se a constitucionalidade do art. I, parágrafo 26, da Constituição da Califórnia, que prescrevia a proibição do Estado ou qualquer de suas agências em limitar a liberdade de escolha do proprietário na venda, arrendamento ou aluguel de qualquer bem objeto de propriedade real, escolha esta sujeita apenas à discricionariedade do proprietário. *Mulkey* alegou que *Reitman* lhe havia negado o aluguel de um apartamento por causa de sua raça, com base no que a Suprema Corte da Califórnia entendeu inconstitucional o dispositivo por ferir a proibição de discriminação contida na XIV emenda. A Suprema Corte referendou o julgamento, entendendo que o artigo, embora não contendo específica classificação racial, implicava o Estado na medida em que o legislador protegera de forma absoluta e ilimitada a liberdade de escolha para vender, alugar ou arrendar unidades imobiliárias, dando azo a atitudes discriminatórias neste mercado. Isso ocorreria pela ausência de freios ou impedimentos legais a tais atitudes (NOWAK; ROTUNDA, 2004, p. 581).

O mesmo raciocínio da "facilitação estatal" acabou sendo utilizado nos casos em que o Estado outorgara subvenções, subsídios e isenções fiscais e em algumas licenças, autorizações e concessões (NOWAK; ROTUNDA, 2004, p. 586-589), embora, em vários deles, o pronunciamento da Corte tenha sido restritivo do conceito da *state action*. Neste sentido, a Corte negou a existência de uma *state action* num caso em que uma empresa fornecedora de energia elétrica cortou o fornecimento a um cliente individual, sob a alegação de que ela não exerce função tipicamente pública, embora sua atividade deva ser licenciada e regulamentada pelo governo (NOWAK; ROTUNDA, 2004, p. 588). Idêntico critério foi utilizado em *Moose Lodge Number 107 v. Irvis* (407 U.S. 163 (1972)). Aqui, um clube privado recebera licença do Estado para a venda de bebidas alcoólicas e, contra ele, não foi aplicada a cláusula proibitiva de discriminações raciais, pois entendeu-se que o fato de ser meramente licenciado pelo Estado não convertia a atividade discriminatória numa *state action*. Ainda, em *Columbia Broadcasting Sistem v. Democratic Nacional Comitee* (412 U.S. 94 (1972)), entendeu-se que o fato de as redes de rádio e televisão nos Estados Unidos sujeitarem-se ao licenciamento e à regulamentação do governo não seria bastante para vinculá-las aos direitos fundamentais. Neste último caso, a Corte rechaçou a alegação de que a CBS estaria violando liberdades constitucionais, ao se recusar a admitir propaganda paga de grupos pacifistas contra a Guerra do Vietnã (NOWAK; ROTUNDA, 2004, p. 578). A Corte também considerou lícita a discriminação efetuada no caso *San Francisco Arts & Athletics Inc. v. United States Olyimpic Comitee* (483 U. S. 522 (1987)). Aqui, o comitê olímpico acionado (entidade privada) recebera de uma lei federal a prerrogativa de usar com exclusividade a palavra "olímpico" nos Estados Unidos e negou autorização para que os organizadores de um evento atlético *gay* utilizasse tal qualificativo. A Corte decidiu que, mesmo titular da prerrogativa da exclusividade para a designação conferida por lei federal, a atividade do Comitê não constituía *state action* de modo que não estava submetido às cláusulas constitucionais definidoras dos direitos fundamentais (NOWAK; ROTUNDA, 2004, p. 576).

A doutrina da *state action*, ao tentar aproximar as condutas de particulares dos atos estatais, para fins de controle pelos direitos fundamentais, se aproxima da teoria da convergência estatista, embora seja bem diferente desta por não implicar uma suposição de que qualquer ação privada lesiva pode ser imputada ao Estado. Mas os critérios adotados para definir os contatos entre as ações estatais e as ações privadas, na prática, têm gerado inúmeras dificuldades interpretativas. Eles não são suficientes para impedir que situações semelhantes do ponto de vista dos direitos envolvidos sejam decididas de forma discrepante, além de não vincularem aos direitos fundamentais atividades de entes com significativo potencial ofensivo, como no caso da empresa prestadora de energia elétrica. Importantes tensões na esfera privada ficam à margem do controle pelos direitos fundamentais, a exemplo das tensões entre homens e mulheres, entre corporações privadas e organizações trabalhistas, entre a propriedade privada e o seu uso público, entre concepções de obscenidade e a defesa do pluralismo sexual (CLAPHAM, 2002, p. 153). O problema principal, que é a ofensa aos direitos fundamentais, fica secundado pela tentativa de aproximação dos entes privados aos estatais. Tal tentativa, como demonstram os casos, acaba por indicar claramente a adoção de uma dupla ética na fundamentação das decisões, uma dirigida ao Estado e outra aos particulares.

Não é à toa que a teoria tem recebido inúmeras críticas em vozes mais lúcidas e libertas do individualismo que ela retrata, seja em função da radical separação entre as esferas pública e privada (CLAPHAM, 2002, p. 151), seja em face da constatação de que a autonomia privada fica apenas de forma aparentemente protegida, pois o exercício da autonomia de um cidadão pode intervir na autonomia do outro.

A análise dos casos retratam um emaranhado de decisões que não podem ser reunidas em critérios efetivamente coerentes, aplicáveis aos casos futuros a serem analisados pela Corte, de modo que nos julgamentos tem se reconhecido que o envolvimento do Estado depende da análise casuística das circunstâncias (TRIBE, 1988, p. 1690).

2.4 Porque vale a pena a discussão

No início do capítulo, afirmou-se, com Canaris, que o tema da aplicação dos direitos fundamentais às relações privadas seria melhor esclarecido através da resposta a duas perguntas iniciais: (a) quem seriam os destinatários dos direitos fundamentais? (b) De quem era o comportamento regulado pelas normas que definem tais direitos? As teorias aqui analisadas, a começar pela relativa a deveres de proteção, passando pela convergência estatista (Shwäbe) aos desenvolvimentos americanos da *state action*, têm em comum o fato de tentar resolver o problema através da recondução da ofensa privada a uma ofensa estatal. Os problemas que elas apresentam decorrem em geral da insistência em manter o Estado como sujeito passivo de tais direitos e, ao mesmo tempo, fazê-los eficazes na esfera privada.

Sendo eficazes, a linha desenvolvida por todas elas estaria a apontar que o problema da aplicação das normas de direitos fundamentais entre sujeitos privados não possui maior relevância, seria um falso problema, uma vez que, também nestes casos, a relação se dá entre o Estado de um lado e o particular do outro. Mas as críticas que se opõem a essas teorias decorrem justamente da tentativa, um tanto forçada, de se manter exclusivamente o Estado no polo passivo dos direitos fundamentais (o que corresponde ao primeiro questionamento formulado por Canaris) e ainda assim fazê-los aplicáveis ao comportamento dos sujeitos privados (o que corresponde ao segundo).

A referência a um dever de proteção, nos termos desenvolvidos pelo Tribunal Constitucional Alemão, reflete uma resistência ao reconhecimento de direitos subjetivos dos particulares frente aos outros, pois, como visto, a Corte se inclina para o tratamento do tema sob a perspectiva de direitos frente ao Estado (ALEXY, 2001, p. 438; BILBAO UBILLOS, 1997a, p. 284-285). Por outro lado, o dever (estatal) de interpretar a lei ordinária conforme os direitos fundamentais já indica uma tendência (que será melhor analisada no capítulo seguinte) de privilegiar o texto legal no seu papel de configuração das relações privadas (ainda que dando à lei interpretação conforme a Constituição). Mas a afirmação de um dever de interpretação legal conforme direitos fundamentais não enfrenta e nem responde a segunda pergunta que é a de saber, enfim, se as relações privadas são ou não regidas pelos direitos fundamentais. Daí a afirmação de Bilbao Ubillos (1997a, p. 313) de que ela não apresenta nada de novo ao velho princípio de interpretação conforme a Constituição. Para tal problema, o Tribunal apenas sugere uma resposta através da afirmação (imprecisa) de uma "eficácia irradiante" das normas constitucionais que influenciam o Direito privado.

A discussão, contudo, segue sendo relevante. A aplicação adequada das normas jurídicas que regem as relações privadas pelos juízes e tribunais não se confunde com o questionamento de se os particulares nas suas relações privadas devem ou não obediência a direitos fundamentais. A teoria dos deveres de proteção não responde adequadamente, por exemplo, se, na elaboração de um contrato entre dois privados, que pode ou não chegar à apreciação dos Tribunais, deve-se respeito às normas definidoras dos direitos fundamentais dos envolvidos, sendo nulas disposições que venham a afrontá-las.

O que esse pensamento oculta é que o Judiciário só pode aferir a existência de ofensa a direitos fundamentais na medida em que estes possam, de alguma maneira, "gerar direitos e obrigações vinculando os particulares entre si", isto é, quando as normas de direitos fundamentais forneçam "critérios materiais a serem considerados e aplicados pelos órgãos judiciais" (SARLET, 2000, p. 137). Feliz a síntese de Karl Doehring: "O Juiz deve considerar os direitos fundamentais na medida em que eles valem; eles não valem porque um Juiz ou Tribunal assim o decide" (cf. SARLET, 2000, p. 137).

Por outro lado, a referência a uma dimensão objetiva dos direitos fundamentais não exige que se recorra invariavelmente a um dever de interpretação conforme a Constituição para que sejam aplicáveis os direitos fundamentais às relações privadas. Embora essa seja hoje a tese prevalente na Alemanha, o Tribunal Federal do Trabalho, por exemplo, adotando uma linha diversa, inferiu durante muito tempo uma vinculação direta dos particulares aos direitos fundamentais a partir desta mesma ordem objetiva de valores, como se verá mais adiante (MÜNCH, 1997, p. 35-42).

A teoria da convergência estatista, por sua vez, ao imputar ao Estado a ofensa privada aos direitos fundamentais paga o preço de tomar toda a atuação dos particulares como sendo, em última análise, decorrente de uma autorização ou não proibição Estatal, e, assim, sustentar que a liberdade não é apenas juridicamente limitada, mas outorgada pelo aparelho estatal. Tal concepção não é defensável numa ordem jurídico-constitucional em que os cidadãos são (a princípio) livres e, ao mesmo tempo, responsáveis pela sua atuação, não sendo razoável (inclusive face ao perigo totalitário que tal suposição carrega) supor que atuam, sempre, por delegação estatal (ANDRADE, 2003, p. 281). Por outro lado, afirmar que se uma conduta não está proibida, está, pois, permitida, não fundamenta uma participação do Estado na sua realização, porque isto levaria ao absurdo de imaginar a presença estatal nas mais prosaicas ações humanas, como, por exemplo, num convite para jantar (ALEXY, 2001, p. 443). Pode-se falar, de forma razoável, apenas, num dever de proibir intervenções privadas nos direitos fundamentais, o que conduz à ideia dos deveres de proteção.

Já a aplicação da *state action* constitui o exemplo a partir do qual se pode verificar, na prática, o inconveniente da tentativa de se manter a todo custo o Estado como sujeito passivo dos direitos fundamentais. Viu-se que o seu esforço de enquadrar a ação dos particulares naquelas típicas do poder público, além de não gerar parâmetros de interpretação e aplicação coerentes, deixa fora do raio de proteção dos direitos fundamentais setores importantes da atuação privada, partindo de pressupostos liberais que não são compatíveis com o conteúdo socializante das constituições de outros países, de que é exemplo a Constituição brasileira.

A questão que se coloca é a de se saber se existem razões para que se defenda, apenas, uma teoria que preserve o Estado como destinatário exclusivo dos direitos fundamentais. Em especial, que papel tem essa teoria para, de um lado, preservação da competência do legislador na regulação das relações privadas e, do outro, para o resguardo da autonomia dos particulares. Na tese do Tribunal Constitucional Alemão, o argumento dos deveres de proteção estatal, inferido a partir de uma ordem objetiva de valores, é combinado com a defesa de um procedimento de interpretação à luz dos direitos fundamentais e representa uma estratégia para tentar garantir tanto a proteção de uma esfera de atuação do legislador quanto a autonomia privada nas relações entre os particulares. Saber se ela é a mais adequada para tal e se isto justifica a sua adoção é o questionamento que se põe no capítulo a seguir.

Capítulo 3

A Discussão sobre o Modo pelo qual os Direitos Fundamentais Vinculam os Particulares

Sumário: 3.1 A teoria da eficácia absoluta ou imediata – 3.2 A defesa de uma eficácia mediata ou indireta dos direitos fundamentais – 3.3 A defesa da eficácia mediata sob o prisma dos deveres de proteção – 3.4 O esforço ideológico da distinção entre particulares dotados e não dotados de poderes sociais para justificar (em alguns casos) uma vinculação direta aos direitos fundamentais – 3.5 A proposta de solução "em três níveis" formulada por Robert Alexy – 3.6 Considerações críticas à luz da Constituição brasileira

Vimos, no primeiro capítulo, que quase não mais se sustenta uma justaposição entre o Direito constitucional e o Direito privado, de modo a excluírem-se mutuamente, mas admite-se que se encontram numa relação de complementaridade e dependência (HESSE, 2001, p. 70). Assim, a aplicação dos direitos fundamentais às relações privadas é algo que precisa ser posto, discutindo-se apenas o modo como se devem regular as relações privadas, se diretamente ou através do legislador. Isso significa que as maiores polêmicas em torno do assunto não se situam no problema do *se*, mas do *como*.

Analisamos, ainda, ao final do segundo capítulo, que não obstante a afirmação por alguns da irrelevância do tema da eficácia dos direitos fundamentais nas relações privadas, por entenderem que ele pode ser reconduzido aos moldes tradicionais dos direitos frente ao Estado, a discussão segue sendo importante, pois resta aberto o questionamento quanto a estarem ou não os particulares, nas suas relações, independentemente de uma intervenção estatal, vinculados aos direitos fundamentais.

Passa-se, desse modo, à discussão sobre o modo de vinculação dos particulares aos direitos fundamentais e, aqui, sobressai o seguinte questionamento: é possível, na relação entre dois privados, que se invoque frente ao outro, diretamente, uma norma constitucional definidora de direitos fundamentais ou ela deve ser aplicada apenas de forma mediata, "preenchendo" o conteúdo de uma norma de Direito civil (por exemplo, uma cláusula aberta)? Em outras palavras, as relações privadas são regidas diretamente pela Constituição ou necessitam da "ponte" da norma ordinária? A aplicação direta dos direitos fundamentais comprometeria a autodeterminação dos particulares em suas relações? Significaria um desrespeito à competência do legislador para configurar as relações privadas?

Este capítulo dedica-se à análise das teorias que pretendem resolver essas perguntas. As respostas estão ligadas a dois problemas relacionados, porém distintos. O primeiro diz respeito ao resguardo da autonomia privada que, segundo defende uma das teses, seria mais adequadamente regulada pelo Direito civil infraconstitucional. O segundo diz respeito ao papel do legislador e da competência que lhe é constitucionalmente reservada para configurar as relações entre os particulares, tendo em vista o risco de o juiz, ao aplicar diretamente as normas de direitos fundamentais, de conteúdo mais aberto, invadir-lhe o espaço garantido. Passemos às teorias.

3.1 A teoria da eficácia absoluta ou imediata

A teoria da eficácia imediata (*unmittelbare Drittwirkung*) — também denominada teoria da eficácia direta (*direkte Drittwirkung*) — foi desenvolvida, inicialmente, por Hans Carl Nipperdey,[29] e fartamente adotada pela Primeira Câmara do Tribunal Federal do Trabalho Alemão.

De acordo com Ingo von Münch (1997, p. 35), o primeiro grande caso em que aquela Corte se pronunciou acerca da eficácia dos direitos fundamentais frente a particulares foi a ação movida por uma jovem que trabalhava em um hospital privado para obter a formação no curso de enfermagem, uma espécie de emprego-curso. O contrato de trabalho previa que, na hipótese de casamento, o empresário poderia extinguir a relação de trabalho e formação e, baseando-se nessa cláusula

---

[29] Os textos de referência deste autor são o artigo *Die Würde dês Menschen* (*In*: *Die Grundrechte*. v. II, p. 5 *et seq.*, 1954) e *Grundrechte und Privatrechte* (*In*: *Festschrift für Erich Molitor. Zum 75. Geburtstag*. München und Berlin: C. H. Beck'sche Verlagsbuchhandlung, 1962) (cf. KAUFMANN, 2003, p. 100; ESTRADA, 2000, p. 103).

contratual, a demandante foi despedida após contrair matrimônio. Na demanda, a interessada alegou que a dispensa vulnerava seus direitos fundamentais previstos no art. 6º, parágrafo 1º (proteção ao patrimônio e à família), no art. 1º, parágrafo 1º (que protege a dignidade da pessoa humana) e no art. 2º, parágrafo 1º (que protege o livre desenvolvimento da personalidade), todos da Lei Fundamental de Bonn.

O Tribunal Federal do Trabalho deu provimento à demanda, em sua famosa sentença proferida em 5 de maio de 1957, declarando nula a mencionada cláusula contratual por vulnerar os direitos fundamentais acima mencionados. A sentença causou polêmica não tanto pela solução adotada, mas pela fundamentação, já que a Corte baseou sua decisão numa *Drittwirkung* direta dos direitos invocados (diferentemente da linha da eficácia irradiante que vinha sendo defendida pelo Tribunal Constitucional). O Tribunal deduziu essa eficácia direta a partir da mudança experimentada por alguns direitos fundamentais (não todos). Eles já não eram simples direitos de defesa frente ao Estado, mas regras de ordenação da vida social. Por consequência, os contratos de Direito privado não poderiam colidir contra o que se pode denominar ordem pública do ordenamento do Estado e isso era corroborado pelo reconhecimento do modelo de Estado Social, baseado em regras do Estado de Direito. Isso posto, o Tribunal afirma que "os acordos de Direito privado, os negócios e os atos jurídicos não podem contrariar aquilo que se convencionou chamar de ordem básica ou ordem pública" (BAGE 1, 185 (193)) (cf. MENDES, 2006, p. 123) ou "princípios ordenadores para a vida social", que têm um significado direto também para o tráfico jurídico entre os cidadãos (GÁRCIA TORRES; JIMÉNEZ-BLANCO, 1986, p. 22).

Um outro exemplo em que o Tribunal Federal do Trabalho aplicou diretamente direitos fundamentais nas relações particulares – entendendo haver uma *Drittwirkung* direta – é o que envolve a invocação da liberdade de consciência, aliás, situação que aparece em muitos processos da jurisdição trabalhista alemã. Em 1989, o Tribunal Federal do Trabalho pronunciou-se sobre o seguinte caso: numa filial alemã de um consórcio farmacêutico britânico, deveria ser desenvolvido um medicamento que ajudaria soldados afetados por radioatividade a combater sintomas de náuseas, em caso de guerra nuclear. Um químico, funcionário dessa empresa, negou-se a colaborar no desenvolvimento da fórmula, invocando direito fundamental à liberdade de consciência, e foi despedido. Analisando a legalidade da dispensa, o Tribunal Federal do Trabalho acatou a invocação da liberdade de consciência e considerou injustificada a demissão (BAG "NJW", 1990, p. 203 *et seq.*) (MÜNCH, 1997, p. 36-37).

Destaca-se, ainda, um outro caso julgado pelo Tribunal Territorial do Trabalho de Hamm, em que um farmacêutico obrigou contratualmente uma empregada a tomar pílulas contraceptivas. Desse modo, o farmacêutico pretendia elidir a regulação da lei que protege a maternidade da empregada. O Tribunal, recorrendo diretamente à proteção da dignidade da pessoa humana, ao livre desenvolvimento da personalidade e à proteção do matrimônio e da família, entendeu vulnerados tais direitos e, por consequência, declarou inválida a cláusula restritiva (MÜNCH, 1997, p. 36).

Nessa linha, a teoria da eficácia imediata comporta a tese de que os direitos fundamentais (não todos),[30] por expressarem valores que dizem respeito a toda ordem jurídica, aplicam-se diretamente às relações regidas pelo Direito privado, seja em face do postulado da força normativa da Constituição ou do princípio da unidade do ordenamento. A Lei Fundamental não pretenderia tão somente regular a organização estatal, mas dar uma nova ordem à vida da comunidade, uma ordem que o Tribunal Constitucional Alemão tomou por acertada quando a caracterizou como *ordem de valores objetivos*,[31] embora tenha encerrado uma contradição quando afirmou que a influência dessa ordem de valores ocorre por meio das normas contidas no direito ordinário (BGB) (cf. ESTRADA, 2000, p. 105; KAUFMANN, 2003, p. 101-102).

Sem negar a existência e a importância dos direitos "clássicos", que são direitos subjetivos públicos, a ideia defendida é a de que corresponderia ao objetivo da Lei Fundamental propiciar uma ampla proteção da liberdade, diante da transformação no significado e função dos direitos fundamentais (que teriam surgido historicamente como direitos de defesa, oponíveis apenas ao Estado). Essa transformação importaria o reconhecimento de que tais direitos devem estar garantidos também contra ameaças de terceiros, especialmente contra aquelas oriundas dos poderes sociais e, apenas dessa forma, estaria cumprido o imperativo da máxima efetividade (cf. SARLET, 2000, p. 122).[32] Assim, superado o teste que verifica se a norma de direito fundamental não é do tipo que se aplica apenas ao Estado (por exemplo, o direito de asilo), passa-se à

---

[30] Nipperdey, por exemplo, admite que uma série de direitos fundamentais são opostos apenas ao Estado, entre eles: liberdade de reunião; liberdade de circulação; inviolabilidade de domicílio; propriedade privada e direito de herança; direito à indenização por expropriação; conservação da nacionalidade, direito à não extradição, direito de asilo (cf. GÁRCIA TORRES; JIMÉNEZ-BLANCO, 1986, p. 22).

[31] Ver, a respeito, capítulo 2, item 2.2, *supra*.

[32] Aqui Sarlet cita a obra de Nipperdey, Grundrecht und Privatrecht. In: *Festschrift für Erich Molitor*. München: C. H. Beck, 1962. p. 17-22.

análise da finalidade protetora da norma jusfundamental e da ordem que ela contém, aplicando-se então às relações entre os sujeitos privados, à luz das peculiaridades do caso concreto (cf. ESTRADA, 2000, p. 107).

Essa concepção, que ficou posteriormente conhecida como "eficácia absoluta" dos direitos fundamentais, recebeu temperamentos, face às críticas quanto ao perigo de afetação demasiada da autonomia privada, considerando a diferença existente entre as relações dos particulares frente ao Estado e dos particulares entre si, já que estes, em regra, são todos igualmente titulares de direitos fundamentais.

Assim, a teoria procura estabelecer certa hierarquia na aplicabilidade das normas definidoras de direitos fundamentais, conforme se trate ou não de relações que envolvam, em um dos polos, particulares dotados de poder político ou econômico. Em princípio, a norma deve ser aplicada sem limite nas relações entre os indivíduos e os poderes sociais ou econômicos, tendo em vista a condição de inferioridade em que se encontram os primeiros frente a ditos poderes. Nessas situações, que, de fato, equivalem à sujeição do indivíduo frente ao poder soberano, devem ser aplicadas diretamente as normas constitucionais (cf. ESTRADA, 2000, p. 107).[33]

A *Drittwirkung* direta ou imediata, contudo, não se limitaria aos casos em que houvesse desigualdade entre os particulares, pois a Constituição define os direitos fundamentais como posições jurídicas (*status socialis*) que os particulares titularizam frente a outros particulares e isso, especialmente, mas não exclusivamente, nas relações em que se identifique um poder ou influência que exerçam uns sobre os outros (cf. GARCÍA TORRES; JIMÉNEZ-BLANCO, 1986, p. 22). Tal afirmação leva Alexei Julio Estrada a afirmar que a hierarquia entre relações dotadas e não dotadas de poder proposta por Nipperdey é mais aparente do que real, revelando mais um "artifício dirigido a aplacar as vozes contrárias à *unmittelbare Drittwirkung* como redutora da autonomia privada" do que uma revisão da posição inicial em torno da eficácia absoluta dos direitos fundamentais.

Em resumo, a teoria da eficácia imediata afirma que os direitos fundamentais (ESTRADA, 2000, p. 108) não carecem de qualquer "transformação" para serem aplicados no âmbito das relações jurídico-privadas, constituindo-se diretamente em vedações de intervenção no tráfico jurídico-privado ou em direitos de defesa oponíveis a outros

---

[33] Estrada cita o artigo de Nipperdey, "Freie Entfaltung der Persönlichkeit". *In*: *Die Grundrecht IV* (t. 2). Berlim: Duncker & Humblodt, 1962. p. 743 *et seq*.

particulares, o que significa que os sujeitos privados titularizam direitos fundamentais uns frente aos outros, e acarreta a proibição de ofensa a tais direitos quando das avenças contratuais (NARANJO DE LA CRUZ, 2000, p. 215).

A teoria da eficácia imediata tem tido uma influência crescente em países como Itália, Portugal e Espanha.[34] O que a caracteriza é o fato de que ela postula uma eficácia não condicionada à mediação concretizadora dos poderes públicos, ou seja, a definição do conteúdo e do alcance das normas definidoras de direitos fundamentais não dependem de regulações legislativas específicas, tampouco de um esforço interpretativo relativo à legislação ordinária, de modo a adequá-la ao sentido das normas definidoras de direitos fundamentais (BILBAO UBILLOS, 1997a, p. 325). As normas definidoras de direitos fundamentais podem regular diretamente o comportamento dos sujeitos privados, funcionando, portanto, como "regras" primárias (de comportamento), no sentido de Hart (2001, p. 103-109), e não apenas como regras "doadoras de sentido" ou aferidoras da constitucionalidade da legislação ordinária.

De acordo com Rafael Naranjo de la Cruz (2000, p. 167):

> [...] os direitos fundamentais, em sua dupla vertente subjetiva e objetiva, constituem o fundamento de todo o ordenamento jurídico e são aplicáveis em todos os âmbitos de atuação humana de maneira imediata, sem intermediação do legislador. Por isso, as normas de direitos fundamentais contidas na Constituição geram, conforme a sua natureza e teor literal, direitos subjetivos dos cidadãos oponíveis tanto aos poderes públicos como aos particulares.

Nesse sentido, a esclarecedora simplicidade do raciocínio de Perlingieri (2002, p. 11-12), expoente italiano do Direito civil constitucional, quando afirma que a norma constitucional pode, também sozinha (quando não existirem normas ordinárias que disciplinem a *fattispecie* envolvida), ser a fonte da disciplina de uma relação jurídica de Direito civil: "Essa é a única solução possível, se se reconhece a preeminência

---

[34] Como exemplo de autores que defendem a possibilidade de uma eficácia imediata pode-se citar: Pietro Perlingieri (2002, p. 11-12); João José Nunes Abrantes (1990, p. 35-37); J.J. Gomes Canotilho (1999, p. 1150 *et seq.*); Luis Prieto Sanchís (1994, cap. X); Gregório Peces-Barba Martínez (1999, cap. XXII); Pedro De Vega García (1996, p. 273-276); Juan Maria Bilbao Ubillos (1997a, p. 325-382), Rafael Naranjo de la Cruz (2000, p. 186-242); Alexei Julio Estrada (2000, p. 103-109); Tomás de Quadra-Salcedo (1981, p. 70). No Brasil, Ingo Wolfgang Sarlet (1998, p. 333-339; 2000, p. 121-123, 138-160), Daniel Sarmento (2004, p. 279-289), Wilson Steinmetz (2004, p. 199-228) e André Rufino do Vale (2004, p. 172).

das normas constitucionais e dos valores por elas expressos — em um ordenamento unitário, caracterizado por tais conteúdos".
Na doutrina espanhola, Bilbao Ubillos (1997a, p. 327) leciona que:

> A doutrina da eficácia imediata implica, pois, que, com normativa legal de desenvolvimento, ou sem ela, é a norma constitucional que se aplica como "razão primária e justificadora" (não necessariamente a única) de uma determinada decisão. Isto é, "não como regra hermenêutica, senão (como) norma de comportamento apta a incidir também no conteúdo das relações" entre particulares.

Em Portugal, a defesa da eficácia imediata ganha um reforço em função da própria dicção do art. 18, nº 1 da Constituição portuguesa, que prevê que os direitos, liberdades e garantias são diretamente aplicáveis e "vinculam as entidades públicas e privadas". Daí que Vital Moreira e J.J. Gomes Canotilho (1993, p. 144-148) consideram mesmo incorreto falar numa "eficácia frente a terceiros" de direitos fundamentais, uma vez que, nos termos da Constituição portuguesa, os particulares não são "terceiros" em relação aos direitos fundamentais e tampouco constitui um componente "externo" a eficácia de tais direitos nas relações entre particulares.

Esses autores afirmam que, diante do dispositivo constitucional citado, pode-se concluir uma vinculação das entidades privadas aos direitos fundamentais de modo direto e necessário, independentemente da configuração através da lei. Nesse sentido, anotam:

> [...] o texto da Constituição não faz nenhuma restrição, e o fato de que se diga que os direitos fundamentais são "diretamente aplicáveis" parece que não pode deixar de ler-se no sentido de que os direitos fundamentais previstos neste artigo têm uma eficácia imediata frente às entidades privadas.

Chegam a afirmar que os direitos fundamentais, ao menos em princípio, se aplicam "nos mesmos termos em que se aplicam nas relações entre os particulares e o Estado" (CANOTILHO; MOREIRA, 1993, p. 147-148).

Em seu manual, contudo, J.J. Gomes Canotilho (1999, p. 1213) parece relativizar a contundência da afirmação, defendendo uma vinculação menos "intensa" dos particulares aos direitos fundamentais, de modo a promover uma harmonização entre o seu exercício e os princípios e valores básicos do Direito privado. Apesar de se manter fiel à tese da eficácia imediata dos direitos fundamentais, acena para a adoção de "soluções diferenciadas", a depender do caso concreto. Assim, afirma que deve o julgador, quando possível, aplicar as normas de Direito privado pela via da interpretação conforme a Constituição e, em caso de ausência de norma ordinária apta a reger o caso, deve valer-se não só de cláusulas gerais e conceitos indeterminados, mas também das próprias normas constitucionais que devem ser aplicadas diretamente. Também Ana Prata (1982, p. 137) adere à tese da eficácia imediata afirmando que "[...] as entidades privadas têm de respeitar de forma direta e necessária os direitos constitucionalmente garantidos", independentemente de qualquer mediação legislativa, extraindo a professora limites consideráveis à autonomia negocial, face à oponibilidade interprivada dos direitos fundamentais.

Observe-se, contudo, com base no pensamento de José João Nunes Abrantes (1990, p. 94-113), que a defesa de uma eficácia imediata dos direitos fundamentais não implica necessariamente descurar da importância da preservação de um âmbito privado de autonomia. Embora o autor defenda que, mesmo nas relações entre iguais, a autonomia privada estará limitada pelo "núcleo essencial" dos direitos fundamentais, independentemente de mediação do legislador ordinário, isso não significa que os particulares estejam sujeitos ao mesmo regime que os poderes públicos em suas relações, de modo que a proteção constitucional à autonomia privada requer o equacionamento do caso através de uma ponderação entre esta e o direito fundamental invocado.

3.2 A defesa de uma eficácia mediata ou indireta dos direitos fundamentais

As críticas (e não foram poucas) recebidas pela teoria da eficácia imediata podem ser resumidas nos seus dois aspectos mais relevantes:
a) ela anularia a autonomia privada e terminaria por destruir o Direito privado, fazendo-o por completo desnecessário, pois os juízes poderiam basear suas decisões diretamente no texto constitucional, prescindindo das prescrições legais existentes.
b) Essa doutrina retiraria importantes âmbitos de configuração social das mãos do legislador, transferindo-os aos Tribunais através de uma interpretação extensiva da Constituição, subtraindo o conteúdo dos direitos fundamentais do debate democrático. Estar-se-ia, assim, num "Estado judicial" (ESTRADA, 2000, p. 98-99).

Esses problemas, que constituem a razão da polêmica e da delicadeza do tema que ora se cuida, estão refletidos na vacilação teórica de Canotilho, um dos expoentes da defesa da eficácia imediata dos direitos fundamentais nas relações privadas. Em artigo mais recente, o autor externa a sua preocupação com a compatibilidade do projeto racionalizador e igualitarizante das relações sociais (implicado no reconhecimento dos direitos fundamentais) e as multiplicidades verificadas na sociedade e na vida privada (típicas de um contexto "pós-moderno").

Por isso, aponta o risco de "panconstitucionalização" da ordem jurídica privada e de uma "colonização" do Direito privado pelo Direito constitucional, com possíveis prejuízos seja para as relações privadas, seja para os próprios direitos fundamentais (2000, p. 113):

> A ordem jurídica privada não está, é certo, divorciada da Constituição. Não é um espaço livre de direitos fundamentais. Todavia, o Direito privado perderá sua irredutível autonomia quando as regulações civilísticas — legais ou contratuais — vêem o seu conteúdo substancialmente alterado pela eficácia direta dos direitos fundamentais na ordem jurídica privada. A Constituição, por sua vez, é convocada para as salas diárias dos tribunais com a conseqüência da inevitável banalização constitucional. Se o Direito privado deve recolher os princípios básicos dos direitos e garantias fundamentais, também os direitos fundamentais devem reconhecer um espaço de auto-regulação civil, evitando transformar-se em "direito de não-liberdade" do Direito privado.

Tais preocupações foram responsáveis pela formulação de teorias matizadas que procuraram harmonizar a operatividade dos direitos fundamentais entre os sujeitos privados, o resguardo à autonomia privada e o papel do legislador. Pretendem, assim, não afastar a eficácia dos direitos fundamentais nas relações privadas e, ao mesmo tempo, garantir o espaço de liberdade dos particulares e do legislador.

É nesse espírito que alguns teóricos, dos quais são exemplos Günther Dürig[35] e Konrad Hesse (2001, p. 53-79),[36] irão admitir na seara das relações privadas, apenas, uma eficácia mediata (*mittelbare Drittwirkung*) dos direitos fundamentais, teoria que influenciou de forma decisiva a jurisprudência constitucional alemã.

O ponto de partida dessa teoria (Dürig) é o princípio da dignidade da pessoa humana, que estabelece para o Estado não apenas uma

---

[35] A multicitada obra do autor é *Grundrecht und Zivilrechtprechung* (1956) (cf. NARANJO DE LA CRUZ, 2000, p. 169).
[36] Pode-se citar, ainda, Karl Larenz (1978, p. 100-101), Carlos Alberto da Mota Pinto (1999, p. 74-75); Josep Ferrer I Riba e Pablo Salvador Coderch (1997, p. 95-96); Hans Peter Schneider (1991, p. 81); Jésus Alfaro Águila-Real (1993, p. 57-122); Pedro Cruz Villalón (1999, p. 217-232); José Carlos Vieira de Andrade (1998, p. 275 *et seq.*); Joaquim de Souza Ribeiro (1998, p. 729-755); Cristian Starck (2002, p. 65-89), dentre outros.

obrigação negativa, mas um dever de fazer efetivo o sistema de valores constitucionais, que incumbe, antes de tudo, à jurisdição ordinária. Nesse sentido, a tese está ligada, também, à ideia da Constituição como ordem objetiva de valores e de uma dimensão objetiva dos direitos fundamentais. Daí que se admite a necessidade de construir vínculos entre o Direito privado e a Constituição para a submissão do primeiro às normas constitucionais. Entretanto, a proteção dos direitos fundamentais difere segundo seja dirigida ao Estado ou aos particulares, posto que, no Direito privado, tem-se o limitante da autonomia privada, sendo esta, em si mesma, expressão do princípio da dignidade da pessoa humana (cf. ESTRADA, 2000, p. 110).

Dessa forma, segundo a teoria da eficácia mediata, os direitos fundamentais se aplicam às relações privadas através da incorporação do seu conteúdo às cláusulas gerais do Direito privado, capazes de ser "preenchidas" valorativamente (HESSE, 2001, p. 57-58). Tais cláusulas gerais, normalmente expressas mediante conceitos jurídicos indeterminados (como o de bons costumes, boa-fé, ordem pública, abuso de direito etc.), seriam o veículo através do qual se fariam efetivos os direitos fundamentais, mediante um processo de interpretação conforme a ordem objetiva de valores constitucionais, tendo em conta a existência de um *dever* jurisdicional de interpretar e aplicar o direito ordinário em conformidade com tal sistema objetivo. A decisão judicial que não leva em conta os direitos fundamentais, portanto, agride-os (SCHNEIDER, 1991, p. 81).

Isso significa que, na fundamentação de decisões judiciais relativas a um conflito jurídico-civil, não se pode invocar diretamente a Constituição, mas deve-se sempre lançar mão de um dispositivo do Direito privado apto a reger o caso e, ao mesmo tempo, a fazê-lo regido também pela norma constitucional, através de um processo de interpretação da legislação ordinária conforme ou à luz dos direitos fundamentais. As cláusulas gerais funcionam como "ponto de irrupção" ou "ponto de entrada" desses direitos fundamentais nas relações privadas (ESTRADA, 2000, p. 111).

Assim, por exemplo, entendeu-se nula a cláusula de um contrato de seguro de responsabilidade segundo a qual o segurado se obrigava à abstenção de quaisquer declarações ou atos que tendessem a reconhecer a responsabilidade do segurador, por contrariedade à ordem pública (MOTA PINTO, 1999, p. 75). Por outro lado, considerou-se que incorre em abuso de direito o proprietário de estabelecimento aberto ao público em geral (*shopping*, restaurante, danceteria etc.) cuja negativa em contratar com outro particular implica um tratamento vexatório, pois, nesse caso, os princípios da igualdade e do respeito à dignidade humana preenchem a cláusula geral do *abuso de direito* (ALFARO ÁGUILA-REAL, 1993, p. 78). A jurisprudência alemã fornece o exemplo da nulidade de um acordo de divórcio em que o homem deveria, durante a menoridade da filha, domiciliar-se fora da cidade onde esta vivia com a mãe. O Tribunal Supremo Federal entendeu que a cláusula violava o §138 do BGB, que preceitua que "o ato jurídico contrário aos bons costumes é nulo", o qual deveria ser interpretado em combinação com o art. 11, parágrafo 1º, da Lei Fundamental que garante o direito fundamental à livre circulação e residência.

Todos esses exemplos seguem, basicamente, o raciocínio assentado no caso *Lüth* (referido no capítulo 2, item 2.1, *supra*), o qual teve grande influência na jurisprudência, dentro e fora da Alemanha. A ideia é a de que a autonomia, a identidade e a função do Direito privado estariam melhor preservadas na medida em que os casos jurídico-civis fossem resolvidos no marco do próprio Direito privado. Por outro lado, entende-se que a autonomia privada seria adequadamente garantida através da aplicação das normas ordinárias, ainda que o seu conteúdo fosse "preenchido" de acordo com a Constituição. Nesse sentido, é de se destacar o seguinte trecho do julgado (cf. GARCÍA TORRES; JIMÉNEZ-BLANCO, 1986, p. 30):

> A influência dos direitos fundamentais, como critérios valorativos, se realiza sobretudo mediante aquelas disposições do direito privado que contêm direito imperativo e portanto formam parte da ordem pública em sentido amplo, isto é, mediante os princípios que, por razão de interesse geral, hão de ser vinculantes para a modelação das relações jurídicas entre os particulares e, portanto, estão subtraídos à autonomia da vontade. Tais disposições, por sua finalidade, estão casadas com o direito público, do qual são um complemento, e em especial com o direito constitucional. Para a realização dessa influência à jurisprudência são oferecidas sobretudo as "clausulas gerais" que, como a do parágrafo 826, BGB, remetem, para o juízo da conduta humana, a medidas metacivis e inclusive metajurídicas. No momento de decidir o que esses mandatos sociais exigem no caso concreto há de partir-se, em primeiro lugar, da totalidade das representações de valor que o povo alcançou em um determinado momento do seu desenvolvimento cultural e fixado em sua Constituição. Por isso, se tem qualificado com razão as cláusulas gerais como os "pontos de irrupção" dos direitos fundamentais no direito civil (Dürig).

Um dos autores que mais firmemente defende uma eficácia apenas mediata ou indireta dos direitos fundamentais nas relações privadas é, dentre os publicistas, Konrad Hesse (2001, p. 53-67). É em obra dedicada unicamente ao assunto, denominada *Direito constitucional e direito privado* (2001), que ele, na esteira da jurisprudência constitucional alemã e da ideia de que os direitos fundamentais são princípios objetivos do ordenamento em seu conjunto, irá desenvolver seus argumentos.

Em primeiro lugar, Hesse (2001, p. 72-73) afirma uma fundamentalidade da autonomia privada, na forma especial da liberdade contratual, ambas aspectos positivos da personalidade, âmbito em que a pessoa pode atuar "como ser autônomo e responsável", não podendo ser convertido em "simples meio para fins sociais" (HESSE, 2001, p. 75). Afirma isso, embora não desconhecendo a importância da proteção de bens coletivos e reconhecendo as profundas modificações sofridas pelo Direito privado, frutos das conquistas dos movimentos sociais, em especial, diante da necessária garantia contra as desigualdades econômicas não levadas em conta nos seus fundamentos clássicos.[37]

De acordo com Hesse (2001, p. 60), o princípio fundamental da autonomia privada estaria melhor garantido na medida em que se outorgasse ao Direito civil a tarefa de "encontrar por si mesmo" o modo e a intensidade da influência dos direitos fundamentais nas relações privadas. Estes, por consistirem em princípios jurídicos muito amplos e frequentemente indeterminados, comportam uma dificuldade muito maior para a determinação do seu significado no caso concreto do que a correspondente aplicação das normas de Direito privado, o que comprometeria a clareza e a certeza jurídica necessárias ao tráfico jurídico-privado. Nas suas palavras (HESSE, 2001, p. 65):

> Certamente, não pode o legislador renunciar a conceitos indeterminados, necessitados de ulterior precisão, e a cláusulas gerais. Mas igualmente certo é que uma regulação legal materialmente diferenciadora, que concretize os pressupostos e os efeitos da influência dos direitos fundamentais, mesmo quando utiliza tais conceitos, conduz a uma maior determinação da regulação normativa, a uma maior clareza, certeza e previsibilidade jurídicas do que o recurso imediato aos direitos fundamentais.

---

[37] Nesse sentido é que constata, citando Wieacker, uma mudança das concepções no desenvolvimento do Direito privado, "desde uma ética individual da vontade e da liberdade a uma ética social da responsabilidade solidária", ou seja, não só o poder público, mas também "a sociedade e cada um dos seus membros singulares respondem pela existência social de cada um dos demais membros da sociedade". Desse modo, "o Direito privado não atende apenas à autodeterminação individual, mas também à justiça social, e assim, caberia dizer que se desenvolveu uma nova dimensão que está em tensão com a anterior" (HESSE, 2001, p. 72-73).

Por outro lado, Hesse pondera que numa relação entre dois privados todos os interessados gozam da proteção dos direitos fundamentais. Isso faz com que esses direitos atuem, ao mesmo tempo, a favor e contra os envolvidos, o que acabaria produzindo uma colisão. Tal colisão seria mais apropriadamente solucionada pelo legislador civil, mediante o equilíbrio ou a ponderação dos direitos envolvidos. Também, segundo o autor, a autonomia privada estaria seriamente comprometida se as pessoas em suas relações recíprocas não pudessem renunciar às normas de direitos fundamentais, que são indisponíveis nos casos que envolvam uma ação estatal. Além disso, a defesa de uma eficácia imediata dos direitos fundamentais nas relações privadas representaria um risco de perda da identidade do Direito privado, com prejuízo para a aplicação adequada da matéria que lhe corresponde, a qual não poderia se realizar, sem mais, com critérios derivados apenas dos direitos fundamentais (HESSE, 2001, p. 61).

Por fim, uma aplicação direta dos direitos fundamentais significaria uma "panconstitucionalização" do ordenamento jurídico, o que seria danoso, seja para o Direito privado seja para o Direito constitucional, pois implicaria uma trivialização da Constituição e dos direitos fundamentais, convertendo, em grande escala, os casos jurídico-privados em casos jurídico-constitucionais. Tal circunstância resultaria numa sobrecarga desnecessária para a jurisdição constitucional (HESSE, 2001, p. 61).

O que se observa na construção teórica relativa à teoria da eficácia mediata dos direitos fundamentais é uma preocupação em manter a distinção entre o modo de tutela dos direitos fundamentais no campo juspublicista e no campo das relações privadas, negando, nesse último caso, a mesma "força operativa" que detêm nas relações com o Estado (ESTRADA, 2000, p. 114-115). De um lado, sem negar que os direitos fundamentais produzem efeitos nas relações privadas, afirma-se uma tarefa e um dever jurisdicional de interpretar as normas de Direito privado, especialmente suas cláusulas gerais, de acordo com os "valores" jusfundamentais objetivos (mediação judicial); de outro, defende-se o papel do legislador de "transformar o conteúdo dos direitos fundamentais, de modo diferenciado e direto, em direito imediatamente vinculante para os participantes de uma relação privada" (mediação legislativa) (HESSE, 2001, p. 64).

A construção do raciocínio está voltada, em primeiro lugar, para uma preocupação relativa ao reconhecimento de direitos fundamentais como direitos subjetivos dos particulares uns frente aos outros, face aos perigos que isso representaria para a preservação da autonomia privada e ao risco de se transformarem direitos em simples deveres. Nesse sentido, os direitos fundamentais operariam nas relações privadas não na sua qualidade de direitos subjetivos, mas como princípios gerais de valor que estabelecem um limite à atuação livre dos particulares, devendo ser invocados pelo juiz sempre através de uma norma ordinária limitadora da atuação privada. Assim, o julgador que não leva em consideração tais valores na interpretação do Direito privado, agride o direito fundamental envolvido no caso.

A teoria implica, por outro lado, uma preocupação em preservar a primazia do legislador na atividade de configuração das relações privadas, na medida em que obriga o juiz a levar em conta nas suas decisões a regulação ordinária, pretendendo-se uma hierarquia entre a lei e a jurisdição. Essa hierarquia é vista, também, como um instrumento de controle da arbitrariedade das decisões judiciais, tendo em vista o caráter predominantemente aberto das normas definidoras dos direitos fundamentais. Assim, supõe-se que a vinculação do juiz ao legislador proporcionaria uma maior segurança jurídica do que a sua vinculação ao constituinte — o que conduz ao velho problema da legitimidade do exercício da jurisdição constitucional, tendo em vista o princípio da separação de poderes e o princípio democrático.

O que cabe questionar aqui é se o "procedimento" proposto pela teoria da eficácia mediata é adequado para garantir e evitar a vulneração ilegítima da autonomia dos particulares, um princípio que permanece constitucionalmente protegido, e que a atividade do juiz, por arbitrária, solape as competências do Poder Legislativo, transformando o Estado num Estado jurisdicional.

Esse procedimento consiste em constranger o julgador a um duplo trabalho interpretativo: extrair do direito fundamental invocado o princípio nele contido para, a seguir, introduzi-lo no conteúdo de uma cláusula geral de Direito privado que, finalmente, será utilizada para decidir o caso. Só através deste "rodeio" é possível, segundo a teoria da eficácia mediata, a aplicação dos direitos fundamentais às relações privadas (ESTRADA, 2000, p. 116).

3.3 A defesa da eficácia mediata sob o prisma dos deveres de proteção

No capítulo 2, item 2.1, referimo-nos a uma tendência observada no âmbito do Tribunal Constitucional Alemão de resolver os problemas relativos à *Drittwirkung* através do recurso à característica dos direitos fundamentais como deveres e correspondentes direitos à proteção estatal. Nessa linha, os direitos fundamentais seguiriam sendo direitos opostos ao Estado que, além do dever de abster-se de quaisquer intervenções violadoras, deveria, ainda, protegê-los contra quaisquer ameaças, inclusive as provenientes de terceiros.

Mencionamos ainda a posição de alguns autores que pregavam mesmo uma substituição da construção relativa à *Drittwirkung* (que envolve a defesa de uma eficácia mediata dos direitos fundamentais) pela teoria dos deveres de proteção, por ser esta mais apta a resolver o problema da eficácia privada dos direitos fundamentais sem agredir, em definitivo, o princípio da autonomia da vontade, o que tornaria sem sentido e desnecessária a primeira construção (cf. MÜNCH, 1997, p. 46). O ponto de vista dos deveres de proteção está mesmo intimamente ligado à defesa de uma eficácia mediata ou indireta dos direitos fundamentais, pois tais deveres teriam que ser exercidos não apenas pelo legislador, mas também pelo Judiciário no momento de aplicar corretamente as normas de Direito civil. Nesse sentido, pode-se afirmar que a teoria da eficácia mediata "conduz" à ideia de deveres de proteção e apresenta resultados práticos idênticos. Alguns autores, de que é exemplo Canaris (2003b, p. 48) e, no Brasil, Steinmetz (2004, p. 131), afirmam, contudo, que se trata de problemas "dogmaticamente" distintos.

O debate em torno de uma eficácia mediata ou imediata, de fato, é marcado por questões não levadas em conta por aqueles que propõem resolver o problema pela via dos deveres de proteção, como a maior ou menor segurança jurídica do procedimento interpretativo e o respeito à competência conformadora do legislador. Por outro lado, a defesa de uma eficácia mediata não afirma, "de saída", que os direitos fundamentais devam manter-se na posição tradicional de oposição apenas ao Estado. Ela pretende apenas "modelar" a "intensidade" de sua eficácia nas relações privadas, através da aplicação da legislação ordinária (HESSE, 2001, p. 60), embora implique uma recondução do problema aos direitos frente ao Estado.[38]

Por razões de ordem didática e para destacar, justamente, a intimidade dos pontos de vista da teoria da eficácia mediata e dos que pretendem resolver o problema através dos deveres de proteção, optamos por abordar, neste capítulo, a tentativa de Canaris de "reconstruir" a teoria da eficácia mediata sob o prisma dos deveres de proteção.

---

[38] De acordo com Alexei Julio Estrada (2000, p. 161): "O dever de proteção faz referência à relação Estado-Cidadão, enquanto que a *Drittwirkung* aponta a aplicabilidade dos direitos fundamentais entre particulares".

Embora entenda que "dogmaticamente" não se pode confundir o problema dos deveres de proteção com o problema da *Drittwirkung*, Claus Wilhelm Canaris (2003b, p. 48) insiste que o dever de proteção dos direitos fundamentais seria o ponto de partida mais adequado a solucionar o dilema de que ora se ocupa. A linha de argumentação é equivalente à teoria da eficácia mediata, na medida em que afirma um dever de interpretação das normas de Direito privado de acordo com os direitos fundamentais, conquanto não se ponha ênfase no preenchimento das cláusulas gerais, nem na tese da "ordem objetiva de valores", por entendê-la fragilizada diante das diversas críticas que se lhe opõem (CANARIS, 2003b, p. 44).

Para Canaris (2003b, p. 56-75), o problema da eficácia dos direitos fundamentais nas relações privadas seria mais corretamente e mais coerentemente resolvido se se atentasse para as funções dos direitos fundamentais como: (a) proibições de intervenção e (b) imperativos de tutela (mandados de proteção). Em ambos os casos, supõe-se uma atuação do Judiciário que, na aplicação do Direito privado poderia (a) intervir indevidamente em direito fundamental invocado e (b) incorrer em *déficit* de proteção, violando, nos dois casos, a norma constitucional definidora de direitos fundamentais.

Canaris (2003b, p. 53-54) nega que os sujeitos privados possam ser considerados destinatários de direitos fundamentais. Como observamos (capítulo 2, item 2.1, *supra*), ele vê na pergunta pelos destinatários dos direitos fundamentais a chave da controvérsia entre eficácia mediata e imediata relativas à *Drittwirkung*. Segundo sua leitura, de acordo com a teoria da eficácia imediata, os direitos fundamentais não se dirigem apenas contra o Estado, mas também contra os particulares (uns contra outros), sujeitos de direito privado:

> Os direitos fundamentais não carecem, assim, de qualquer transformação para o sistema de regras de Direito Privado, antes conduzindo, sem mais, a proibições de intervenção no tráfico jurídico-privado e a direitos de defesa em face de outros sujeitos de direito privado.

Canaris (2003b, p. 54) reconhece que, do ponto de vista "lógico-jurídico", é possível entender os direitos fundamentais no sentido do §134 do BGB, que veda a restrição desses direitos nos negócios jurídicos privados, ou no sentido do §823, nº 1 do mesmo Código, que estabelece um direito subjetivo, cuja violação gera, a princípio, um dever de indenizar. Entretanto entende que a generalização dessa concepção conduz a "consequências dogmáticas insustentáveis", na medida em que ela implicaria a nulidade de todos os contratos que restringissem direitos fundamentais. Por outro lado, argumenta que amplas partes do Direito privado, em especial os direitos dos contratos e da responsabilidade civil, seriam "guindadas" ao patamar do Direito constitucional e privadas da sua "autonomia". Contudo, o autor admite (o que obscurece um pouco a sua posição) que esse ponto de vista, também "na prática", não se pode considerar totalmente excluído, o que é revelado pelo teor do art. 9º, nº 3, 2ª frase da Lei Fundamental de Bonn que, expressamente, considera nulos os acordos que limitem ou impeçam a liberdade sindical e ilícitas as medidas que o objetivem de alguma forma.

Assim é que Canaris propõe uma reconstrução crítica da própria teoria da eficácia mediata, tal como consagrada no caso Lüth e expressamente inspirada nos ensinamentos de Dürig, mediante a substituição da vaga e metafórica ideia de "eficácia irradiante" pelo recurso às funções dos direitos fundamentais de proibição de intervenção e imperativos de tutela, ambas derivadas do disposto no art. 1º, nº 3º, da Lei Fundamental de Bonn, que estabelece a vinculação dos Poderes Legislativo, Executivo e Judiciário aos direitos fundamentais que lhes seriam *diretamente* aplicáveis.[39]

O autor supõe que as normas de Direito privado possuem, elas próprias, um potencial ofensivo dos direitos fundamentais por vezes maior do que imposições de Direito público (do que é exemplo a tutela inibitória para a distribuição de obra literária considerada ofensiva aos bons costumes) e que, ao tempo em que conformam um direito fundamental, quando otimizam sua função como imperativos de tutela (mandados de proteção), também intervêm simultaneamente em direito fundamental titularizado por outra pessoa, contrariando sua função de coibir intervenções (direito de defesa). Assim, a lei que protege contra demissões arbitrárias satisfaz o imperativo de proteção do trabalhador contra a perda do emprego, mas intervém na autonomia privada do empregador. Cabe ao legislador conformar tais direitos, na sua dupla função, de forma equilibrada, e, para tanto, deve:

---

[39] Canaris (2003b, p. 29-32, 43) entende, e, neste ponto, é acompanhado por Hesse (2001, p. 63), que o legislador e o juiz (supõe-se, também, o administrador) estão imediatamente vinculados aos direitos fundamentais, diferentemente dos particulares nas suas relações entre si. Neste passo, aponta uma imprecisão na jurisprudência do Tribunal Constitucional, especialmente no caso Lüth, em que se afirma que o legislador do campo do Direito privado está vinculado aos direitos fundamentais "por meio dos preceitos que dominam imediatamente esta área do Direito". Como o legislador ordinário pode estar vinculado aos direitos fundamentais por meio de preceitos igualmente ordinários, e, portanto, de mesma hierarquia?

[...] por um lado indagar se a intervenção nos direitos fundamentais de uma parte onera esta de forma que ofenda a "proibição de excesso" e, de outro, averiguar se a lei fica, por exemplo, aquém daquele mínimo que a Constituição impõe para proteção da outra parte. (CANARIS, 2003b, p. 25, 32-37)

Ao juiz, por sua vez, cabe interpretar a norma de Direito privado de modo constitucionalmente correto (seja ou não através de uma cláusula geral), estando vinculado aos direitos fundamentais na medida em que a atividade de aplicação da lei constitui o necessário complemento de sua aprovação pelo legislador. Com efeito, entende que a "proposição" que fundamenta a decisão judicial deve ser diretamente aferida segundo os direitos fundamentais "tal como se constasse de modo expresso" do texto legal (CANARIS, 2003b, p. 41-42). Assim, a *ratio decidendi*, formulada como norma, seria pensada como "parte do direito material" e, assim, teria sua constitucionalidade controlada à luz das normas definidoras de direitos fundamentais.

Esse controle destina-se a averiguar se os fundamentos da decisão (*ratio decidendi*) estão adequados ao respeito à dupla função dos direitos fundamentais: se, de um lado, não intervêm indevidamente em um dos direitos envolvidos e, se de outro, cumprem devidamente o imperativo de tutela (mandado de proteção) encerrado pela norma definidora de outros direitos fundamentais. Do contrário, a decisão judicial *viola* os referidos direitos, pela errada aplicação do Direito privado (CANARIS, 2003b, p. 41).

O raciocínio é ilustrado a partir do caso Lüth. Na medida em que o Tribunal de Justiça de Hamburgo considerou lícito o boicote ao filme do cineasta Veit Harlam, formulou a norma (proposição ou *ratio decidendi*) segundo a qual o apelo ao boicote de um filme, ainda que protagonizado por particular sem o emprego de meios de pressão financeira e sem a intenção de concorrência, gera uma obrigação de indenizar os proprietários do cinema e poderá ser proibido mediante uma ação inibitória. Com isso, interveio indevidamente no direito à livre expressão de opinião, consagrado no art. 5º, nº 1, da Lei Fundamental.

Aqui foi considerada a função do direito fundamental como proibição de intervenção, proibição essa descumprida pelo Tribunal. Assim, a proposição que fundamentou a decisão deveria ter sido rejeitada por inconstitucional, à luz de um controle de proporcionalidade, sem necessidade do recurso à tese da "ordem objetiva de valores" ou à "dimensão objetiva dos direitos fundamentais", o que, inclusive, evitaria a adoção do critério altamente questionável de se tratar o boicote de "um contributo para o embate intelectual de opiniões, numa questão que interessa à opinião pública de forma central, efetuada para tanto por uma pessoa legitimada" (CANARIS, 2003b, p. 49, 51).

No entanto, em outras situações, os tribunais e juízes não intervêm, indevidamente, em direito fundamental, mas deixam de cumprir o mandamento de proteção que lhe corresponde. Esse tipo de circunstância Canaris (2003b, p. 57-58) ilustra a partir do caso *Böll versus Walden* (BGH, *NJW* 1978, p. 1787, revogado por BVerfGE, v. 54, p. 208), por ele mesmo narrado: o jornalista Walden utilizou uma afirmação do escritor Henrich Böll como sendo citação literal, apesar de haver modificado e adulterado o seu teor. "É certo (e aqui o ato falho de Canaris) que se tratava de uma intervenção de Walden no direito geral de personalidade de Böll", mas, afirma o autor, "este não é o ponto decisivo", uma vez que, enquanto sujeito privado (rejeitando a tese da eficácia imediata), Walden não é destinatário de direitos fundamentais e o seu comportamento não pode ser objeto de controle segundo as respectivas normas definidoras. O que há de importar é que o Supremo Tribunal Federal, ao rejeitar o pedido de indenização formulado por Böll, recusou-se a proteger seu direito fundamental, violando-o, na medida em que não o teve em conta como imperativo de tutela ou mandado de proteção.

Assim, para Canaris (2003b, p. 58), só se pode entender (se não se quiser abandonar definitivamente, de forma convincente, a chamada eficácia mediata dos direitos fundamentais nas relações privadas através da "figura" do imperativo de tutela. Assim, "mantém-se por um lado, a posição de que apenas o Estado é o destinatário dos direitos fundamentais, já que é também *sobre ele* que recai a obrigação de os proteger". Os outros cidadãos (terceiros) são atingidos apenas de forma indireta ou mediata, porque o Estado está obrigado a protegê-los frente a outros também no "campo jurídico-privado".

A posição de Canaris parece estar em total sintonia com a defendida na Espanha por Alfaro Águila-Real (1993, p. 66-67), para quem:

> Os direitos fundamentais vinculam os poderes públicos como mandados para que respeitem a esfera de liberdade reconhecida dos cidadãos (*proibição de intervenção*) e, simultaneamente, como mandados para que estabeleçam meios de proteção eficazes ante a infração por outros particulares (*exigências de proteção*) [...]. Conseqüentemente, a vinculação dos poderes públicos à Constituição permite falar da existência de um *direito fundamental à tutela (não somente judicial) efetiva* ((Grund) recht auf Schutz, expressão de G. Hermes, jurista alemão), à medida que os poderes públicos não somente hão de abster-se de intromissões ilegítimas na esfera jurídica dos particulares, senão que estão obrigados,

também, a garantir aos particulares um *mínimo* de proteção ante o seu desconhecimento por parte de outros particulares.

O que essa construção não deixa claro é o seguinte: quando o Tribunal reputa uma norma de Direito privado (lei ordinária) inconstitucional (por ofensa, por exemplo, à "proibição de excesso" ou à "proteção mínima constitucionalmente garantida"), qual norma estaria aplicando que não (diretamente) a norma definidora de direitos fundamentais? O recurso de Canaris à formulação de uma "proposição" pelo julgador, que fundamentaria a decisão e que seria, ela própria, controlada à luz dos direitos fundamentais, constitui uma estratégia retórica para ocultar os casos em que há uma real possibilidade de que algumas normas de Direito privado não sejam aptas, por inconstitucionais, para regular as relações privadas, e, portanto, forçosa seria a aplicação direta da Constituição por parte do Judiciário. Voltaremos a este assunto mais detalhadamente nas considerações críticas.

3.4 O esforço ideológico da distinção entre particulares dotados e não dotados de poderes sociais para justificar (em alguns casos) uma vinculação direta aos direitos fundamentais

O embate entre uma eficácia imediata ou mediata dos direitos fundamentais nas relações privadas aparece ainda ilustrado por mais uma variante: a dos autores que admitem uma eficácia imediata dos direitos fundamentais apenas nos casos em que uma das partes envolvidas seja dotada de significativo poder social, ou seja, quando a relação privada na qual se invoca um direito fundamental se desenvolva de forma manifestamente desigual.

A constatação da existência dos poderes privados, como vimos, constituiu uma das importantes justificativas para se superar a noção tradicional de que os direitos fundamentais são opostos exclusivamente ao Estado, funcionando mesmo como fundamento para a justificativa de uma eficácia direta dos direitos fundamentais (conferir capítulo 1, item 1.3 e item 1.1, *supra*), embora se afirmasse que tais direitos regiam também, diretamente, as relações entre iguais.

Assim é que alguns autores, dos quais é exemplo Vieira de Andrade (1998, p. 285), afirmam que só se justifica uma eficácia imediata dos direitos fundamentais nos casos em que se constate uma desigualdade real (de fato) entre os envolvidos na relação privada. Para esse autor, só se pode aceitar uma "transposição direta" dos direitos fundamentais para as relações entre particulares, situação em que estes podem ser considerados sujeitos passivos de tais direitos, quando se possa equiparar um dos envolvidos ao Estado e, portanto, quando se está a exigir uma garantia da liberdade similar à que se exige contra os poderes públicos. Considera, ainda, que o poder envolvido não precisa ser um poder jurídico, sendo suficiente um "poder de fato inequívoco" e objetivamente determinável. Por outro lado, aponta como insuficiente uma dependência psicológica subjetiva ou momentânea (embora reconheça que esta possa tornar-se relevante por outra via, por exemplo, para a determinação de vício de vontade na celebração de negócios jurídicos).

Desse modo, algumas situações, como a de grupos que exercem poderes sobre os seus membros (sindicatos, associações, partidos políticos, ordens religiosas); ou que envolvam o exercício de determinados poderes de direção e disciplina nas empresas (relações de trabalho); ou no caso do exercício, por entidades privadas, de poderes econômicos ou sociais capazes de afetar aspectos relevantes da vida dos indivíduos não membros (empresas monopolistas ou grupos que disponham de influência em zonas da vida social), justificam uma aplicação direta dos direitos fundamentais, de modo a serem os particulares considerados sujeitos passivos de tais direitos.

A posição de Vieira de Andrade (1998, p. 287), contudo, não é clara. O autor afirma, categoricamente, que, "fora destes casos, isto é, nas relações entre 'iguais', parece-nos que não se pode dizer que os direitos fundamentais, enquanto direitos subjetivos, se dirigem contra particulares". Não obstante, defende que "isto não significa, porém, que os preceitos constitucionais relativos a esta matéria não se apliquem nas relações interprivadas ou que os particulares possam impunemente violar os direitos fundamentais dos indivíduos".

O autor (ANDRADE, 1998, p. 287-288) lembra que os direitos fundamentais incluem faculdades de exigir do Estado a proteção jurídica (penal ou civil) ou de fato de bens jurídicos e da liberdade contra violação de terceiros, proteção esta que sempre existiu e que, por via dela, ficam "proibidos todos os atos de *pura e simples violação* de direitos fundamentais". Por outro lado, entende que, enquanto princípios de valores objetivos, "não podem deixar de valer nas relações privadas" e que a autonomia do Direito privado não pode significar independência em relação à Constituição, de modo que os preceitos relativos aos direitos fundamentais determinam a invalidade, por inconstitucionalidade, das normas de Direito privado que lhes sejam contrárias. Adverte porém que, nesses casos, não se está

[...] propriamente em face do verdadeiro problema da eficácia dos direitos fundamentais em relação aos particulares: estamos simplesmente perante efeitos das normas que atingem de modo indireto ou lateral os sujeitos privados.

Por outro lado, ele acredita que, mesmo nas relações entre iguais, pode haver violações de direitos fundamentais, mas tais violações devem ser, em regra, contornadas mediatamente, nos moldes tradicionais de aplicação do Direito civil. Assim é que propõe o seguinte procedimento (ANDRADE, 1998, p. 291):
1. havendo uma lei que regule o caso, deve ela ser aplicada ainda que restritiva do direito fundamental, desde que a restrição não atinja o seu "núcleo essencial";
2. inexistindo norma legal específica, deve o juiz proferir a decisão recorrendo às cláusulas gerais e aos conceitos abertos do Direito privado, preenchendo-os com ajuda dos valores constitucionais (por exemplo, o conceito de bons costumes, ordem pública, boa-fé, abuso de direito etc.);
3. se, ainda assim, o procedimento acima se revelar insuficiente, deve o juiz decidir o caso a partir dos "princípios gerais", aplicando o "princípio da harmonização, sempre que se possa afirmar que há um valor ou interesse constitucionalmente relevante que se contrapõe à eficácia absoluta do preceito constitucional (normalmente, a autonomia privada)".[40]

Vieira de Andrade (1998, p. 292, nota 79) dá a entender que, apenas neste último caso, "excepcionalmente", haveria uma aplicação direta das normas constitucionais entre iguais, mas alerta que tais situações são pouco frequentes e que "não se poderá nunca deduzir logicamente a decisão a partir de um princípio de valor". Para ele a questão sempre deverá ser situada e há que se comprovar cuidadosamente a validade da aplicação do princípio a situações nas quais não há relação de poder entre as partes, o que, aliás, é totalmente compatível com a defesa da tese da eficácia imediata dos direitos fundamentais, do modo como desenvolvida neste trabalho.

Também para Vasco Manuel Pascoal Dias Pereira da Silva (1986, p. 49-50), nas relações entre iguais, não se pode falar em direitos

---

[40] O autor (ANDRADE, 1998, p. 291-292, nota 76) usa como exemplo o caso da proibição à concubina de entrar no domicílio do casal com o marido. Na ausência de preceito legal expresso, e tendo em conta a insuficiência das cláusulas gerais, aplicar-se-ia diretamente o "princípio do valor da família" consagrado nos arts. 36º e 67º da Constituição portuguesa, "interpretados à luz do nº 3 do art. 16º da Declaração Universal dos Direitos do Homem".

fundamentais dos particulares uns frente aos outros, pois aqui existe, no máximo:

[...] um dever de respeito que impende, não sobre um sujeito concreto, mas sobre todos os restantes indivíduos, dever este que resulta de não poder pôr em causa um direito constituído numa relação indivíduo/poder, relativamente à qual os restantes dos indivíduos não podem ser senão "terceiros".

Assim, haveria dois tipos distintos de vinculação dos particulares aos direitos fundamentais: (a) uma principal, que caberia às entidades privadas dotadas de poder, estando estas obrigadas a "um dever ativo de cooperação com os particulares", que titularizam, em face delas, direitos fundamentais; e outra, (b) secundária, relativa a todo e qualquer indivíduo de respeitar o direito fundamental reconhecido aos outros em face do poder, similar à que existe no chamado efeito externo das obrigações em geral. Existiria, assim, neste último caso, apenas um "dever geral de respeito".

A ideia desses autores é a de que se pode, teoricamente, independentemente da análise concreta dos casos, clarificar o problema da aplicação dos direitos fundamentais às relações privadas ao se afirmar que ela se dá, diretamente, apenas quando haja uma situação de poder jurídico ou de fato envolvida (SILVA, 1986, p. 50; ANDRADE, 1998, p. 284). A tentativa, contudo, comporta dificuldades, especialmente quando se tem em conta que, se os poderes privados representam uma ameaça para o indivíduo, alguns deles também podem representar, ao mesmo tempo, um fator de proteção, na medida em que atuam na esfera pública de forma mais eficaz para a defesa dos seus interesses (pense-se nas associações culturais, ONGs, sindicatos, entidades de classe em geral, os próprios partidos políticos, igrejas etc.). Por isso mesmo, é de se considerar que a existência de uma situação de poder privado ou de desigualdade na relação entre os particulares não afasta a circunstância de que, também aqui, se está diante de dois titulares de direitos fundamentais, já que também o particular ou entidade detentora de poder social não perde esta qualidade (SARLET, 2000, p. 129).

Assim, também nas relações desse tipo, há que se reconhecer a necessidade de compatibilização *in concreto* de direitos fundamentais invocados por dois sujeitos privados, o que impede um tratamento idêntico ao das relações entre os particulares e o Estado.[41] Por isso é que

---

[41] O próprio Vieira de Andrade (1998, p. 286) admite, o que demonstra uma certa ambiguidade na sua posição, que o critério da desigualdade deve ser tomado como critério teleológico

a existência de poderes privados não é suficiente para fundamentar uma vinculação direta dos direitos fundamentais, pois nem sempre, mesmo numa relação entre um particular e um poder privado, estar-se-á em face de uma perturbação da liberdade substancial das partes, além do que a necessidade de se garantir a eficácia dos direitos fundamentais nas relações privadas não se restringe a tais situações.

Nesse sentido, sem desconhecer a importância desse aspecto na garantia *in concreto* da eficácia dos direitos fundamentais, Canotilho (1999, p. 1212) afirma que:

> [...] as categorias "poder privado" ou "poder social" não são juridicamente assimiláveis a "poderes públicos" e não oferecem contornos jurídicos para se transformarem em categorias operacionais no âmbito da problemática da *Drittwirkung*.

A distinção, assim, representa muito mais uma tomada de posição ideológica do que um critério teórico seguro para a caracterização do tipo de eficácia de que são dotadas as normas de direitos fundamentais.

Daí que a existência de desigualdade real no âmbito das relações privadas, decorrente do fato de que um dos particulares envolvidos seja dotado de poder econômico ou social, é mais relevante como critério orientador para a decisão *in concreto* do que como critério teórico definitivo para a admissibilidade de uma eficácia direta dos direitos fundamentais. Assim, no caso concreto, "o critério da posição de predomínio social ou econômico, portanto, desencadeia uma eficácia de direitos fundamentais a favor da parte vulnerável na relação, em detrimento da autonomia privada do ente detentor do poder privado" (VALE, 2004, p. 191), apontando, *prima facie*, para a legitimidade da restrição da autonomia privada do particular poderoso.

3.5 A proposta de solução "em três níveis" formulada por Robert Alexy

Cabe, por fim, referir-se à perspectiva de Alexy, acerca do debate em torno do modo de vinculação dos particulares aos direitos fundamentais. Analisando o problema em relação ao ordenamento constitucional alemão, Alexy afirma que as diversas construções teóricas

---

que permite *em concreto* estender por analogia e graduar a eficácia dos direitos fundamentais nas relações privadas, não podendo ser entendido como critério classificatório que permite *em abstrato* listar quais entidades podem ser sujeitos passivos de direitos fundamentais.

relativas à *Drittwirkung* não podem ser tidas como excludentes e que o problema principal de todas elas é apresentarem-se como a única correta e completa. Assim é que o autor propõe um modelo teórico que procura abarcar todos os aspectos igualmente importantes por elas sublinhados, embora a sua posição sobre estarem ou não os particulares vinculados diretamente aos direitos fundamentais (portanto, se titularizam direitos subjetivos uns frente aos outros) seja pouco clara.

De acordo com Alexy (2001, p. 516), o problema da aplicabilidade dos direitos fundamentais entre particulares há de ser analisado em três níveis, que serão eleitos para a resolução do caso segundo a sua funcionalidade (ALEXY, 2001, p. 522): (a) o dos deveres frente ao Estado; (b) o dos direitos (de defesa) frente ao Estado; e o (c) nível das relações jurídicas entre os privados. Os dois primeiros, sozinhos, são insuficientes para explicar completamente o problema, pois, embora respondam a situações como a posta no caso Lüth, em que o Tribunal do Estado de Hamburgo de fato interveio no direito fundamental de Lüth, não explicam satisfatoriamente as situações em que os tribunais negam a proteção (devida) a determinado direito fundamental (como ocorreu no caso *Blinkfüer*).[42]

Para ele, mesmo que se entendam os direitos fundamentais como direitos à proteção contra a afetação de terceiros, o que, a princípio, resolveria o problema, tais soluções seguem sendo incompletas, posto que, embora confiram aos indivíduos o direito a que as normas jusfundamentais sejam levadas em conta pelo Judiciário "na devida medida dos princípios jusfundamentais que apoiam sua posição", não resta esclarecida como se realiza a eficácia dos direitos fundamentais tendo em vista os particulares nas suas relações entre si (ALEXY, 2001, p. 520).

Assim, propõe seja considerado um terceiro nível, o das relações jurídicas entre os sujeitos privados, no qual se coloca a questão do efeito imediato. Alexy afirma que esse efeito imediato significa que "por razões jusfundamentais, na relação cidadão/cidadão existem determinados direitos e não-direitos, liberdades e não-liberdades, competências e não-competências que, sem estas razões (jusfundamentais) não existiriam". Dessa maneira, tal efeito seria, inclusive, consequência lógica de um efeito mediato ou de um dever de proteção dos direitos fundamentais frente a terceiros.

---

[42] Conferir ambos os casos, no capítulo 2, item 2.1, *supra*. Essa constatação está em sintonia com o defendido por Canaris (2003b, p. 4), no tocante à caracterização dos direitos fundamentais como proibições de intervenção e imperativos de tutela (cf. item 3.3 deste capítulo).

O autor não enfrenta claramente a hipótese dos particulares titularizarem, enfim, uns frente aos outros, direitos subjetivos. Embora afirme que "os princípios jusfundamentais conduzem a direitos e deveres nas relações entre iguais" (ALEXY, 2001, p. 520-521), ou que, citando Leisner, "em última instância, o efeito em terceiro haverá de ser sempre imediato", entende que não se pode "chegar a um efeito imediato em relação a terceiros mudando simplesmente o destinatário dos direitos frente ao Estado". Isso porque, nas relações privadas, todos os envolvidos são titulares de direitos fundamentais, diferentemente do que ocorre nas relações cidadão/Estado.

Alexy conclui (a nosso ver de forma obscura) dizendo que a resposta sobre se um particular pode lesionar ou não o direito fundamental de outro depende de uma "decisão terminológica":

> [...] pode-se dizer que foi lesionado um direito privado jusfundamentalmente necessário, mas se pode dizer, também, que o direito lesionado, por ser exigido jusfundamentalmente, pertence ao feixe variado que constitui o direito fundamental como um todo e que sempre que uma parte do feixe é lesionada, lesiona-se, também, um direito fundamental. (ALEXY, 2001, p. 520-521)

Para Alexei Julio Estrada (2000, p. 137-138), tal solução é perigosa, por ser ambígua e por envolver noções pouco claras de sua teoria, como a de "direito fundamental como um todo". Para ele, na verdade, Alexy se esquiva de tomar uma posição definitiva a respeito da questão. A nosso ver, ao refutar expressamente o principal argumento dos defensores da eficácia indireta ou mediata, que é o do risco de afetação da autonomia privada, entendendo tratar-se, em última análise, de um problema de ponderação, Alexy se aproxima dos defensores de uma eficácia imediata dos direitos fundamentais.

3.6 Considerações críticas à luz da Constituição brasileira

A disputa entre as teorias da eficácia mediata e imediata não comporta a negação da possibilidade de se aplicar os direitos fundamentais às relações entre os particulares, ao contrário, parte-se da ideia de que tais direitos seriam aplicáveis também às relações privadas. Contudo, a depender da teoria adotada, esta aplicação poderá ocorrer através do procedimento mais complexo da eficácia mediata (que supõe a invocação de uma cláusula geral ou outra norma ordinária a ser "preenchida" com o conteúdo de um direito fundamental) ou do mais simplificado da eficácia imediata. Neste último, a decisão seria diretamente fundamentada na norma constitucional.

Embora se possa admitir, como faz Alexy (2001, p. 514), que no mais das vezes essas construções teóricas sejam equivalentes nos seus resultados, deve-se observar que as razões levantadas pelos defensores de uma eficácia mediata para o debate, ainda que no plano meramente teórico, não são justificáveis, pois ambas as teorias padecem de riscos similares no tocante à afetação demasiada da autonomia privada e à invasão da competência legislativa para a configuração das relações civis. Em ambos os casos, a "medida" da eficácia dos direitos fundamentais nas relações privadas acaba resultando num problema de ponderação (ALEXY, 2001, p. 514).[43]

Boa parte das normas de Direito privado e, especialmente, as chamadas cláusulas gerais, possuem[44] uma textura tão aberta quanto as normas definidoras de direitos fundamentais, o que indica que o controle da arbitrariedade das decisões judiciais depende menos da sede legal ou constitucional da norma que se aplica do que da correção argumentativa dos fundamentos adotados na sua interpretação (ALEXY, 1997, p. 110, 205-280).

Pensar que a vinculação ao legislador e não diretamente ao constituinte representa procedimento adequado para a garantia de decisões mais seguras e menos arbitrárias é tentar, como diria Katarina Sobota (1997, p. 257), criar uma "ilusão de certeza numa esfera de incerteza". Isso, especialmente, mas não exclusivamente, em função do baixo grau de determinação semântica existente em uma série de normas de Direito privado, especialmente as que empregam conceitos jurídicos indeterminados como os de boa-fé, bons costumes, ordem pública etc. (MARTINS-COSTA, 1999, p. 287).[45]

O art. 21 do Código Civil brasileiro, por exemplo, ao pretender resguardar a vida privada das pessoas, emite norma quase tão aberta quanto aquela constante do art. 5º, X, da Constituição Federal,[46]

---

[43] Além de Alexy, conferir, nesse sentido, Canaris (2003b, p. 67).
[44] Como adverte Hart (2001, p. 137-149) em relação às regras em geral.
[45] Nesse aspecto, o Professor Paulo Luiz Netto Lôbo (2002, p. 190) anota que "a utilização das cláusulas gerais sempre foi vista com muita reserva pelos juristas, ante a sua inevitável indeterminação de conteúdo e, no que concerne ao hegemônico individualismo jurídico do Estado Liberal, o receio da intervenção do Estado nas relações privadas por meio do Juiz".
[46] *Quase* porque o dispositivo estabelece que o que se protege é a vida privada da pessoa natural. Prescreve o dispositivo: "A vida privada da pessoa natural é inviolável, e o juiz, a requerimento do interessado, adotará as providências necessárias para impedir ou fazer cessar o ato contrário a esta norma".

comportando, na sua aplicação, riscos de incerteza similares aos envolvidos numa aplicação direta da Constituição. Além disso, a tese que defende uma eficácia apenas mediata dos direitos fundamentais comporta significativas contradições teóricas. Uma delas é que, se existe um imperativo de interpretação da norma ordinária em conformidade com os direitos fundamentais, é porque, de alguma forma, as relações privadas hão de estar regidas, também, pela norma constitucional, de modo a se permitir uma decisão em favor da orientação contida na Constituição. Em outras palavras: o juiz só está obrigado a preencher as cláusulas gerais de acordo com a Constituição, porque, segundo esta, os particulares estão obrigados a respeitar direitos fundamentais.

Podem existir determinadas situações em que, por maior que seja o esforço interpretativo para adaptar o conteúdo do Direito ordinário ao das normas definidoras dos direitos fundamentais, não será possível identificar uma regulação legal adequada ao caso ou tal regulação poderá afigurar-se inconstitucional e, nesse caso, o julgador será forçado a aplicar diretamente a Constituição, sem que se possa estabelecer uma delimitação precisa de quando tais situações poderão ou não ocorrer.

Por outro lado, a teoria da eficácia mediata não deixa clara a relação entre as normas definidoras de direitos fundamentais e as normas ordinárias, em especial, as cláusulas gerais de Direito privado. Diante do que defende, tal relação só pode ser entendida de dois modos: ou as normas definidoras de direitos fundamentais funcionam como princípios de interpretação que servem apenas para balizar a fixação do conteúdo de uma cláusula geral (não podendo ser tomados como normas de conduta e, portanto, não regulando as relações privadas) ou as cláusulas gerais devem ser entendidas como meras normas de referência ou reenvio (normas em branco), que teriam de ser sempre complementadas com o conteúdo específico do direito fundamental (ESTRADA, 2000, p. 123).

A primeira hipótese há de ser afastada se não se quiser comprometer definitivamente a efetividade dos direitos fundamentais, transformando-os apenas em preceitos "adaptadores" da legislação ordinária e, por conseguinte, absolutamente dependentes desta última em sua aplicabilidade. A eficácia dos direitos fundamentais estaria reduzida ao princípio de interpretação conforme a Constituição.

A segunda hipótese também não pode ser aceita, tendo em vista que as cláusulas gerais de Direito privado, por mais abertas que sejam, não podem ser tomadas como meras normas de referência, desprovidas de significado próprio, servindo simplesmente para introduzir os conteúdos valorativos dos direitos fundamentais no âmbito jurídico-privado. Trata-se de preceitos que fazem referência, é verdade, a princípios sociais, que, por sua característica cambiante, não podem ser detalhadamente regulados, mas que, embora abertos, possuem algum significado específico e nem sempre coincidem com o conteúdo valorativo dos direitos fundamentais (SILVA, 2005, p. 85). E, ainda, o que é mais importante, nem sempre cobrem a vasta gama de direitos e liberdades previstos na Constituição (ESTRADA, 2000, p. 124).

Por fim, a teoria da eficácia mediata, especialmente a que é desenvolvida sob o prisma dos direitos à proteção (Canaris), não distingue adequadamente situações em que o Judiciário (como poder público), viola propriamente direitos fundamentais devido à atuação inadequada no exercício da jurisdição, a exemplo das violações de direitos processuais constitucionalmente garantidos como o contraditório, ampla defesa, devido processo legal etc., daquelas em que não interpreta corretamente a norma ordinária (equívoco interpretativo). Estas últimas situações são enquadráveis como "violação" do direito fundamental apenas num raciocínio um tanto forçado.

À luz da Constituição brasileira, a tese de que os particulares (sejam eles dotados ou não de poder econômico ou social) não podem ser destinatários dos direitos fundamentais não possui embasamento satisfatório e, parece-nos, nem à luz da Constituição alemã, país onde encontrou maior guarida. Não há outra explicação para a dicção do art. 9º, nº 3, 2ª frase, da Lei Fundamental de Bonn (que expressamente considera nulos os acordos que limitem ou impeçam a liberdade sindical) que não a de que ela se dirige diretamente aos sujeitos privados, impedindo que vulnerem entre si uma liberdade constitucionalmente protegida; portanto, são eles, sim, os destinatários da norma em tela. Já se falou da debilidade da chamada teoria dos deveres de proteção (o que se aplica ao raciocínio de Canaris) em não enfrentar a questão quanto a estarem ou não os sujeitos privados, em suas relações, vinculados aos direitos fundamentais, e do quanto isto é nocivo, do ponto de vista educativo, à efetividade de tais direitos (cf. capítulo 2, item 2.4, *supra*) Mas, além disso, tal raciocínio não explica por que o dispositivo acima citado pode dirigir-se (e isto é mais do que claro) diretamente às relações privadas e outros não.

Na Constituição brasileira, estão consagrados direitos fundamentais claramente opostos a outros particulares. Ninguém há de duvidar, por exemplo, de que o direito de resposta proporcional ao agravo, além da indenização por dano material, moral ou à imagem (consagrado no inciso V do art. 5º) também se dirige aos particulares. Do mesmo modo, a proteção aos direitos autorais (incisos XXVII e XXVIII do art. 5º), o direito à proteção da invenção (inciso XXIV do art. 5º), os dispositivos constantes do art. 7º que protegem os trabalhadores nas suas relações de emprego, dentre outros. Isso, é claro, sem que se possa olvidar que existem também outros direitos que são opostos exclusivamente ao Estado, como ocorre, por exemplo, com os direitos políticos, os direitos de nacionalidade, as garantias processuais (especialmente na esfera penal), o direito de asilo e não extradição etc. Também sem esquecer ou negar a existência de um dever de proteção estatal aos direitos fundamentais, afirmável independentemente de uma vinculação direta dos particulares (art. 5º, XLI e XXXV).[47]

Essa eficácia imediata é, ademais, confirmada pelo parágrafo primeiro do art. 5º, na medida em que consagra a aplicabilidade imediata dos direitos fundamentais. Há quem argumente que esse dispositivo, sozinho, não é suficiente para fundamentar uma eficácia direta, na medida em que dele não se pode inferir uma extensão do "círculo de destinatários" (Canaris) dos direitos fundamentais, mas apenas o afastamento da ideia de que estes sejam meras "asserções programáticas", vinculando imediatamente, contudo, apenas os poderes públicos (Legislativo, Executivo e Judiciário) (SILVA, 2005, p. 57-58). Tal interpretação tem suporte na comparação entre esse dispositivo e o constante de outras Constituições; por exemplo, da Constituição alemã (art. 1.3) que prevê expressamente a vinculação imediata dos poderes públicos aos direitos fundamentais (STEIMETZ, 2004, p. 122). A nosso ver, a comparação é inadequada, pois, efetivamente, a Constituição brasileira não se refere apenas a uma vinculação estatal. Na medida em que o dispositivo é interpretado como um princípio de máxima efetividade dos direitos fundamentais (STEIMETZ, 2004, p. 123), de modo a afastar a inevitabilidade de interposição legislativa para a sua aplicação (SARLET, 2001, p. 322), é dogmaticamente relevante e adequado para fundamentar, também, uma vinculação direta dos particulares a esses direitos.

Tal não significa, em absoluto, que a eficácia dos direitos fundamentais na esfera privada se dê de forma idêntica e com a mesma

---

[47] Segundo os dispositivos, que atribuem ao legislador e ao Judiciário um dever de tutela dos direitos fundamentais: "a lei punirá qualquer discriminação atentatória dos direitos e liberdades fundamentais" e "a lei não excluirá da apreciação do Poder Judiciário lesão ou ameaça de direito". Nesse sentido, parece assistir razão a Alexy (2001, p. 515-516) quando afirma uma necessidade de se considerar os aspectos importantes das várias construções teóricas relativas ao modo de eficácia dos direitos fundamentais entre os privados.

"intensidade" com que se aplicam nas relações com os poderes públicos. A advertência de Hesse (2001, p. 61) de que, nas relações privadas, os direitos fundamentais atuam ao mesmo tempo em favor e contra os envolvidos (o que, em regra, gera uma "colisão") é suficientemente relevante para que se afirme uma distinção entre as duas situações, pois, nas relações com o Estado, tem-se apenas um titular de direitos fundamentais e, aqui, não entram em jogo valores como a preservação da autonomia privada e o imperativo da autodeterminação, importantes nas relações entre particulares e protegidos constitucionalmente. Segundo Alexy (2001, p. 522), essa é a razão pela qual é fácil contra-argumentar contra os defensores de uma eficácia apenas mediata[48] e é também por essa razão que se pode afastar a afirmação de que os negócios privados seriam nulos sempre que restringissem direitos fundamentais (CANARIS, 2003b, p. 53-54).

Não se trata, assim, de uma proposta de aplicação indiscriminada dos direitos fundamentais nas relações privadas e, nesse passo, a defesa de uma eficácia imediata dos direitos fundamentais deve opor-se a soluções generalizadas, sem abrir mão da ponderação dos direitos em conflito no caso concreto.

Acontece que o fato de que exista uma colisão, por si só, não é argumento para recusar a eficácia imediata da norma constitucional, e isso, diga-se, também não significa a desconsideração de que o legislador deva ser um concretizador privilegiado das liberdades constitucionais. Num Estado de Direito Constitucional, o princípio democrático (art. 1º, da CF) exige que o órgão que ostenta a representação popular goze de primazia para a concretização de direitos fundamentais (ESTRADA, 2000, p. 210) e, considerando o caráter aberto e pouco densificado de boa parte dessas normas, sempre haverá espaço para tanto. Isso pode acontecer não apenas na fixação dos meios[49] para a realização do conteúdo do Direito, mas também no estabelecimento dos fins da intervenção,[50] sem deixar de se referir a uma margem

---

[48] "É fácil refutar a objeção de que todo efeito imediato em relação a terceiros conduz a uma eliminação ou limitação indevida da autonomia privada. A própria autonomia privada, não só sua limitação, é objeto de garantias jusfundamentais, portanto, contra terceiros. Uma deficiência da discussão dos efeitos em relação a terceiros foi que a questão da limitação da autonomia privada estava em primeiro plano e sua proteção não era tratada como questão de igual hierarquia" (ALEXY, 2001, p. 522).

[49] Esses meios referem-se às intervenções legislativas destinadas a estabelecer as maneiras através das quais determinados direitos deverão ser realizados. A escolha dos meios tem sentido apenas no tocante ao cumprimento de deveres positivos (ALEXY, 2004b, p. 35).

[50] De acordo com Alexy (2004b, p. 32), frente a um direito fundamental, o legislador possui uma margem para a fixação dos fins quando o próprio direito fundamental contém uma

para a ponderação.⁵¹ Ademais, há que se considerar, especialmente, a existência daquilo que Alexy chama de "margem de ação epistêmica" que ocorre quando:

> [...] não se tem certeza sobre qual a maneira mais apropriada para sopesar os direitos fundamentais que se encontram em jogo e se reconhece que o legislador dispõe de um determinado marco, dentro do qual pode adotar uma decisão segundo sua própria valoração. (ALEXY, 2004b, p. 33, 84)

Assim, há que se privilegiar a regulação legal das relações civis, devendo, quem a questionar, assumir o ônus argumentativo de demonstrar que as circunstâncias levadas em conta pelo legislador para a sua própria ponderação não podem ser justificadas diante da dicção normativa das normas definidoras de direitos fundamentais, levando a uma restrição indevida e, assim, inconstitucional, de um dos direitos envolvidos.⁵²

Sob esses aspectos, as críticas a uma eficácia imediata dos direitos fundamentais nas relações privadas são as mesmas que se podem dirigir a toda e qualquer pretensão de aplicação das normas de direitos fundamentais (sejam elas dirigidas ao Estado ou aos particulares) e a toda proposta de conferir jurisdicidade aos valores que elas comportam.⁵³

---

reserva competencial para a intervenção legislativa que deixa abertas as razões para que se realize, ou quando estabelece as razões para a intervenção, mas não ordena que ela se produza, cabendo ao legislador escolher se intervém ou não, "fazendo suas" as razões previstas.

⁵¹ A ponderação destina-se a viabilizar a maior realização possível dos princípios em colisão a serem aplicados, levando em consideração tanto as possibilidades fáticas como jurídicas (menor afetação possível de princípios opostos ao que se pretende prevalente) (ALEXY, 2004b, p. 48).

⁵² Conferir capítulo 4, item 4.2, *infra*.

⁵³ "Rios de tinta" já foram gastos sobre o problema relativo à legitimidade da jurisdição constitucional, tendo em vista o risco de o Judiciário, como poder não majoritário, solapar a vontade do legislador em questões polêmicas ou na ausência de manifestações legais expressas, e, aqui, não é a sede para retomar este debate. Cabe, contudo, registrar que a jurisdição constitucional pode se manifestar como uma aliada da democracia — mesmo porque muitos direitos fundamentais constituem pressupostos materiais para a sua realização (NEVES, 2001, p. 152; HABERMAS, 2003b, p. 71) — e que, quando o constituinte, como é o caso do constituinte brasileiro, opta por regular aspectos relevantes das relações privadas, não há porque se excluir a jurisdição constitucional deste campo. O risco, inclusive, de sobrecarga da jurisdição constitucional, como apontado por Hesse, é um risco menor diante dos imperativos de efetividade dos direitos fundamentais consagrados nesta seara, especialmente na sociedade brasileira cuja assimetria e distribuição injusta de bens econômicos, além da dificuldade do Estado de prover adequadamente o acesso da população aos direitos que lhe são outorgados, apontam para uma necessidade de reforço das posições jusfundamentais também nas relações privadas (SARMENTO, 2002, p. 281).

Desse modo, é que só há, a nosso ver, um caminho teoricamente coerente e que já foi referido na afirmação de Alexei Julio Estrada no final do primeiro capítulo deste trabalho: ou se aceita uma eficácia direta dos direitos fundamentais com os riscos que ela comporta ou se nega serem tais direitos eficazes também na esfera privada.[54] O problema da aplicabilidade dos direitos fundamentais às relações privadas, assim, não é tanto o de se restringir a possibilidade de argumentar diretamente com direitos fundamentais (como pretende a teoria da eficácia mediata), mas de se argumentar corretamente com direitos fundamentais.

---

[54] Nesse sentido é que Canotilho (1999, p. 1207) afirma que o problema da eficácia horizontal dos direitos fundamentais só adquire "autonomia" quando se admite que tais direitos têm eficácia *imediata* em relação aos particulares.

CAPÍTULO 4

OS CONFLITOS DE DIREITOS FUNDAMENTAIS NAS RELAÇÕES ENTRE PARTICULARES

Sumário: **4.1** A natureza conflituosa da invocação dos direitos fundamentais nas relações privadas – **4.1.1** A tutela constitucional da autonomia privada – **4.1.2** O problema da contradição normativa no momento de aplicação das normas constitucionais – **4.2** A necessidade de ponderação – **4.3** O problema da construção de precedentes diante da impossibilidade de solução única para cada caso – **4.4** Precedências *prima facie* – **4.5** Aspectos específicos da aplicação do princípio da igualdade nas relações entre particulares

No capítulo 3, defendeu-se que as normas definidoras de direitos fundamentais podem ser diretamente aplicadas nas relações entre particulares (independentemente de que um dos particulares envolvidos seja ou não dotado de poder jurídico ou de fato) e sustentou-se que essa tese, por si, não implica uma aniquilação da autonomia privada, que também é constitucionalmente protegida. Dissemos, então, que o problema da aplicabilidade dos direitos fundamentais às relações entre os particulares é melhor enquadrado como um problema de ponderação entre direitos que podem ser diretamente eficazes na esfera privada e que, eventualmente, entram em colisão.[55]

---

[55] Nesse sentido, Konrad Hesse (2001, p. 60) afirma expressamente que o problema da eficácia interprivada dos direitos fundamentais é um problema de colisão. Hesse argumenta que o fato de que numa relação entre dois privados todos os interessados gozem da proteção dos direitos fundamentais faz com que estes atuem ao mesmo tempo a favor e contra os envolvidos, o que, em regra produzirá um conflito entre os direitos invocados. Entretanto, o autor, como visto, defende posição diversa da que é adotada neste trabalho pois afirma uma eficácia apenas mediata dos direitos fundamentais entre os sujeitos privados (cf. capítulo 3, item 3.2, *supra*).

É ao enfoque do "método" para a solução desses conflitos, que é comum tanto aos casos que envolvam quanto aos que não envolvam um vínculo negocial entre as partes, e dos possíveis parâmetros para solução, que se dedica o presente capítulo.

4.1 A natureza conflituosa da invocação dos direitos fundamentais nas relações privadas

Com efeito, nas relações privadas, uma colisão ocorre quando a pretensão de exercício de um direito fundamental por um particular pode intervir no exercício do direito fundamental de outro, que passa a invocá-lo como razão contrária ao primeiro. Isso pode se dar, grosso modo, em duas situações paradigmáticas:

a) sem que haja propriamente um vínculo jurídico negocial entre as partes envolvidas e aqui as relações entre os particulares, em regra, são relações extranegociais: acontece frequentemente, por exemplo, nos conflitos entre o direito de livre manifestação do pensamento e o direito à informação (arts. 5º, IV e XIV, e 220 da Constituição Federal) e o direito à honra e à preservação da intimidade (art. 5º, X, da Constituição Federal);[56]

b) quando entre os particulares envolvidos existe ou pode vir a existir um vínculo negocial cujo conteúdo é questionado e que, em princípio, regularia as relações entre as duas partes. Essa constitui a situação verdadeiramente peculiar ao tema ora tratado, pois, nesse caso, está em jogo a liberdade contratual, ou de forma mais ampla, a liberdade negocial.[57] O problema

---

[56] "A positivação de um direito humano, conforme já foi visto quando foram examinados os processos históricos de asserção dos direitos de primeira, segunda e terceira geração, não elimina, mas, por vezes, exarceba os problemas práticos de tutela. É o que ocorre quando surgem situações por força das quais distintos direitos humanos podem ser vistos não apenas como complementares, mas também como contraditórios. É isso o que sucede com o direito à intimidade, que freqüentemente se choca com o direito à informação e com a prática dele derivada do jornalismo de investigação, que tem sido considerado um importante ingrediente da história da imprensa" (LAFER, 2003a, p. 241). A bibliografia sobre a colisão entre estes dois direitos é imensa, seja no Brasil ou no exterior. Entre nós é muito conhecida a obra de Edílson Pereira de Farias, *Colisão de direitos*: a honra, a intimidade, a vida privada e a imagem versus a liberdade de expressão e informação (1996).

[57] Por "negócios jurídicos", entende-se, com Mota Pinto (1999, p. 89-90), os "atos pelos quais os particulares ditam a regulamentação das suas relações, constituindo-as, modificando-as, extinguindo-as e determinando o seu conteúdo". Mota Pinto (1999, p. 92) chama ainda atenção para o fato de que a autonomia privada atua "mais amplamente no plano das relações patrimoniais e da troca dos bens e serviços, com menor extensão no domínio das relações pessoais e das relações familiares, domínios onde o caráter imperativo de grande

surge quando, a pretexto da execução de determinado negócio jurídico, uma das partes intervém no direito fundamental da outra, que, por sua vez, reage a tal intervenção. Acontece, por exemplo, no cumprimento de exigências decorrentes dos contratos em geral, de cláusulas testamentárias, dos estatutos de associações ou mesmo quando do próprio exercício da liberdade de escolha do contratante, e dão lugar a questionamentos do tipo: é legítimo que um pai deixe como herança (mediante testamento) todos os seus bens da sua quota disponível a um dos seus filhos em detrimento dos demais à vista do direito fundamental à igualdade? O direito à ampla defesa incide também quando da aplicação de sanções no interior de entidades privadas? Pode um contrato de trabalho obrigar uma funcionária a não engravidar por um período de tempo, especialmente quando comprometa a sua fertilidade ou submetê-la a uma "revista íntima" para evitar furtos? Pode um proprietário de um imóvel negar-se a locá-lo a determinadas pessoas, com características específicas, ou mesmo despejar um inquilino por falta de pagamento enquanto tolera a permanência de outro igualmente inadimplente? A obrigação contraída por contrato de não trabalhar no mesmo ramo da atividade do patrão, durante certo tempo, é válida à luz da liberdade de exercício da profissão? (BRANCO, 2002, p. 171; ANDRADE, 2003, p. 275).

Essas situações têm em comum o fato de que uma das partes invoca invariavelmente o princípio da autonomia privada consubstanciado na liberdade negocial (em alguns casos, também o direito de propriedade) ou o direito de autodeterminar-se em face de outra, que, por sua vez, saca em seu favor um outro direito fundamental supostamente agredido. Assim, em regra, estão em jogo, de um lado, um ou mais direitos fundamentais e, de outro, a autonomia privada exteriorizada na liberdade contratual (STEINMETZ, 2004, p. 188). É nesses casos que surge com mais força a delicada questão relativa à possibilidade de que a aplicação dos direitos fundamentais às relações privadas venha a comprometer definitivamente a liberdade e a capacidade de autodeterminação das pessoas. Principalmente no tocante à aplicação

---

parte das normas jurídicas proíbe a disposição ou limitação de certos direitos (*v.g.* certos direitos de personalidade) ou reduz a liberdade de contratação a uma mera liberdade de concluir ou não o acto jurídico, mas fixando-lhe, necessariamente, uma vez celebrado, os efeitos (*v.g.* casamento, adoção)", o que, no geral, é relevante para o Direito civil brasileiro.

do princípio da igualdade, é relevante o perigo de que se desconheça que o agir humano não atende e não deve atender, sempre, a critérios puramente racionais. A defesa de uma liberdade emocional que guie a ação humana coincidiria com a necessidade de se prestigiar e preservar uma esfera autônoma do indivíduo.

Nesse sentido, leciona Joaquim de Sousa Ribeiro (1998, p. 743):

> É na esfera contratual que se levantam as questões de solução mais espinhosa. E não custa perceber por quê. Nessa área, as obrigações de que resultam limitações aos direitos fundamentais são auto-impostas, traduzem o exercício da autodeterminação negocial que constitui simultaneamente uma manifestação e um pressuposto livre de desenvolvimento da personalidade. Sem essa capacidade de agir, por forma a desencadear efeitos vinculativos nas suas relações com os outros, a liberdade de intervenção da pessoa fica inelutavelmente cerceada. Ora, se os direitos fundamentais têm tido como sentido e razão de ser a tutela da liberdade pessoal, compreende-se que provoque inicialmente alguma perplexidade a sua invocação na direcção contrária, isto é, como fonte de restrições à liberdade negocial dos privados.

Os conflitos entre a tutela da autonomia privada, de um lado, e um direito fundamental eventualmente invocado, de outro, ou mesmo entre outros direitos fundamentais (quando não haja vínculo negocial) dificilmente serão resolvidos em abstrato, mas à luz das circunstâncias peculiares do caso concreto e através da construção de decisões que ponderem corretamente os valores constitucionalmente protegidos. No tocante ao conflito entre tutela da autonomia privada e um outro direito fundamental, não se pode de antemão garantir que tais decisões, na prática, venham ou não a conduzir a uma asfixia da liberdade ou a uma destituição de efetividade dos direitos fundamentais. Nesta seara, não há garantias de total segurança e tudo depende de como irá se encaminhar a jurisprudência constitucional na infinita casuística do mundo real.

Antes, porém, de se abordar o problema do procedimento mais adequado para resolução desses conflitos, é preciso assentar alguns postulados. Para que se possa admitir propriamente um "conflito" normativo, que, por sua vez, dê ensejo a um juízo de "ponderação" como será adiante proposto, é necessário:

a) que as normas invocadas por ambas as partes sejam de igual hierarquia, pois, de outro modo, estaríamos diante de uma antinomia a ser resolvida pelo critério hierárquico, o que implica, especialmente na seara das relações negociais, o questionamento relativo ao *status* constitucional da autonomia privada;

b) que se aceite a possibilidade de que duas normas igualmente válidas levem a resultados contraditórios, relativizando, ao menos do discurso de aplicação (GÜNTER, 1995, p. 283), o "dogma" ou ficção de coerência da ordem jurídica (PRIETO SANCHÍS, 2003, p. 175-178). Cada um desses aspectos é abordado nos tópicos seguintes.

4.1.1 A tutela constitucional da autonomia privada

Na Constituição brasileira, assim como na italiana, alemã, espanhola, e portuguesa, por exemplo, não se encontra referência expressa à autonomia privada no sentido da liberdade negocial. Isso, contudo, não significa que essa não esteja constitucionalmente tutelada.

Na Alemanha, o Tribunal Constitucional e boa parte da doutrina costumam deduzir o princípio a partir do direito ao livre desenvolvimento da personalidade (art. 2.1 da Lei Fundamental de Bonn) e, no tocante a determinadas situações específicas, de direitos mais particulares como a liberdade de matrimônio e família (art. 6.1), liberdade de escolha e exercício de profissão (art. 12.1), do direito de propriedade e herança (art. 14.1) (HESSE, 2001, p. 55; MÜNCH, 1997, p. 52).

Na Itália, Pietro Perlingieri (2002, p. 18-19), destacando que a autonomia privada não é um valor em si, descontextualizado de circunstâncias históricas e políticas de cada ordenamento, procura apontar sua relevância constitucional a partir de dois fundamentos distintos. Primeiro, a partir da cláusula geral de tutela da pessoa humana (art. 2º da Constituição italiana), quando a autonomia privada se dirija à realização de atos que tenham por objeto situações subjetivas, de natureza pessoal e existencial, abrangidos pela noção mais ampla dos negócios jurídicos (não patrimoniais).[58] No tocante às relações patrimoniais, a autonomia privada significaria apenas liberdade de iniciativa e, na tutela dessa última, encontraria fundamento (art. 41, §1º): "Como ato de iniciativa de pelo menos uma das partes interessadas na negociação". Para o autor, tanto os atos jurídicos que envolvam situações existenciais quanto os que envolvam situações patrimoniais são informados por

---

[58] De acordo com Perlingieri (2002, p. 275-276), a autonomia privada não se identifica nem se exaure na liberdade de iniciativa nem no que chama de "autonomia contratual em sentido estrito", ou seja, quando envolva a realização de contrato como negócio estritamente patrimonial. No conceito de autonomia privada estão abrangidas, também, situações subjetivas existenciais, que decorrem de uma liberdade destinada a assinalar a "identidade do indivíduo" e que não se confundem com aquela voltada para a perseguição do "maior lucro possível".

estarem dirigidos à realização de interesses e de funções socialmente úteis, portanto, pelo dever de solidariedade. No caso das relações patrimoniais, necessita-se, de acordo com ele, de um cuidado maior para verificar se, a depender do ato a ser praticado, este, individualmente considerado, pode ou não estar abrangido pela tutela da autonomia privada, tendo em vista a proteção de interesses coletivos e sociais aos quais o exercício dessa última estaria condicionado. Ao que parece, Perlingieri (2002, p. 277-281), sem negar a relevância constitucional da autonomia privada, pretende destacar que essa não é absoluta e que não pode fundamentar toda e qualquer pretensão negocial, pois uma série de limitações legais à liberdade de negociar são constitucionais e, por vezes, podem reduzir a autonomia nessa seara a um mero "ato de iniciativa".

Em Portugal, João Caupers (1985, p. 168-169), para quem a autonomia privada possui perfil estritamente patrimonial,[59] leciona que esta é constitucionalmente protegida de forma implícita, embora não seja absoluta. Assim, o direito de adquirir e alienar bens, de escolher a profissão, de contrair empréstimos, de fazer testamento, estaria implícito num conjunto de disposições constitucionais. Em primeiro lugar, no art. 62º, nº 1, que garante o direito à propriedade, abrangendo o direito de ceder e obter bens de outrem. Também no princípio da livre iniciativa contido no art. 61º, que não se realizaria sem que se assegurasse a liberdade contratual. Por fim, o autor aponta o reconhecimento pela Constituição de alguns "corolários" da autonomia privada, como a liberdade de profissão (art. 47º) e o direito de contratação coletiva (art. 56.3º). Embora seja objeto de tutela constitucional, o autor assevera que:

> [...] o reconhecimento da autonomia patrimonial privada não impede que se lhe imponham limites: impede que a inutilizem, mas não que a balizem. De resto, poucos são os direitos constitucionais que não têm limites, expressos ou implícitos.

Ainda na doutrina lusitana, Ana Prata (1982, p. 213-214) conclui, em obra exclusivamente destinada à matéria, pela existência de uma garantia apenas "indireta" da autonomia privada na Constituição portuguesa. Para a autora, não se pode deduzir a autonomia privada diretamente do princípio de "liberdade humana" contido na carta constitucional, tendo em vista que esta não admite uma "indiscriminada liberdade jurídico-econômica". Ela adota uma noção restrita da autonomia

---

[59] O autor (CAUPERS, 1985, p. 168) exclui do conteúdo do princípio da autonomia privada, por exemplo, as liberdades de deslocação física, de expressão, de culto, de informação.

privada, abrangente de aspectos estritamente econômico-patrimoniais e, partindo do pressuposto de que a Constituição portuguesa teria adotado claramente um "projeto" de transformação social de inspiração socialista, afirma que a autonomia negocial não constitui um dos aspectos da tutela da pessoa e da sua liberdade, pois, segundo entende, "não se pode hoje afirmar que exista uma relação entre o homem e a autonomia privada". Há, ao que parece, uma leitura histórica da ideia de liberdade que está ligada estritamente ao modo de produção de determinada época, pois a professora afirma que, no tocante ao modo de produção feudal, o poder de autodeterminação e livre disposição dos bens constituiria, sim, uma afirmação da liberdade. "Tudo depende do quadro histórico referenciado e do conceito de liberdade, formal ou substancial, que se utilize" (PRATA, 1982, p. 76-77, nota 114). Na interpretação que faz da Constituição portuguesa, a tutela constitucional da autonomia privada (no seu aspecto de liberdade negocial), decorreria, assim, da previsão de outros direitos, com os quais mantém uma conexão temporal: a propriedade privada e a livre iniciativa econômica, direitos estes "funcionalizados" a interesses coletivos, sem, contudo, confundir-se com eles. Em outras palavras, sem a garantia da autonomia privada, tais direitos não se realizariam, de modo que aquela se revestiria de um caráter "acessório" em relação a eles (PRATA, 1982, p. 215-216). Para a autora, isso faz com que o negócio jurídico se constitua num "instrumento a serviço do direito objetivo, isso é, das finalidades que a ordem jurídica definir como suas, admitindo todos os limites positivos e negativos que visem sua adequação funcional à prossecução dessas finalidades" (PRATA, 1982, p. 216). Tal vinculação, sempre lembrando que a noção de negócio jurídico adotada pela professora é estritamente patrimonial, parece o que de mais importante ela pretende frisar. Daí que para Ana Prata, a vinculação dos particulares aos direitos fundamentais se dê por resolvida simplesmente a partir do texto constitucional, especialmente do disposto no art. 18º, nº 1, da Constituição portuguesa, o qual expressamente prevê que os direitos fundamentais são diretamente aplicáveis e vinculam entidades públicas e privadas.

    Nesse aspecto, José Carlos Vieira de Andrade (1998, p. 281-282) tem posição claramente diversa, pois, para ele, a Constituição portuguesa não efetuou uma opção puramente liberal-individualista, nem uma opção coletivista "totalitária". Embora revele um forte pendor socializante, a Constituição não deixa dúvidas quanto a não pretender destruir "o livre desenvolvimento da personalidade, a livre iniciativa econômica, a liberdade negocial, a propriedade privada, a família e o fenômeno sucessório". Por isso mesmo, entende que não se pode puramente negar ou afirmar em termos completos e definitivos uma validade interprivada dos direitos fundamentais a partir simplesmente do conceito de liberdade nela definido. Se a vida em sociedade não se encontra abandonada aos jogos de força e interesses privados, cabendo ao Estado assegurar justiça social, a Constituição garante um poder de disposição ou de autodeterminação dos indivíduos, consubstanciado numa liberdade geral e, mais especificamente, numa liberdade negocial, que sugerem certas "compressões" à aplicabilidade dos preceitos constitucionais nas relações privadas. Estaria, assim, em conflito "a liberdade consigo própria ou com a igualdade". Assim, para o autor, o preceito contido no art. 18º, nº 1, da Constituição portuguesa não é suficiente para a resolução do problema da vinculação dos particulares, pois "não diz *em que termos* se processa essa vinculação e, designadamente, não se estabelece que a vinculação seja idêntica àquela que obriga os poderes públicos". Essa distinção decorre do fato de que a Constituição tutela a autonomia privada, a qual, contudo, não é absoluta, nem tampouco reduzida a aspectos puramente econômicos.[60]

Na doutrina espanhola, assim como na alemã, observa-se uma inclinação para deduzir o princípio da autonomia privada da tutela do livre desenvolvimento da personalidade. Nesse sentido, Bilbao Ubillos (1997a, p. 361-362, nota 301) afirma que, ainda que não consagrada expressamente, a autonomia privada encontra acolhida no art. 10 da Constituição espanhola, que reconhece a dignidade da pessoa humana, uma dignidade que "não se concebe sem a possibilidade de regular os próprios interesses". Anota que a autonomia privada pode ser deduzida do princípio geral de liberdade, acolhido no art. 10.1 que menciona o "livre desenvolvimento da personalidade", além de encontrar apoio nos arts. 33.1 (direito de propriedade) e 38 (liberdade de iniciativa). O autor alude, ainda, à posição do Tribunal Constitucional para o qual a autonomia privada se apresenta como "garantia de uma liberdade pessoal". No mesmo sentido, a doutrina de Tomás Quadra-Salcedo (1981, p. 76); García Torres e Jiménez-Blanco (1986, p. 14); Jesus Alfaro Águila-Real (1993, p. 62) e Pablo Salvador Coderch (1997, p. 22).

No Brasil, observa-se que, entre os estudiosos do problema específico da eficácia interprivada dos direitos fundamentais, não há maiores controvérsias em torno do *status* constitucional da autonomia privada. Com efeito, Wilson Steinmetz (2004, p. 200-201) aponta como

---

[60] A posição de Vieira de Andrade parece ser uma posição mais prudente e menos simplista do que a da professora Ana Prata, tendo em vista os complexos e plurais interesses tutelados nas constituições contemporâneas, inclusive na Portuguesa.

fundamentos constitucionais o direito geral de liberdade, previsto no art. 5º, *caput*; o princípio da livre iniciativa (art. 1º, IV, e art. 170, *caput*), o direito ao livre exercício de qualquer trabalho, ofício e profissão (art. 5º, XIII), o direito de propriedade (art. 5º, *caput* e XXII), o direito à herança (art. 5º, XXX), o direito de convenção ou de acordo coletivo (art. 7º, XXVI), o princípio da proteção à família, ao casamento e à união estável (art. 226 *caput*, §§1º a 4º), enfim, um conjunto de disposições da qual extrai a conclusão de que o poder geral de "autodeterminação e autovinculação" das pessoas é tutelado pela Constituição. Para Steinmetz:

> Se todos esses princípios e direitos constitucionais mencionados contêm um conteúdo básico de autodeterminação e autovinculação da pessoa, então autonomia privada — que é um poder geral de autodeterminação e autovinculação — também é constitucionalmente protegida ou tutelada.

No tocante à autonomia contratual, o autor vê como fundamentos constitucionais específicos a proteção da propriedade e da livre iniciativa, a primeira, porque é em grande parte viabilizada por relações contratuais, a segunda, porque seria igualmente impraticável sem a existência de uma autonomia privada.

Daniel Sarmento (2004, p. 12), por sua vez, apresenta a autonomia privada como um corolário do princípio da dignidade da pessoa humana, "já que sem um mínimo de liberdade individual não há dignidade". Defende, contudo, o autor, que quando a invocação da autonomia privada envolva aspectos existenciais da conduta humana, haveria uma "proteção reforçada" por parte da Constituição Federal, proteção que seria "menos intensa" em se tratando de relações de caráter exclusivamente patrimonial (SARMENTO, 2004, p. 214). Assim, no tocante às chamadas liberdades existenciais como a privacidade, as liberdades de comunicação e expressão, de religião, de associação e as liberdades de profissão haveria, em regra, uma intensidade maior na proteção constitucional, tendo em vista a sua relevância para o livre desenvolvimento da personalidade humana. Essas últimas é que encontrariam propriamente o seu fundamento no princípio da dignidade da pessoa humana, sendo, inclusive, não passíveis de instrumentalização a interesses coletivos. Já as liberdades econômicas, aquelas implicadas na prática de atos de caráter estritamente patrimonial, representariam uma dimensão da autonomia privada que "pode ser rastreada no princípio da livre iniciativa, pois essa naturalmente pressupõe a capacidade dos agentes para celebrar contratos e outros negócios jurídicos" (SARMENTO, 2004, p. 216). Em relação a essas últimas, haveria uma forte limitação por uma série de valores e interesses constitucionais, especialmente no que se refere ao desempenho de uma função social, podendo ser conformados pela legislação através de normas restritivas. A nosso ver, no ordenamento brasileiro, é possível inferir a proteção constitucional da autonomia privada da tutela geral da liberdade, contida na Constituição no *caput* do art. 5º e da interpretação, *a contrario sensu*, do princípio da legalidade insculpido no art. 5º, II. Também se pode fundamentar essa proteção no próprio princípio da dignidade da pessoa humana (art. 1º, III, da Constituição Federal), este último com especial relevo nas situações que envolvam escolhas existenciais. Para tanto, tomamos a autonomia privada num sentido amplo (SARMENTO, 2004, p. 373), como capacidade de autodeterminação de comportamentos, o que inclui a liberdade para fazer tanto escolhas existenciais (como com quem casar; onde viver; para onde ir; a quem amar; sobre o que, quando e como se manifestar; com que trabalhar etc.), como patrimoniais (como gerir o patrimônio; que margem de lucro visar etc.).[61]

Do ponto de vista filosófico, o elo entre a ideia de liberdade e dignidade do homem, tal como forjada por Kant, não parece que mereça ser superado. A liberdade, como condição imprescindível para a ação, que permite a cada indivíduo alcançar os objetivos e fins morais que pretenda, ainda que para tanto deva agir segundo um princípio de universalização, constitui o que dignifica o homem enquanto homem. Portanto, liberdade e dignidade do homem são inseparáveis,[62] ainda que, para a generalização de fins e objetivos morais, deva-se exigir um diálogo "que permita escutar os argumentos do outro e as ofertas e soluções que proponha em relação a esses objetivos e fins, assim como apresentar as próprias" (PECES-BARBA, 1999, p. 216).

Diferentemente de Perlingieri, entendemos que, mesmo quando a autonomia privada implique aspectos apenas patrimoniais, pode ser, ela própria, fundamentada na tutela geral de liberdade, como um princípio de autodeterminação privada, do mesmo modo que o princípio da livre iniciativa é, também, um desenvolvimento (expressamente previsto em norma constitucional) dessa liberdade. Assim, parece-nos que

---

[61] Aqui, de forma semelhante a Perlingieri (2002, p. 18).
[62] "Uma *pessoa* é um sujeito cujas ações lhe podem ser imputadas. A *personalidade* moral não é, portanto, mais do que a liberdade de um ser racional submetido a leis morais [...]. Disto resulta que uma pessoa não está sujeita a outras leis senão àquelas que atribui a si mesma (ou isoladamente, ou, ao menos, juntamente com os outros)" (KANT, 2003, p. 66). O princípio de universalização, através do qual uma ação é ao mesmo tempo livre e moral, é formulado pelo imperativo categórico: "*Age com base em uma máxima que também possa ter validade como uma lei universal*" (destaque do autor) (KANT, 2003, p. 67-68).

o mais correto não é entender a autonomia negocial (ainda que quanto aos aspectos estritamente patrimoniais) como fundamentada simplesmente na tutela da livre iniciativa (liberdade comercial) ou no direito de propriedade, embora, claro, estes suponham, para sua realização concreta, a prática de atos contratuais livres. Nesse aspecto, a posição aqui defendida coincide com a da professora Fabíola Santos Albuquerque (2002, p. 111) que, por outras razões, entende como distintos, no ordenamento constitucional brasileiro, o princípio da livre iniciativa do princípio que tutela a autonomia privada (no seu aspecto de liberdade contratual).

O fato de estarem tutelados expressamente faz com que os princípios da livre iniciativa e da proteção da propriedade sejam mais uma evidência de que na tutela geral da liberdade (da qual constituem um desenvolvimento expresso) está inclusa, também, a autonomia para contratar em searas estritamente patrimoniais. Do mesmo modo, constituem desenvolvimento expresso do princípio geral de liberdade, o direito ao livre exercício de qualquer trabalho, ofício e profissão (art. 5º, XIII), o direito à herança (art. 5º, XXX), o direito de convenção ou de acordo coletivo (art. 7º, XXVI), o direito à liberdade de manifestação e expressão (art. 5º, IV e IX), todos expressões do princípio da autonomia privada.

Isso não significa, porém, que a fundamentação de uma autonomia privada na tutela geral da liberdade, especialmente no seu aspecto de liberdade negocial, implique uma absolutização do princípio. Não há que se temer a invocação do princípio geral de liberdade, diante da necessidade de se restringirem negócios jurídicos em prol de interesses coletivos ou de outros particulares. Isso porque a liberdade tutelada pela Constituição há de ser entendida não apenas como um princípio puro de não interferência, mas também ligada a um imperativo de promoção de carências, "quando não somos capazes de fazê-lo com as nossas próprias forças, porque as necessidades básicas exigem um esforço coletivo para sua superação". Uma liberdade vinculada à consagração de direitos sociais e econômicos básicos, que é imprescindível para o gozo da liberdade como não interferência e que Peces-Barba Martínez (1999, p. 222) chama de "liberdade promocional".

Assim, não é preciso reduzir a liberdade contratual ao princípio da livre iniciativa para que sejam legítimas as restrições legais impostas no interesse da coletividade ou do contratante mais fraco; apenas há que tomá-la como um princípio que não é absoluto e que deve ceder diante da tutela de outros interesses constitucionais em grande parte concretizados por preceitos legais,⁶³ do mesmo modo que o princípio da livre iniciativa pode sofrer restrições em prol de outros bens ou interesses constitucionalmente tutelados, como a proteção do meio ambiente (art. 225 da Constituição Federal).

Sem pretender entrar no espinhoso e interminável terreno da disputa entre a primazia da liberdade individual *versus* interesses coletivos postos pelo sistema democrático (leia-se, entre autonomia privada e soberania do povo) e do papel de ambos na legitimação do Direito Moderno,⁶⁴ é suficiente alertar para a necessidade de prevenção contra argumentos que procurem delimitar as liberdades individuais sempre em função de critérios coletivistas e para o risco de totalitarismo que comportam, especialmente no tocante às liberdades existenciais.⁶⁵ O "interesse coletivo" é uma ideia sujeita aos mais variados discursos, que, não raro, variam em função do círculo e do jogo de poder em que se insere quem os veicula (FOUCAULT, 2004, p. 43). Por isso mesmo, não podem aniquilar um espaço de livre determinação quando este seja necessário para a realização do homem enquanto homem (e possa ser exercido sem amesquinhar o espaço do outro). A defesa pura e simples de um primado da coletividade sobre o indivíduo, na sua singularidade, pode desembocar na tese de que o indivíduo tem, em relação àquela, apenas deveres (e não direitos) e conduzir a um desprezo da própria dignidade humana como "valor-fonte" da ordem jurídica. Como alerta

---

⁶³ Exemplo disso é o art. 421 do atual Código Civil brasileiro, que preceitua uma "função social" do contrato e o art. 156, que prevê a hipótese de anulação do negócio jurídico por "estado de perigo".

⁶⁴ Sobre esse debate, vale a pena conferir a posição de Jürgen Habermas (2003a, p. 113-115; 2003b, p. 67-82) e a crítica à teoria habermasiana oposta por Marcelo Neves (2001, p. 112-163). Também, Jean-Francois Kervégan (2003, p. 115-125) e Ulrich Preus (2003, p. 158-174).

⁶⁵ Nesse equívoco podem incorrer os partidários radicais de concepções que enquadram o problema das restrições a direitos fundamentais como um problema de limites imanentes, também conhecida como "teoria interna" dos limites dos direitos fundamentais (CANOTILHO, 2004, p. 195). Esse raciocínio procura inserir no conteúdo do direito uma ideia de dever e de compromisso com a coletividade, de modo que as exigências coletivas não seriam limites externos, mas internos ao próprio direito individual. Esse argumento é muito comum quando se trata de submeter direitos ao cumprimento de uma função social (LÔBO, 2002, p. 191). A "teoria externa", por seu turno, também chamada "teoria de intervenção e de limites", dissocia direitos e restrições e está mais ligada à ideia kantiana de que os direitos encontram seus limites nos direitos dos outros, sendo mais adequada à caracterização de conflitos entre os direitos fundamentais e à ponderação como procedimento de solução. Sobre a noção de intervenções restritivas privadas e sobre as vantagens e desvantagens da adoção de uma teoria interna ou externa em matéria de delimitação do conteúdo de direitos fundamentais, ver recente artigo de Canotilho (2004, p. 190-215), que aborda o problema especificamente sob a ótica dos conflitos jurídico-privados e dos direitos de personalidade e conclui, a nosso ver com razão, por uma maior adequabilidade da teoria externa aos desafios de inclusão e multiculturalidade com que se defronta hoje a justiça constitucional.

Celso Lafer (2003a, p. 133), foi o que ocorreu no nazismo, "cujo Direito propunha-se a ter como centro não a pessoa humana, mas sim o homem integrado na comunidade do povo — *Volksgenosse*".[66] A liberdade de manifestação, por exemplo, deve ser, a princípio, ampla no seu conteúdo e não determinada em função do que seja ou não do "interesse da coletividade". Nesse ponto, está coberto de razão Daniel Sarmento (2004, p. 214) ao afirmar que:

> A liberdade de pensamento, por exemplo, inclui a faculdade de ter e de divulgar idéias absurdas; a liberdade de associação abrange o poder de fundar entidades visando finalidades fúteis, desde que não criminosas; a liberdade de religião tutela tanto o direito de professar o credo católico ou espírita como o de freqüentar cultos satânicos.

Ainda que se admita que as liberdades patrimoniais estejam afetadas mais significativamente ao interesse coletivo, como ocorre com a subordinação do direito de propriedade ao cumprimento de uma função social, no tocante às liberdades existenciais há que se preservar mais intensamente uma esfera de subjetividade, um lugar que pertence só à pessoa na sua singularidade.[67] Isso não significa que ditas liberdades sejam absolutas, e que, na hipótese de conflito, não possam ser ponderadas com outros direitos e princípios constitucionais, especialmente aqueles que igualmente tutelam situações existenciais. O que não é possível é supor que liberdades humanas existenciais só são protegidas na medida em que seu exercício atenda interesses coletivos. "Se é verdade que a pessoa humana a que se refere a Constituição brasileira não é o indivíduo insular do liberalismo burguês, mas um ser social enraizado, não é menos certo que essa pessoa não se reduz a uma parte no todo social" (SARMENTO, 2004, p. 215).

---

[66] Para que se tenha uma ordem constitucional efetivamente libertária e democrática é necessária a convivência das duas dimensões importantes da autonomia que devem seguir sempre num estado de tensão: da autonomia pública, que prestigia a soberania popular e da autonomia individual, que afasta constrangimentos de uma esfera intangível a pessoa, que caracteriza a sua singularidade. Estas duas dimensões são igualmente importantes, de modo que uma não pode excluir a outra. Do contrário, teríamos que optar por um totalitarismo absoluto ou por uma dominação privada ilimitada.

[67] Nesse sentido é que Hanna Arendt (1999, p. 80) nos fala: "[...] A moderna descoberta da intimidade parece constituir uma fuga do mundo exterior como um todo para a subjetividade do indivíduo, subjetividade esta que antes fora abrigada e protegida pela esfera privada. [...] Uma existência vivida inteiramente em público, na presença dos outros, torna-se, como diríamos, superficial. Retém sua visibilidade, mas perde a qualidade resultante de vir à tona a partir de um terreno mais sombrio, terreno este que deve permanecer oculto a fim de não perder sua profundidade num sentido muito real e não subjetivo".

Diferentemente, portanto, do que defende o professor Pietro Perlingieri, que, no conceito de autonomia privada, faz abranger tanto as situações existenciais como as patrimoniais para subordinar o exercício de umas e de outras (atos de autonomia) à "realização de interesses e funções que merecem tutela e são socialmente úteis", entendemos, com Daniel Sarmento (2004, p. 215), que isso jamais poderá se dar no tocante às liberdades existenciais, as quais não precisam de "comprovação de utilidade social para a sua tutela".

Assim é que posições que tentam estabelecer um conteúdo *a priori* de liberdade, funcionalizado por valores coletivistas, não nos parecem mais adequadas, além de serem insuficientes, e por isso mesmo é que este trabalho defende que as soluções para os conflitos que envolvam direitos fundamentais entre particulares sejam resolvidos por juízos formulados *in concreto*, que considerem dignos de igual proteção os diversos interesses antagônicos (sim) consagrados na Constituição, e não de forma absoluta no plano da teoria.

A liberdade de escolha sem a qual o homem não se afirmaria como pessoa, tutelada pelo princípio da dignidade humana, abrange uma série de situações nas quais podem, também, entrar em jogo interesses patrimoniais, por exemplo, quando envolvam bens essenciais para a vida humana e para a livre determinação do indivíduo. Portanto, há uma "zona cinzenta" dentro da qual determinados interesses patrimoniais podem se apresentar, também, como existenciais (por exemplo, no exercício da liberdade de testar ou de escolher a profissão). E a liberdade para contratar (que inclui, inclusive, a liberdade para escolher se, quando, como e com quem contratar), em determinadas situações concretas, pode se apresentar mais valiosa à realização da dignidade humana do que outro interesse eventualmente invocado. Tal não significa que determinadas escolhas, que envolvam a realização de interesses não patrimoniais, não possam ser consideradas, em princípio, como prevalentes em caso de conflito, porque mais significativas para a tutela da dignidade humana do que aquelas que envolvam apenas interesses econômicos. Isso é possível e parece a proposta mais adequada, embora este, também, não seja um princípio absoluto.

4.1.2 O problema da contradição normativa no momento de aplicação das normas constitucionais

Dissemos que para que se admita que o problema da eficácia interprivada dos direitos fundamentais seja considerado como um problema de colisão é necessário (além de se estabelecer uma igual hierarquia entre os direitos em conflito) que se aceite a possibilidade de duas normas igualmente válidas levarem a resultados contraditórios.

A ideia, contudo, de que o ordenamento jurídico é um todo coerente, como se tivesse a sua origem em um único sujeito onisciente e racional (personificado no Estado), tem, ainda hoje, um peso significativo para a cultura jurídica, não obstante a frequência com que se dão as antinomias em qualquer Direito.[68] Essas são vistas como uma anomalia, uma "patologia" apenas aparente, da qual padece o conjunto das normas jurídicas e que devem ser aplainadas pelo intérprete segundo regras específicas, algumas tradicionais e bem conhecidas, como as que dizem que: a) a lei superior derroga a anterior (critério hierárquico); b) a lei especial derroga a lei geral (critério da especialidade) e c) a lei posterior derroga a anterior (critério cronológico) (BOBBIO, 1997, p. 92).[69]

É uma ingenuidade, porém, não se ter em conta que o conjunto de normas que formam o direito positivo é "fruto de atos de produção normativa sucessivos no tempo e que respondem a interesses e ideologias heterogêneos" (PRIETO SANCHÍS, 2003, p. 175-178), de modo que, menos do que uma patologia, as antinomias representam uma consequência mais do que natural do caráter dinâmico dos sistemas jurídicos e de certo "*deficit*" de "racionalidade" do legislador, menos comprometido com a coerência da sua produção normativa do que com a defesa eficiente dos interesses que representa.

---

[68] No debate acadêmico atual, pode-se citar como exemplo a ideia de "integridade" do sistema jurídico defendida por Ronald Dworkin. Para Dworkin (1999, p. 213) os princípios são o instrumento metodológico indicado para fazer incorporar ao direito positivo uma moral substantiva que confere coerência política ao ordenamento vigente. O Estado de Direito está caracterizado pelo princípio da integridade política. De acordo com Dworkin (1999, p. 271) existem dois princípios de integridade: "um princípio legislativo, que pede aos legisladores que tentem tornar o conjunto de leis moralmente coerente, e um princípio jurisdicional, que demanda que a lei, tanto quanto possível, seja vista como coerente nesse sentido". Cabe, assim, ao magistrado interpretar o direito como se fosse um todo ordenado, como que criado por um único legislador (a comunidade personificada). Note-se que, aqui, não se supõe uma coerência intrínseca ao sistema jurídico, mas uma coerência conferida pela interpretação, através de um processo que reconstrói o material positivado.

[69] Em sua *Teoria do ordenamento jurídico*, ao tratar dos problemas das antinomias do sistema jurídico, Bobbio (1997, p. 110-113) leciona: "Todo discurso defendido neste capítulo pressupõe que a incompatibilidade entre duas normas seja um mal a ser eliminado e, portanto, pressupõe uma *regra de coerência*, que poderia ser formulada assim: 'num ordenamento jurídico não *devem* existir antinomias'. [...] A coerência não é condição de validade, mas é sempre condição para a *justiça* do ordenamento. É evidente que quando duas normas contraditórias são ambas válidas, e pode haver indiferentemente a aplicação de uma ou de outra, conforme o livre arbítrio daqueles que são chamados a aplicá-las, são violadas duas exigências fundamentais em que se inspiram ou tendem a inspirar-se os ordenamentos jurídicos: a exigência da certeza (que corresponde ao valor paz ou da ordem), e a exigência da justiça (que corresponde ao valor da igualdade)".

Com efeito, o momento da aplicação normativa pode ser caracterizado como um momento de angústia para o intérprete na medida em que, não raro, deve fazer escolhas entre mais de uma interpretação possível das normas que lhe são postas, bem como entre a tutela de interesses que se apresentam como igualmente defensáveis diante do conteúdo do ordenamento jurídico e, especialmente, diante do ordenamento constitucional. Por vezes, esses interesses se apoiam em normas distintas, que, no caso concreto, apresentam-se como contraditórias (GÜNTHER, 2004, p. 32) e cuja escolha comporta a construção de argumentos igualmente defensáveis tanto para um lado como para o outro.

Nessas situações, em geral, os critérios tradicionais de solução de antinomias (cronológico, hierárquico e da especialidade) não resolvem o problema. Luis Prieto Sanchís (2003, p. 176-177) anota que esses critérios caracterizam-se por sua generalidade ou "vocação de permanência", ou seja, constatada uma antinomia entre duas normas, essa sempre há de se resolver do mesmo modo à luz de cada critério, seja prevalecendo a lei posterior, a superior ou a especial. Uma das normas necessariamente será descartada por não ser considerada válida e uma sempre preferirá à outra. Tais critérios constituem regras de segundo grau que procuram resolver o conflito entre normas no plano da validade.

Em se tratando de normas que constam de um mesmo documento legislativo, como ocorre nos conflitos entre duas normas constitucionais definidoras de direitos fundamentais, já se pode descartar os critérios cronológico e hierárquico. Nesse caso, só se concebe a possibilidade de invocação da regra da especialidade, a qual, repita-se, atua para todos os casos (sempre que ocorra o suposto de fato, adota-se a consequência jurídica imposta pela norma especial que prevalece sobre a norma geral). O exemplo dado por Sanchís de uma antinomia constitucional que se resolve pelo critério da especialidade é, na Constituição espanhola, a prevalência da norma que prevê, na sucessão da Coroa, a preferência do nobre varão sobre a mulher (art. 57.1). Esta seria uma norma especial frente ao mandato de igualdade que proíbe qualquer discriminação por razão de sexo (art. 14).

Ocorre que o critério de especialidade, em determinadas situações, pode ser insuficiente para resolver algumas antinomias, notadamente quando não se possa, de forma precisa, estabelecer uma relação de exceção entre as normas envolvidas, seja porque essas não trazem detalhadas as suas condições de aplicação ou porque não se pode dizer qual delas constitui uma especialidade frente à outra. O exemplo de uma situação como essa Prieto Sanchís (2003, p. 177) toma de Klaus

Günther (1995, p. 282). Suponha-se que num sistema normativo regem simultaneamente duas obrigações: deve-se cumprir as promessas e deve-se ajudar o próximo em caso de necessidade. No plano abstrato, da leitura dos dois preceitos, não se pode afirmar que estejam em contradição, pois as situações descritas por ambas as normas, como por tantas outras impostas pelo Direito e pela moral, são perfeitamente compatíveis em certas situações, e, por isso mesmo, não se pode dizer qual delas é geral ou especial diante da outra.

Entretanto, no plano aplicativo pode ocorrer um conflito. Por exemplo, quando alguém se compromete a comparecer a uma festa, mas é informado, antes da hora aprazada, que um amigo caiu doente e precisa da sua ajuda. Caso se decida a ajudar o amigo doente então descumprirá a norma que manda cumprir as promessas. Do contrário, se comparece à festa, descumpre a norma que manda ajudar o próximo (GÜNTHER, 1995, p. 282). Temos aqui duas obrigações superpostas (não sucessivas) nas quais o sujeito é chamado ao cumprimento de ambas, mas *na prática*, isso é impossível. É o que Klaus Günther (1995, p. 281) chama de colisões contingentes ou em concreto, ou, ainda, de colisões externas ou próprias do discurso de aplicação, que devem ser diferenciadas das colisões internas ou próprias do discurso de validade.[70] Nas colisões internas ou em abstrato, há uma superposição conceitual dos supostos de fato descritos pelas normas, de modo que sempre que formos aplicar uma delas nascerá um conflito com a outra. Um exemplo disso é a norma que proíbe o aborto e outra que o admite em caso de grave comprometimento da saúde da mãe (aborto terapêutico). Como o aborto terapêutico é uma espécie do gênero abortos, as duas normas se encontram, a princípio, em posição de conflito. Nesse caso, ou uma das normas não é válida ou uma delas atua sempre como critério especial, ou seja, como exceção à primeira, e a solução se pode adiantar sem necessidade de se estar diante de um caso concreto (PRIETO SANCHÍS, 1994, p. 178).

---

[70] De acordo com Klaus Günther (1995, p. 280-281), nas colisões internas ou próprias do discurso de validade pode-se de antemão afirmar que em todas as situações de aplicação serão lesados interesses protegidos por outra norma, e, portanto, uma das duas deve ser considerada inválida. Por exemplo, a norma que manda cumprir as promessas apenas quando for do interesse de quem promete colide com a norma que diz que as promessas devem ser cumpridas. De antemão já se pode dizer que em qualquer situação a aplicação da primeira norma afeta interesses protegidos pela segunda (o interesse dos que confiam na manutenção das promessas), de modo que, ao se concluir pela invalidade da primeira (por ofensa ao princípio de universalidade), se faz de forma independente de situações concretas efetivas. "As colisões internas afetam a validade de uma norma. Por meio de uma negação são identificáveis independentemente das situações reais de aplicação. Pelo contrário, as colisões externas só podem identificar-se em situações de aplicação".

Já as colisões externas ocorrem justamente porque não se pode definir em abstrato e de forma precisa em que termos se processará a contradição, já que não conhecemos, adiantadamente, todas as condições de aplicação normativa.[71] O exemplo das normas que mandam cumprir as promessas e ajudar o próximo é ilustrativo nesse sentido, pois não se identifica, a princípio, uma contradição ou incoerência entre elas, ou pelo menos, não se pode adiantar todas as situações concretas nas quais elas poderiam colidir, embora saibamos que, em determinados casos, pode ocorrer conflito. Não podemos, contudo, determinar de forma exaustiva quais são esses casos; tampouco, por desconhecermos as circunstâncias de cada um deles, podemos estabelecer critérios firmes para a prevalência de uma ou outra norma. Nesse tipo de antinomia, especialmente, não estamos aptos a concluir pela invalidade de uma das normas, pois ambas seguem sendo válidas (GÜNTHER, 1995, p. 283-284).

As colisões externas costumam ocorrer com frequência quando se trata de aplicar normas constitucionais definidoras de direitos fundamentais, caracterizadas no debate constitucional contemporâneo como princípios. A caracterização dos princípios, em especial a distinção entre princípios e regras, deu lugar nos últimos tempos a uma riquíssima e complexa literatura, cujo conteúdo não se necessita detalhar agora. Basta apenas a referência a que se tem entendido que as normas definidoras de direitos fundamentais (ou pelo menos a maioria delas) possuem características específicas que as caracterizariam como um tipo de norma jurídica distinto das regras, essas últimas passíveis de subsunção, enquanto que os princípios são aptos à ponderação. Tal raciocínio vem sendo desenvolvido e aperfeiçoado, sobretudo a partir das elaborações de Ronald Dworkin (2002, p. 37-46), sem desconsiderar a riquíssima literatura que lhe é anterior a respeito do assunto.[72] Para este autor,

---

[71] Para que isso fosse possível, haveria que se recorrer à hipótese de que os "participantes em um discurso (de fundamentação) pudessem encontrar-se, alguma vez, na situação de poder dispor de um saber ilimitado e de um tempo infinito" capaz de avaliar em todas as situações particulares os efeitos do cumprimento geral da norma para os diversos interesses. Por sua vez, uma norma assim fundamentada poderia regular todas as possíveis situações de aplicação, pois estas teriam sido devidamente tematizadas no respectivo discurso de validade, e, assim, seria uma "norma perfeita", que, inobstante desejável, é uma ideia fora da realidade (GÜNTHER, 1995, p. 279).

[72] Aqui destaca-se, ainda, a importante influência de contribuições civilísticas em matéria de princípios para a teoria constitucional. Conferir, neste aspecto, a importante obra de Joseph Esser (1961, p. 3-179) relativamente ao papel dos princípios na aplicação do direito privado. Não há que se desconhecer, ainda, a influência de Viehweg (1979) e sua tópica jurídica nas ideias relativas à "abertura" do sistema jurídico e na defesa de uma relativização da subsunção e do raciocínio judicial lógico-sistemático, de base dedutiva, para a resolução dos casos difíceis em matéria constitucional.

os princípios possuem estatuto lógico-argumentativo próprio, apto a proceder à reconstrução do direito positivo de acordo com conteúdos morais e políticos relevantes no contexto histórico. Ao contrário das regras, não são capazes de determinar as suas condições de aplicação, possuindo uma dimensão de "peso" ou "importância". O peso dos princípios é definido pela sua capacidade de suportar concorrência, o que significa que, na hipótese de conflito, eles não se excluem mutuamente, pois a aplicação de um não exclui a validade de outro, podendo mesmo ocorrer que mais de um princípio (inclusive concorrentes) seja relevante para a solução de um caso. Nessa hipótese, o aplicador deverá sopesá-los tendo em conta o peso relativo de cada um.

Prieto Sanchís (2003, p. 180) procura reforçar que os princípios constituem normas que apresentam apenas de um modo fragmentário o seu suposto de fato (sem que estejam explícitas as condições de aplicação). É o que ocorre com vários direitos fundamentais de que são exemplos os direitos à igualdade e à liberdade. No tocante às circunstâncias que justificam a sua aplicação, a Constituição não consagra esses direitos de forma concludente. Em relação ao princípio da igualdade, por exemplo, que comporta o subprincípio de tratar desigualmente o que é desigual (ARISTÓTELES, 1998, p. 162), não é possível estabelecer que situações constituem discriminações legítimas a serem efetuadas pelo legislador a partir da normativa constitucional. Do mesmo modo, não se pode dizer até que ponto restrições à liberdade que prestigiem outros bens e direitos tutelados não são válidas, tendo em vista as circunstâncias do caso concreto, de modo que não se pode estabelecer *prima facie* uma correspondência precisa entre o texto constitucional e as possibilidades fáticas e jurídicas de aplicação dessas normas.

Os conflitos entre os direitos fundamentais quando de sua aplicação prática ocorrem justamente porque as normas que os definem não possuem fronteiras claras, de maneira que um determinado fato pode ser enquadrado no suposto de uma e de outra norma, sendo de se considerar que tipo de argumentação se mostra adequada para justificar a prevalência de uma delas, considerando que ambas são de igual importância. A tarefa é extremamente complexa se levarmos em consideração que as Constituições atuais são documentos de denso conteúdo material cujos princípios encerram direitos substantivos e que não respondem a um esquema homogêneo de interesses e de moralidade política.

Alexy (2001, p. 86) procura explicar a configuração dos princípios a partir da ideia de que esses não definem suas condições de aplicação justamente porque constituem "mandatos de otimização", normas jurídicas cujo dever possui fisionomia própria, por poder realizar-se em distintas medidas. Assim, os princípios seriam:

[...] mandatos de otimização que se caracterizam pelo fato de que podem ser cumpridos em diferentes graus e que a medida devida do seu cumprimento não depende só de possibilidades reais, mas, também, de possibilidades jurídicas. O âmbito das possibilidades jurídicas é determinado pelos princípios e regras opostos.

O que é decisivo, contudo, é que esses (os princípios) se caracterizam por nunca serem excludentes no plano abstrato. Se fossem, converter-se-iam em regras, e, talvez por isso se possa afirmar que os conflitos não se dão propriamente entre os princípios, mas entre as regras nas quais se convertem, por obra do intérprete, quando de sua aplicação nos casos concretos (PRIETO SANCHÍS, 2003, p. 187). As eventuais contradições entre princípios não se resolvem com a declaração de invalidade de um deles, tampouco com a formulação de uma cláusula de exceção de um frente ao outro no plano abstrato, mas na fixação *in concreto* de uma "preferência condicionada", de modo que em algumas situações pode prevalecer um princípio e, em outras, prevalecerá um princípio diverso que é tendencialmente o seu contrário.

Assim parece mais correto afirmar que os princípios são chamados princípios justamente porque seus conflitos se resolvem de uma certa forma e não o contrário. Isso é bem ilustrado por Prieto Sanchís (2003, p. 187) através do mandamento de igualdade, norma que aponta para uma estrutura típica de princípio, que, contudo, pode funcionar como regra, quando, por exemplo, pretenda-se introduzir na Constituição o regime de *apartheid*. Nesse caso, uma das duas normas (ou o mandamento de igualdade ou a norma que institui a segregação racial) seria necessariamente inválida ou teria de funcionar como uma exceção frente à outra.

Uma vez que os conflitos surgem no momento da aplicação normativa (e não abstratamente),[73] é possível aceitar perfeitamente a convivência num mesmo documento constitucional de normas tendencialmente opostas como as que garantem a liberdade de expressão e o direito à honra e à intimidade; o respeito à autonomia privada e a proteção ao consumidor; a tutela da livre iniciativa e a proteção do trabalhador; o direito à livre disposição do corpo pela mulher e o

---

[73] Seja porque (a) não existe propriamente uma superposição de hipóteses normativa entre as normas constitucionais; (b) ou porque a "antinomia" não se resolve pela declaração de invalidade de um ou outro ou através de uma cláusula de exceção; (c) ou porque o conflito se resolve pela prevalência de uma das normas ou pela busca de uma solução compatível com ambas, sem que esta seja uma regra a se repetir necessariamente em todos os casos (PRIETO SANCHÍS, 2003, p. 183).

direito à vida intrauterina; a liberdade de profissão e a proteção da livre concorrência; o direito à igualdade e a liberdade de testar etc.[74] Isso ocorre porque as normas definidoras dos direitos fundamentais são aplicáveis *prima facie*, o que significa que tão somente diante do caso concreto é que podem ser estabelecidas as soluções para os eventuais conflitos que ocorram entre elas, e apenas levando em consideração os traços circunstanciais que compõem as diversas situações é que se pode fazer prevalecer um direito sobre o outro ou se alcançar uma solução harmonizadora de ambas as normas. Em princípio, os direitos fundamentais valem de igual maneira, não sendo sustentável qualquer tentativa de se estabelecer uma hierarquia entre eles que possa ser aplicada em todos os casos concretos possíveis.

4.2 A necessidade de ponderação

Assentado, assim, que o problema ora analisado pode ser caracterizado como um conflito constitucional, há que se questionar a maneira pela qual tais conflitos podem ser resolvidos. Afastados, por inservíveis, os critérios hierárquico e cronológico para a solução desse tipo de antinomias, há que se estabelecer, na impossibilidade de aplicação da regra de especialidade, de que modo as decisões podem atender a um padrão de racionalidade, apresentando-se, portanto, de forma relativamente controlável.

Estabelecido que não há hierarquia abstrata entre normas definidoras de direitos fundamentais, pelo menos não uma hierarquia rígida que garanta nos casos concretos um resultado único quanto à prevalência de uma das normas em conflito (ALEXY, 2001, p. 549),[75] a decisão a

---

[74] Apenas o princípio que tutela a dignidade da pessoa humana (art. 1º, III, da CF) é que não conflita com qualquer outro. Esta norma funciona como uma espécie de princípio "guarda-chuva", tendo em vista que pode ser utilizado, dada a sua amplitude semântica, para resguardar as mais diversas situações jurídicas. Mais que isso, o princípio da dignidade da pessoa humana está na base da justificação do próprio Direito, na medida em que qualquer interesse que se pretenda tutelado pela ordem jurídica não pode se apresentar como contrário (ou tendencialmente contrário) à dignidade humana. Isso, contudo, não resolve os problemas enfrentados neste trabalho, pois interesses conflitantes podem se apresentar, ambos, fundamentados na dignidade humana e ao mesmo tempo em normas mais específicas, definidoras de direitos fundamentais, que, no caso concreto, entram em colisão: o direito à intangibilidade do próprio corpo e ao conhecimento da origem genética, no caso da obrigatoriedade do exame de DNA é um bom exemplo disso (ver capítulo 5, item 5.4).

[75] Alexy (2001, p. 549-550) admite uma hierarquia fraca ou uma "ordem branda", *prima facie*, entre os princípios constitucionais (abstratamente considerados), que pode não prevalecer diante das circunstâncias do caso concreto. Assim, e de acordo com as decisões do Tribunal Constitucional Alemão, a princípio, haveria de se privilegiar os princípios de liberdade

ser proferida numa situação em que dois interesses contrapostos se apresentem tuteláveis em normas principiológicas distintas e válidas deverá ser objeto de uma avaliação sobre qual princípio deverá prevalecer. Autores de prestígio dão a esse tipo de procedimento decisório o nome de *ponderação*, que consiste em fixar, para o caso concreto, qual das razões constitucionalmente defensáveis devem ser consideradas de maior importância, fixando, assim, uma "hierarquia móvel" ou "axiológica" (PRIETO SANCHÍS, 2003, p. 190),[76] cuja conclusão será aplicada num determinado caso, tendo em vista suas circunstâncias, mas não necessariamente noutro. A ideia de ponderação está assentada num postulado de equilíbrio e de respeito a ambas as posições defendidas, pois as tem como dotadas de similar sustentabilidade e importância constitucional. Assim, "quanto maior seja o grau de não satisfação ou de afetação de um princípio, tanto maior deve ser a importância de satisfação do outro" (ALEXY, 2001, p. 161). Note-se que não se trata, apenas, de verificar qual das normas invocadas é a mais adequada para reger o caso, mas de se avaliar, também, o grau de sacrifícios recíprocos que a escolha pode provocar. Assim, se tenho determinada pretensão que afeta o princípio da autonomia contratual de um lado, e outra, contrária, que afeta o direito à liberdade de consciência, do outro, haverá que se verificar em que "grau" a decisão pela prevalência de uma ou de outra irá satisfazer os princípios em conflito. Isso implica em inserir no raciocínio uma etapa além daquela relativa à adequabilidade das circunstâncias do caso a uma das normas invocadas (GÜNTHER, 1995, p. 290) e que consiste em verificar o efeito nocivo que a aplicação de uma norma causará no cumprimento da outra.

De acordo com Alexy (2004b, p. 51-81), é possível formular juízos racionais acerca da intensidade da afetação ou dos graus de intervenção nos direitos fundamentais no caso concreto, que podem ser catalogados em *leve*, *médio* e *grave*. A solução a ser adotada deverá ser a que implique uma intervenção de menor grau no direito fundamental efetivamente desprestigiado, tendo em vista as circunstâncias do caso. A atribuição dessas "medidas" não ocorre de forma autônoma, mas sempre em relação à satisfação ou cumprimento do princípio contrário, portanto, uma afetação é considerada grave em relação à outra tida por mais leve e vice-versa (PRIETO SANCHÍS, 2003, p. 190).

---

e de igualdade em detrimento dos demais, o que, contudo, não é absoluto, face a outros princípios constitucionalmente consagrados que podem apresentar um peso maior na situação concreta.

[76] Ou uma "relação condicionada de precedência" (ALEXY, 2001, p. 157).

É justamente essa procura pela "quantidade de lesão" de ambos os princípios que constitui o centro da crítica daqueles que consideram a ponderação uma fórmula "oca", pois ela turvaria o que de mais importante deve existir no processo decisório, que é a argumentação correta sobre todas as circunstâncias do caso de modo a se decidir de acordo com normas cujo sentido seja adequado a essas circunstâncias. Alega-se, ademais, que essa proposta é incapaz de explicar por que, efetivamente, um princípio deve pesar mais do que o outro, conduzindo a subjetivismos incontroláveis (KAUFMANN, 2003, 135-136), pois, na realidade o que "pesa" não são os princípios, mas o que resulta "da consciência da mente de quem sopesa" (GARCÍA AMADO, 1999, p. 15).

O problema surge justamente no momento em que se fixam os "graus" de afetação de cada direito e há que se ter atenção para as razões adotadas por quem decide para entender que tal ou qual intervenção é mais ou menos grave do que outra. Há que se perguntar por que, no caso concreto, uma possível intervenção no direito à intimidade, por exemplo, deve ser considerada mais grave do que uma outra que ocorra no direito à liberdade de expressão, e, a isso, a lei da ponderação, sozinha, não está apta a responder. A ponderação não representa, por assim dizer, um procedimento "completo" e deve ser conjugada com a construção de argumentos de outra ordem (não necessariamente jurídicos) que garantam que o peso conferido aos direitos em conflito tenha sido dado de forma racional, tendo em vista as circunstâncias concretas. Além disso, é preciso que se tenha uma maior atenção para com as características da situação e com o caminho a ser percorrido na argumentação adotada para, em primeiro lugar, enquadrar corretamente os interesses opostos em normas definidoras de direitos fundamentais (de modo a efetivamente configurar um conflito) e, em segundo (já na fase de ponderação), para fazer prevalecer, à luz de uma das normas, um interesse sobre o outro, formulando-se, assim, a regra de decisão adequada para reger o caso.[77]

---

[77] Klaus Günther (2004, p. 315-316) irá defender que não se trata de estabelecer a "importância" ou "peso" das normas que estejam postas em contradição no momento da decisão, pois ambas são, de antemão, consideradas válidas e igualmente importantes, mas de se fixar qual a norma mais adequada para reger o caso, tendo em vista as circunstâncias do caso concreto, admitindo-se, no máximo, "ponderações de adequação". A crítica de Günther é semelhante à oposta por Habermas (2003a, p. 314-323) e parte de que a ponderação só pode ser dirigida a valores e bens e não a normas jurídicas, que possuem um sentido deontológico. Haverá situações, contudo, notadamente nos casos mais difíceis, em que por mais cuidadosa que seja a consideração de todas as circunstâncias, mais de uma norma parecerá adequada para resolver o caso e aí a ponderação é útil, pois a melhor solução se apresentará como aquela que sacrifique o mínimo possível *ambos* os interesses protegidos. Isso não implica em

Isso não significa, contudo, que a ponderação seja uma fórmula "oca", desprovida de utilidade. Como anota Prieto Sanchís (2003, p. 191):

> A necessidade de ponderação começa desde o momento em que se aceita que não existem hierarquias internas na Constituição ou, o que é o mesmo, que os distintos princípios carecem de um peso autônomo e diferenciado e só possuem uma vocação de máxima realização que seja compatível com a máxima realização dos demais.

O resultado ótimo da ponderação não é dado pela máxima realização de cada princípio, mas pelo encontro de um ponto de equilíbrio que satisfaça o cumprimento de ambos, embora, saiba-se que isso nem sempre seja possível, a não ser nas medidas que comportem uma "graduação", como, por exemplo, nas contendas civis que impliquem em indenização.

Com efeito, a ponderação supõe uma exigência de proporcionalidade que, por sua vez, implica o estabelecimento de uma ordem de preferência condicionada no caso concreto, a qual não se repetirá necessariamente em todos os outros casos. Isso, contudo, não significa que seja impossível a formação de precedentes que sirvam de orientação para outras situações. Significa, apenas, que essa preferência é relativa e condicionada às circunstâncias específicas nas quais tenha sido estabelecida.

Embora se diga que a ponderação é um método alternativo à subsunção, e isso em geral decorre da ideia de que os princípios, diferentemente das regras, não possuem *fattispecie* (SARMENTO, 2004, p. 82), não se deve tomar esta afirmação no sentido de que a ponderação e a subsunção são mutuamente excludentes,[78] devendo-se necessariamente optar por um caminho ou por outro. De fato, quando não

---

desconhecer o caráter deontológico dos princípios, mas apenas, de considerá-los igualmente protegidos (dotados de igual carga deontológica) pelo ordenamento constitucional, de modo a se buscar um equilíbrio no cumprimento de todos, quando possível. Nestes casos, pode-se, ademais, contra-argumentar no sentido de que a norma "mais adequada" é justamente aquela cuja aplicação implica uma lesão menor ao cumprimento dos direitos em conflito, tendo em vista que resultam igualmente de normas válidas e aplicáveis *prima facie*. Assim, o próprio exemplo de Günther pode ser reelaborado de acordo com o raciocínio da ponderação: a decisão de ajudar ao próximo estaria justificada porque, além de adequada à norma que manda ajudar ao próximo, a intervenção no "direito" do amigo que pretende seja a promessa cumprida é menor do que a que se daria no "direito" à ajuda daquele que, no momento do acidente, necessitava ser socorrido, de modo que o dever de prestar auxílio deveria prevalecer.

[78] Nesse sentido, pode-se afirmar que há uma relação entre subsunção e ponderação, de modo que "a subsunção é o ideal da ponderação e a ponderação é a realidade da subsunção" (GARCÍA FIGUEROA, 1998, p. 199).

existe um problema que envolva a aplicação de princípios, mas apenas a aplicação de uma regra, cujas condições de aplicação se encontram previamente definidas, o juiz, com maior facilidade, irá subsumir o caso no suposto fático descrito na lei, sem que seja necessário lançar mão da ponderação. Contudo, quando se trata de aplicar princípios, e sendo necessária a ponderação, nem por isso resta descartada a subsunção. Preliminarmente a toda ponderação, é indispensável a constatação de relevância ou aplicabilidade dos princípios em conflito, o que demonstra que, antes de ponderar, é preciso "subsumir" (ainda que num sentido fraco), ou seja, constatar que a situação está inclusa no âmbito de aplicação dos princípios envolvidos, os quais, se não possuem uma *fattispecie* que descreva com precisão as condições de aplicação, possuem, ao menos, uma carga semântica que permite enquadrar, ainda que não de forma óbvia, as condutas e os interesses contrapostos nos princípios (PRIETO SANCHÍS, 2003, p. 193). Assim, não é indiscutível, por exemplo, que exigir de um funcionário que participe do desenvolvimento de pesquisa de medicamento a ser usado em caso de guerra nuclear constitua exercício da autonomia empresarial ou que a negativa constitua um exercício da liberdade de consciência por parte do trabalhador; mas, para a caracterização do conflito, é necessário, de alguma forma, "subsumir" tais condutas ao "tipo" correspondente à norma que protege a autonomia privada e a liberdade de consciência.

Nessa etapa preliminar, contudo, já são necessários cuidado e rigor argumentativo para afastar situações que de modo algum seriam "subsumíveis" ou enquadráveis em determinadas normas definidoras de direitos fundamentais, sob pena de se iniciar a ponderação já de forma irracional. Algumas situações não são aptas à invocação de direitos fundamentais, de modo que não implicam a configuração de um conflito como os que ora se analisam. Assim, por exemplo, no caso do aborto de fetos anencéfalos, não é claro que haja um conflito entre o direito à vida, de um lado, e a proteção à sanidade e higidez psicológica da mãe (exigidas pela proteção da própria dignidade humana), de outro. Se a morte cerebral tem sido considerada para marcar o fim da vida, então o aborto de um feto sem cérebro, e por isso mesmo inviável, não pode justificar a invocação do direito à vida, do mesmo modo que, em nascendo, não há razões de ordem constitucional para impedir, com o consentimento dos pais, a doação de órgãos do feto "vivo", já que a situação é equivalente à morte cerebral e aqui também não cabe a invocação do direito à vida. Nessas situações concretas não se pode falar em conflito, simplesmente só há constitucionalmente a proteger os direitos fundamentais da gestante e a autonomia dos pais do anencéfalo nascido e dos pais do bebê a ser beneficiado pela doação.

Canaris (2003b, p. 82), analisando as situações em que o Tribunal Constitucional alemão aplicou direitos fundamentais a relações entre particulares, critica em uma delas (BVerfGE, v. 7, p. 230) os fundamentos adotados pela Corte (embora concorde com a conclusão) justamente por se ter partido para a ponderação, antes de corretamente enquadrar um dos direitos invocados em norma protetora de direito fundamental. Tratava-se de um litígio entre um senhorio e um inquilino, no qual o primeiro pretendia impedir, com base no exercício do seu direito de propriedade, um inquilino de afixar cartazes de propaganda política numa janela do prédio arrendado. O Tribunal entendeu que o senhorio tinha o direito de impedir a fixação dos cartazes em nome da defesa da "paz social" entre todos os habitantes do prédio, desde que tal proibição atingisse todos os inquilinos. O que não se admitiria seria a proibição dirigida apenas a um ou parte deles, pois, nesse caso, tratar-se-ia de uma discriminação arbitrária. No caso concreto, descaracterizada a arbitrariedade, não haveria nada que pusesse em causa a capacidade de autodeterminação política do inquilino, nem o núcleo essencial de sua liberdade de expressão se deveria considerar afetado. Para Canaris, não há qualquer norma constitucional que possa ser invocada para impor ao proprietário a tolerância para a afixação da propaganda por parte do inquilino, de modo que afasta a adequação entre a pretensão desse último e, por exemplo, a norma que garante o exercício da liberdade de manifestação política. Assim, argumenta (CANARIS, 2003b, p. 82):

> O caso fornece uma bela demonstração de que se não pode simplesmente começar, de forma imediata, a ponderar sem mais, e de que se deve, antes, responder à questão de saber por que razão se considera a existência de um imperativo de tutela. Em conformidade, e diversamente da posição do Tribunal Constitucional Federal, o caso não deveria ter sido decidido noutro sentido se o senhorio tivesse atuado com outros motivos — por exemplo, simplesmente porque, com fundamento na sua autonomia privada, não queria ter qualquer propaganda eleitoral no seu edifício — se o inquilino fosse militante de um pequeno partido, ou se não fosse militante de qualquer partido. Decididamente, existem muitas outras possibilidades, além da afixação dos cartazes eleitorais em paredes de edifícios, para fazer propaganda por partido político ou por si mesmo! Logo à partida não se chega aqui, pois, sequer a uma ponderação do caso concreto.

A lição de Canaris é, assim, ilustrativa dessa fase anterior à ponderação na qual se deve enquadrar corretamente as pretensões em normas definidoras de direitos fundamentais, embora não se possa concordar com os argumentos desenvolvidos por ele para o caso concreto. É perfeitamente defensável a tese de que a pretensão do inquilino pode ser razoavelmente enquadrada em norma constitucional (por exemplo, a que garante a liberdade de manifestação política) e o fato de que se possa por outros meios exercer esse direito insere-se numa análise posterior a esse enquadramento inicial, que é a relativa ao juízo de necessidade, conforme será adiante explicitado.

Por outro lado, também depois da ponderação e, desta vez, com maior significação, é necessária a "subsunção". Isso porque a ponderação está destinada a gerar uma regra de aplicação em casos específicos, que toma em consideração todas as circunstâncias nele envolvidas. Com base na lei da ponderação é que se prefere um princípio a outro para solucionar o conflito, e, assim, superada a antinomia, a conclusão funciona como regra apta a servir de premissa normativa à resolução do caso (PRIETO SANCHÍS, 2003, p. 194). Embora o problema dos precedentes, em se tratando de ponderação, seja de todo espinhoso, pois dificilmente um caso será idêntico em todas as suas circunstâncias a outro, em situações pelo menos similares, a regra aludida pode funcionar como precedente, desde que não se perca a atenção quanto às possíveis distinções entre as circunstâncias concretas dos casos em que será aplicada. A ponderação funciona, portanto, como um:

> [...] passo intermediário entre a constatação de relevância dos princípios em conflito para regular *prima facie* um certo caso e a construção de uma regra para regular *em definitivo* esse caso, regra que, por certo, mercê do precedente, pode generalizar-se e terminar por fazer desnecessária a ponderação nos casos centrais ou reiterados. (PRIETO SANCHÍS, 2003, p 194)[79]

Esta regra que resulta da ponderação é construída com apoio num processo argumentativo que visa demonstrar que a solução adotada é a que melhor se adapta às circunstâncias concretas e que melhor equilibra os direitos em conflito.

A construção desse processo argumentativo ocorre geralmente no âmbito do Judiciário, no momento de proferir as decisões. Leis não ponderam no sentido de que apresentam argumentos destinados a resolver um conflito entre direitos (salvo quando se pensa em termos de exposição de motivos ou preâmbulo). Entretanto, o legislador pode ponderar e produzir "leis ponderadas" quando a regulação nela contida prestigia um princípio em detrimento de outro, concretizando, assim, as

---

[79] É o que Alexy (2001, p. 157) chama de "ordem branda" dos princípios a ser construída através de uma rede de decisões concretas de preferências.

normas que se apresentam "abertas" no plano constitucional. O resultado dessa "ponderação" legislativa "anterior" há de ser levada em conta pelo julgador no momento em que, diante de um conflito entre direitos fundamentais, existam, no plano legal, razões que apontem para a prevalência de determinado princípio. A regra contida na lei para a solução do conflito há de ser considerada, em princípio, como prevalente (SARMENTO, 2004, p. 302; ANDRADE, 1998, p. 290), devendo quem pretender desconsiderá-la assumir a carga da argumentação em sentido contrário (o que nada mais significa que aplicar o princípio de presunção de constitucionalidade das leis). Isso porque, além dos princípios que amparam os interesses contrários das partes, existe uma razão a mais a ser considerada, o princípio que tutela a prerrogativa do legislador democrático que tem, na democracia representativa, o papel de editar normas que regulem a convivência social de acordo com os direitos fundamentais (RODRÍGUEZ DE SANTIAGO, 2000, p. 165). Esse princípio outorga ao legislador, como representante do poder majoritário, uma competência decisória privilegiada (competência democrática) e pode ser inferido a partir do próprio princípio da separação de poderes (SILVA, 2005, p. 148), mas, principalmente, a partir de normas como a contida no parágrafo único do art. 1º da Constituição brasileira que tutela o regime democrático.

Isso não quer dizer que o legislador possa eliminar em definitivo e com caráter de generalidade a colisão, traçando na lei uma hierarquia definitiva entre preceitos constitucionais que não se aduz da Constituição, pois a lei sempre deixa aberta a possibilidade de que o princípio que concretiza seja ponderado com outros[80] (PRIETO SANCHÍS, 2003, p. 198). Contudo, essa ponderação deverá demonstrar, para além das razões que justificam a prevalência de um direito fundamental ou de outro, quais são aquelas que apontam para o fato de ter o legislador indevidamente restringido um dos direitos em conflito. Há que se ter presente, então, a existência de circunstâncias efetivamente *relevantes* não levadas em conta na lei, o que implicaria uma relativização do próprio princípio representativo em favor da normatividade constitucional. Nesse caso, na impossibilidade de poder ser interpretada em conformidade com o equilíbrio exigido pela Constituição (o que poderia

---

[80] Pois aqui o que se pondera não é a lei, mas o choque entre o princípio no qual está embasada e o outro que resulta restringido pela medida legal, pois só pode haver ponderação entre normas de igual hierarquia. O que pode incidir sobre a medida legal são as avaliações relativas à sua necessidade, adequação e proporcionalidade em sentido estrito, que são *regras* instrumentais e servem para aferir se a ponderação foi realizada de forma correta (ALEXY, 2001, p. 112, nota 84).

excluir sua aplicação no caso concreto), a lei haveria de ser considerada inconstitucional por restringir indevidamente determinado direito fundamental. Dessa forma, pode-se dizer que em regra a ponderação do legislador prevalece sobre a do juiz, mas não cancela definitivamente em abstrato aquilo que só se resolve *in concreto*.

Por fim, há que se referir ao fato de que a ponderação supõe o cumprimento de alguns passos que auxiliam na avaliação da racionalidade das decisões proferidas, e que têm sido considerados relevantes na doutrina e jurisprudência contemporânea para construir o juízo de proporcionalidade, implicado na própria ideia de princípio. Segundo esse raciocínio, a solução de conflitos entre os direitos fundamentais requer a aplicação do princípio da proporcionalidade, o qual encerra três máximas: as da *idoneidade, necessidade* e *proporcionalidade em sentido estrito* (ALEXY, 2004b, p. 38). Como os princípios são normas que ordenam que algo seja cumprido da melhor maneira possível, tendo em vista possibilidades fáticas e jurídicas, os dois primeiros subprincípios voltam-se para a adequada análise das circunstâncias fáticas envolvidas na aplicação normativa, enquanto que o terceiro, das circunstâncias jurídicas.

Em primeiro lugar, e antes de se partir para os subprincípios acima aludidos, há que se verificar se a medida ou o interesse que se pretende defender estão dirigidos a um fim constitucionalmente legítimo, de modo a justificar a intervenção na esfera de outro princípio, ou seja, há que se enquadrarem (conforme já referido), de forma correta, os interesses invocados em normas que definam direitos fundamentais, pois, se um deles não cumpre esse requisito, não há o que se ponderar, ou, dito de outro modo, não há conflito.[81]

Constatado o conflito, em segundo lugar, deve-se observar se a intervenção é *adequada* ao alcance da finalidade constitucionalmente invocada, ou seja, se é apta ou *idônea* a atingir o fim perseguido, pois, do contrário, se não se pode, através da medida ou do interesse defendido, alcançar uma finalidade constitucionalmente tutelada, então existe uma

---

[81] Aqui é necessário atentar para os casos em que a medida restritiva decorra de previsão legal. Nestas hipóteses, deve-se considerar que o legislador é dotado de autonomia política, esta, em si, um valor constitucional, que o autoriza a propor fins, desde que estes não sejam claramente incoerentes com o marco axiológico posto na Constituição. A Constituição não é exaustiva quanto às finalidades que podem ser perseguidas pelo legislador em sua atuação, possuindo este uma "margem para a fixação de fins" (ALEXY, 2004b, p. 32), de modo que esse primeiro passo desempenha para o legislador uma função mais negativa, pois não se impõe atingir um catálogo fixo de finalidades, simplesmente exclui a consideração de alguns vedados pela Constituição.

intervenção não justificada em um determinado princípio, uma vez que o princípio que lhe é tendencialmente oposto não logra nenhuma espécie de satisfação (ALEXY, 2004b, p. 39-41).[82]

Em terceiro lugar, avalia-se, ainda, se a intervenção pretendida é *necessária*. Isso implica em verificar se "dentre os meios igualmente idôneos foi escolhido o mais benigno ao direito fundamental afetado" (ALEXY, 2004b, p. 41). Esse passo aponta para uma exigência de argumentação por parte de quem decide dificilmente acomodável ao modelo de passividade jurisdicional tradicionalmente considerado. Aqui é exigido ao juiz não apenas que perquira sobre a legitimidade constitucional da medida restritiva. Diante da constatação de que a aplicação de um princípio importa em algum sacrifício ao cumprimento de outro, exige-se, ademais, que ele assuma a avaliação (empírica) sobre se não se poderia obter o mesmo resultado por medida ou ação menos lesiva, o que implica na necessidade de uma certa parcimônia quando se trate de controlar interesses tutelados pelo legislador, o qual deve ter, pelo menos, o benefício da dúvida no tocante à necessidade da escolha efetuada.

Por fim, posto que o interesse ou medida defendidos são idôneos e necessários, chega-se propriamente ao juízo de proporcionalidade, ou de proporcionalidade em sentido estrito, que representa efetivamente o juízo (ou lei) de ponderação, aqui já referido: "quanto maior o grau da não satisfação ou de afetação de um dos princípios, tanto maior deve ser a importância da satisfação do outro". Essa avaliação, por sua vez, comporta três passos. O primeiro define o grau de satisfação de um dos princípios. O segundo o grau de satisfação do princípio invocado em sentido oposto. Por fim, avalia-se se a importância da satisfação do princípio contrário justifica a afetação ou a não satisfação do outro (ALEXY, 2004b, p. 48). Diferentemente das máximas da adequação e da necessidade, o juízo de proporcionalidade em sentido estrito encerra um juízo normativo ou jurídico, pois não se indaga, do ponto de vista prático ou empírico, se o interesse perseguido é idôneo ou necessário à realização do direito no qual está amparado. Trata-se de determinar, tendo em vista as circunstâncias do caso concreto, que princípio deverá "pesar" mais do que o outro, dado o grau de intervenções recíprocas que a decisão comporta.

---

[82] Também aqui deve ser prestigiado o legislador sempre que a medida avaliada decorra do conteúdo legal. Neste sentido, afirma Prieto Sanchís (2003, p. 200): "Em minha opinião, dado o caráter fundamentalmente técnico e empírico do juízo de idoneidade, procede manter também um critério respeitoso com o legislador: não se trata de impor em via jurisdicional as medidas mais idôneas e eficazes para alcançar o fim proposto, mas tão só de excluir aquelas que possam apresentar-se como gratuitas ou claramente ineficazes".

Tanto o subprincípio da idoneidade quanto o da necessidade têm uma maior aplicação quando se trata de avaliar interferências públicas que concretizam interesses coletivos, as quais não constituem propriamente o objeto deste trabalho, pois estão em regra inseridas na relação particular *versus* Estado.[83] Tal não significa, contudo, que estão excluídos para o julgamento de condutas dos particulares, uma vez que essas se apresentam como decorrentes do exercício de determinados direitos fundamentais (normas principiológicas). Essas condutas em regra representam uma intervenção recíproca em ambos os direitos e essa intervenção há que se mostrar adequada e necessária à realização das normas em que estão fundamentadas, sob pena de atingirem indevidamente um princípio tendencialmente oposto.

Tomemos, por exemplo, o caso das antenas parabólicas (CANOTILHO, 2000, p. 111-112). Um inquilino estrangeiro pretendeu autorização, negada pelo senhorio do prédio, para instalar antena parabólica de televisão, visando melhor captar os programas do seu país de origem. Perante a recusa, o inquilino intentou ação contra o senhorio invocando o seu direito fundamental à informação. A recusa do senhorio, por sua vez, estava fundada no direito de propriedade e na proteção da autonomia privada. Antes de se partir propriamente para a ponderação, são passíveis de questionamento os seguintes fatos: (a) a instalação de antena parabólica é medida *adequada* a garantir o direito de informação do inquilino; (b) é *necessária*? Ou existem outras possibilidades de garantir o direito à informação menos gravosas para o proprietário do que a instalação da antena? Essas são avaliações empíricas que constituem etapas anteriores à aplicação da lei da ponderação, que, no caso citado, de acordo com o entendimento adotado pelo Tribunal Constitucional alemão, deveria resultar na regra segundo a qual, diante das circunstâncias específicas, deveria prevalecer o direito à informação (pois a instalação da antena se mostrava adequada e necessária à tutela do direito à informação, além de proporcional em sentido estrito). Aqui o Tribunal (fiel à teoria da eficácia mediata) entendeu que as normas

---

[83] Alexy (2001, p. 111-112) não deixa clara, na sua *Teoria dos direitos fundamentais*, a aplicação dos subprincípios da adequação e necessidade aos casos nos quais estejam envolvidos apenas sujeitos privados. Nas situações que ilustram a aplicação das regras, seja nas mais simples, que envolvam apenas dois princípios e dois sujeitos, ou nas mais complexas, que comportem mais de um princípio e sujeito, o Estado está sempre em um dos polos e se avalia uma medida administrativa ou judicial. Entretanto, por entender que "as máximas da necessidade e da adequação decorrem do caráter dos princípios como mandatos de otimização em relação a possibilidades fáticas", em tese, essas máximas seriam utilizáveis para a qualquer aplicação de normas principiológicas, ainda quando invocadas por particulares.

civis que estabelecem a "ordem dos contratos" devem ser interpretadas em conformidade com os direitos fundamentais e isso implicava o desprestígio da autonomia privada em favor do direito à informação, com ganho de causa para o inquilino.

4.3 O problema da construção de precedentes diante da impossibilidade de solução única para cada caso

Finalmente há que se fixar que, mesmo seguindo os passos acima descritos, não é possível falar na garantia de que em cada caso concreto exista uma única solução correta a ser adotada por quem decide. Cada uma das fases da argumentação comporta o exercício de valorações e escolhas em alguma medida pessoais e sujeitas à pré-compreensão de quem as efetua.[84] Assim, quando se avalia a própria aptidão das normas em conflito para reger o caso; quando se decide se um fim é constitucionalmente tolerado e apto a ser perseguido por quem invoca um direito fundamental; quando se examina a idoneidade ou necessidade da medida ou do interesse invocado ou, já na fase da ponderação, quando se pretende realizar a máxima da proporcionalidade em sentido estrito, estão em jogo questões discutíveis e abertas que dificilmente dispensam apreciações subjetivas (PRIETO SANCHÍS, 2003, p. 203).

Os princípios são normas que incrementam a indeterminação do Direito tornando o processo de aplicação problemático. Não se pode

---

[84] Este trabalho não desconsidera, assim, a influência da pré-compreensão nas tomadas de posição acerca dos conflitos entre os direitos fundamentais, apenas considera que ela não infirma nem torna sem sentido o procedimento da ponderação, como pode parecer a alguns (KAUFMANN, 2003, p. 134). A filosofia hermenêutica gadameriana, inspirada em Heidegger, não está propriamente preocupada com o desenvolvimento de um "método" ou uma "técnica" destinada a fixar o sentido da linguagem, e que possa ser colocado como "alternativo" à ponderação, mas com um modo de ser e de estar no mundo, o ser aí. Nesse sentido o problema gadameriano não é tanto um problema de interpretação, mas de ontologia (GADAMER, 2002, p. 31). O homem é hermenêutico, na medida em que é finito e histórico e isso é o que define e limita o todo de sua experiência no mundo. Assim, por ser o homem finito e histórico, toda e qualquer compreensão surge a partir de sua experiência no mundo como ser linguístico, sendo-lhe vedado o acesso a conteúdos que transcendem essa experiência histórica. Por isso, qualquer tentativa de se estabelecer uma fundamentação última é ilusória. Tal não significa que a pré-compreensão não possa ser enriquecida pela captação de conteúdos novos, que passam a integrar por sua vez o horizonte de sentido dentro do qual se comunica, mas que só uma reflexão que descobre sua própria historicidade é crítica (OLIVEIRA, 2001, p. 225-235) e esta afirmação não é em nada incompatível com a ponderação, pois esta não se pretende um procedimento neutro e totalmente infenso às influências da tradição.

obter dos juízes uma absoluta coerência nas suas decisões, tampouco a construção de um sistema consistente de Direito e moral que sirva para a solução de todos os casos, pois o conteúdo de um tal sistema não é compartido pelos juízes, tampouco pela sociedade em geral.

Há, contudo, quem não admita a existência de discricionariedade nas decisões judiciais e defenda uma teoria forte dos princípios que comporte, no momento da aplicação, uma única resposta correta. Tal concepção, que comporta elaborações de variados matizes e especificidades,[85] segue a tese defendida por Dworkin (2002, p. 165-203), para quem nos casos difíceis existe uma única resposta correta. Para Dworkin, a resposta correta seria a que pudesse ser obtida por uma teoria substantiva que contenha aqueles princípios e ponderações que melhor correspondam ao conteúdo da Constituição e dos precedentes. Uma resposta assim só poderia ser obtida se o julgador estivesse dotado das seguintes abstrações: a) tempo ilimitado; b) informação ilimitada; c) capacidade e disposição ilimitada para a mudança de catálogos e d) ausência de preconceitos ilimitada. Além disso, as normas deveriam ser dotadas, ainda, de uma clareza linguística ilimitada (ALEXY, 1998, p. 19-20).

Não se pode deixar de reconhecer, assim, a existência de algum grau de discricionariedade nas decisões proferidas, especialmente, nos casos difíceis. Essas situações colocam o julgador diante de um verdadeiro dilema e as decisões adotadas dificilmente estão imunes a inclinações subjetivas, inclinações essas nem sempre expressadas e que resultam de uma vivência compartilhada num mundo de história e de sentido em que quem decide está situado (Gadamer). Anular ou não uma cláusula contratual que impede uma mulher de ficar grávida por um período, relativizando a autonomia contratual e os argumentos de competitividade de uma empresa; decidir se funcionárias podem ser submetidas a "revista íntima" para impedir furtos em empresa de *lingerie*; se um pai pode privilegiar na parte disponível do seu testamento um filho são, em detrimento de outro filho deficiente físico; decidir se alguém pode ser conduzido "debaixo de vara" para realizar um exame de DNA; são situações que dificilmente poderiam ser resolvidas abdicando-se totalmente das próprias vivências.

Vasco Manuel Pascoal Dias Pereira da Silva (1986, p. 49-50) ilustra bem a influência de uma pré-compreensão nas tomadas de posição relativas a esses problemas, a partir da análise de dois teóricos portugueses de prestígio acerca de um mesmo caso, posto sob a apreciação

---

[85] Por exemplo, na linha da teoria do discurso, conferir (HABERMAS, 2003a, p. 314-323; GÜNTHER, 1995, p. 289-293).

do Tribunal Constitucional alemão. Trata-se do conflito já referido entre o senhorio de um prédio e o inquilino em torno da possibilidade de este último afixar cartazes de propaganda política (BVerfGE, v. 7, p. 230) na fachada do seu apartamento, o que foi negado pelo Tribunal em benefício da convivência pacífica dos moradores. Vieira de Andrade (1998, p. 294, nota 83) parece concordar com a ponderação efetuada, enquanto que, para Canotilho, teria havido uma "invasão inadmissível do foro espiritual e mundividencial da pessoa", sendo discutível a invocação da paz social para fundamentar o direito do senhorio, que, em realidade, poderia esconder a sua "antipatia totalitária" imposta por convicções políticas próprias, o que, aliás, parece bem convincente.

Contudo, o reconhecimento desse grau de subjetividade não significa que todas as decisões que apliquem princípios ou que resolvam conflitos entre direitos fundamentais sejam arbitrárias. O fato de que não se possa obter dos princípios constitucionais um conteúdo fechado e concludente, como ocorre mais facilmente no procedimento mais simples da subsunção (no qual, pela imprecisão inevitável das palavras, não se está também imune à subjetividade), não equivale à afirmação de que a aplicação de tais normas seja irracional.[86] Deve-se observar que a ponderação não exclui a obrigação de argumentar e de justificar a conclusão adotada à vista das "circunstâncias do caso", de modo que a solução seja acessível a um controle racional. O problema do procedimento a ser seguido para a garantia de que as decisões não sejam arbitrárias é papel de uma teoria da argumentação jurídica, cuja abordagem não pode ser aqui aprofundada (ALEXY, 2004a, p. 174).[87]

O que cabe aqui fixar é que a ponderação está destinada à construção de uma regra que deve seguir determinadas exigências de argumentação. Isso significa, ao menos, um respeito a um princípio de universalização que obriga, diante da impossibilidade de se obter uma

---

[86] Para Luiz Roberto Barroso (1996, p. 256): "a objetividade máxima que se pode perseguir na interpretação jurídica e constitucional é a de estabelecer os balizamentos dentro dos quais o aplicador da lei executará a sua criatividade, seu senso do razoável e sua capacidade de fazer justiça ao caso concreto".

[87] De acordo com Alexy não se pode interpretar sua teoria de direitos fundamentais sem levar em conta que ela está ligada a uma teoria da argumentação jurídica, posta como uma teoria do discurso racional. "Minha tese é que existe uma relação interna entre a teoria dos direitos e a teoria do raciocínio jurídico" (ALEXY, 1998, p. 33). Na concepção de direitos fundamentais como princípios estão implicadas "estruturas racionais para o raciocínio" que, contudo, nada dizem acerca do seu conteúdo. Este poderá ser considerado racional ou irracional a partir do cumprimento de regras discursivas procedimentais, que procure não suprimir pessoas e argumentos salvo "por razões pragmáticas que tem de ser justificadas" (ALEXY, 1998, p. 31-32). Para um aprofundamento do assunto, ver (ALEXY, 1997, p. 203 *et seq.*).

única resposta correta, "a considerar todas as circunstâncias relevantes e a justificar à vista delas uma solução suscetível de ser assumida no futuro por todos e, em primeiro lugar, pelo próprio juiz" (PRIETO SANCHÍS, 2003, p. 206-207). Se a ponderação não pode dar lugar a uma única solução, também não pode comportar qualquer solução. Diante da necessidade de se considerar todas as propriedades relevantes de determinados casos e de decidir de forma mais adequada ao conteúdo das normas envolvidas, pode-se construir uma hierarquia condicionada entre os valores em conflito que seja suscetível de universalização e que sirva de precedente para situações posteriores. Em outras palavras, é possível construir um conjunto relativamente coerente de relações de precedência a partir da multiplicidade de decisões ponderativas, e, assim, sucessivamente, ir moldando um sistema abstrato de prevalências, apto a balizar as decisões dos casos posteriores, sistema do qual o aplicador para afastar-se deveria assumir a carga da argumentação. Isso, frise-se, sem que se possa deixar de pensar na existência de outras propriedades justificadoras, no caso concreto, de produzir uma alteração na ordem dos princípios (BOROWSKI, 2000, p. 47). Assim é que se estabelecem os parâmetros para a resolução dos conflitos.

4.4 Precedências *prima facie*

Do exposto acima já se conclui que o fato de que não se possa estabelecer uma hierarquia absoluta entre os diversos direitos fundamentais, a partir simplesmente da normativa constitucional, não impede que sejam propostas prioridades *prima facie* entre direitos fundamentais eventualmente invocados em situação de conflito (ALEXY, 1998, p. 17). Essas prioridades levam em conta a existência de determinadas circunstâncias tidas por relevantes e sob as quais um direito fundamental deve prevalecer sobre outro invocado em sentido contrário. Tal hierarquia não é absoluta e aplicável a todo e qualquer caso no qual se verifiquem as circunstâncias selecionadas. Ela estabelece "cargas" para a argumentação que criam uma ordem *débil* entre os princípios envolvidos, na qual um prevalece sobre o outro, em face de razões que devem ser explicitadas. Essas prioridades *prima facie* podem ser estabelecidas tanto pela doutrina quanto pela jurisprudência na solução de casos anteriores e auxiliam na construção de parâmetros para a solução das colisões.

Assim ocorreu no caso Lebach (ALEXY, 2001, p. 95-96), julgado pelo Tribunal Constitucional alemão. Determinada rede de televisão pretendia, por ocasião da libertação de um condenado por crime de homicídio, veicular uma matéria sobre o crime que este cometera anos atrás e pelo qual havia sido condenado. O condenado se insurgiu contra a exibição do programa sob o argumento da ofensa ao princípio da dignidade da pessoa humana (art. 1.1 da LF) e ao livre desenvolvimento de sua personalidade (art. 2.2, frase 1 da LF), sobretudo porque a exibição prejudicaria a sua ressocialização. O Tribunal Constitucional alemão estabeleceu que o direito ao livre desenvolvimento da personalidade deve prevalecer sobre a liberdade de imprensa nas circunstâncias em que a informação sobre um fato delitivo grave não seja atual e quando ponha em perigo a ressocialização de determinada pessoa (ALEXY, 2001, p. 95-96). Nesse caso, o dano à personalidade do atingido seria maior do que o objetivo de informar, perseguido com a veiculação da notícia. Embora a conclusão a que chegou o Tribunal seja passível de questionamento, pois não se justifica de forma convincente o fato de que a notícia não era atual e que, realmente, ela poria em perigo a ressocialização do autor (daí a necessidade de que o juízo de ponderação seja complementado com argumentos de outra ordem), ela ilustra bem a possibilidade de se estabelecer uma relação de precedência condicionada que pode ser utilizada em outros casos, pois, na construção do raciocínio se estabelece uma regra relativamente abstrata segundo a qual, no caso em que se pretenda veicular uma notícia não atual sobre um delito grave, a tutela da personalidade deve prevalecer sobre a liberdade de informação (ALEXY, 1998, p. 15).

Assim, em se tratando de conflitos entre direitos fundamentais invocados por dois particulares, pode-se antecipar determinadas circunstâncias nas quais, em princípio, pode-se propor uma precedência entre os direitos em colisão, tendo em vista uma carga maior que conta em favor de um deles.

No capítulo 3 deste trabalho fizemos referência a diversas circunstâncias consideradas relevantes no debate para se afirmar uma eficácia direta ou apenas indireta dos direitos fundamentais nas relações privadas e de acordo com as quais se fixavam diferentes conclusões. Essas circunstâncias, embora não sejam relevantes, por si só, para afastar (ou afirmar) uma eficácia imediata dos direitos fundamentais nas relações privadas, podem ser consideradas como relevantes para se estabelecerem precedências *prima facie* de determinados direitos. Exemplos delas são a existência de relações de poder[88] que distorcem o

---

[88] Circunstância considerada de suma importância por Nipperdey para defender uma eficácia imediata dos direitos fundamentais (ver capítulo 3, item 3.1, *supra*).

princípio da igualdade das partes (SILVA, 1986, p. 50; ANDRADE, 1998, p. 284) e a importância da tutela da autonomia privada quando essa proteja interesses existenciais e determinantes da personalidade humana (HESSE, 2001, p. 72-73). A proposta de precedências *prima facie* reduz, ainda, o problema da insegurança jurídica para o tráfico jurídico-privado, apontada pelos críticos da eficácia privada dos direitos fundamentais.

Quanto à aplicação dos direitos fundamentais no âmbito de relações de poder, o próprio Vieira de Andrade (1998, p. 286), um dos defensores mais veementes da tese de que apenas nesses casos haveria uma eficácia direta, reconhece que o critério da desigualdade ou do poder social não deve ser entendido como um critério classificatório, de modo que fosse possível determinar abstratamente as entidades que, além do Estado, seriam sujeitos passivos de direitos fundamentais. Para o autor este é "sobretudo, um critério teleológico que em concreto permite estender por analogia e graduar a eficácia dos direitos e liberdades nas relações privadas". Isso decorreria do fato de que as situações de poder social são várias e distintas e o "grau e medida da aplicabilidade imediata dos direitos, liberdades e garantias têm necessariamente de variar conforme os tipos de situações e as circunstâncias que só em concreto podem em última análise ser determinadas". Essa variação indica que a relação de poder existente entre menores e pais (ou tutores) e aquela que liga um empregador a um empregado ou os consumidores a uma empresa monopolista não podem ser tratadas da mesma forma, do mesmo modo que as relações que ligam grupos e determinados membros, conforme sejam ordens religiosas, sindicatos, partidos ou outros tipos de associações, também merecem tratamento diferenciado.

Essa afirmação vem corroborar a dificuldade do critério relativo ao poder social para se afirmar ou negar, em tese, a possibilidade de uma eficácia direta dos direitos fundamentais nas relações privadas. O reconhecimento de que essas relações de poder não são homogêneas, podendo ter diferentes repercussões para a submissão dos respectivos titulares aos direitos fundamentais, indica que o critério deva ser tomado apenas como circunstância relevante *prima facie* para fazer prevalecer, em caso de conflito, o direito invocado pela parte que está submetida à outra mais poderosa. Essa precedência, contudo, não é absoluta e deve ser aplicada de acordo com as particularidades do caso concreto, podendo, inclusive, ser afastada, o que não significa afirmar que nas relações entre iguais esteja descartada, sem mais, uma eficácia direta das normas definidoras de direitos fundamentais.

É possível, então, traçar, sob algumas circunstâncias, um quadro de precedências *prima facie* no que diz respeito aos conflitos ora tratados. Tomemos, como exemplo, uma situação na qual exista um vínculo negocial entre as partes envolvidas no conflito; como vimos, situação mais significativa para o tema ora tratado, tendo em vista a afetação da autonomia dos particulares. Suponha-se, assim, o caso em que um particular pretenda anular cláusula contratual por entendê-la ofensiva a um seu direito fundamental. Vimos que, aqui, teremos, em regra, um conflito entre o princípio da autonomia privada (invocado pela parte que quer manter o contrato), de um lado, e um outro direito fundamental, de outro.

Se estivermos diante de uma situação em que dois particulares estejam em pé de igualdade fática (a), nem por isso se afasta uma eficácia imediata dos direitos fundamentais — como pretende Vieira de Andrade (1998, p. 285).[89] Contudo, pode-se, tendo em vista o maior peso que nessa circunstância apresenta o princípio da autonomia privada,[90] pois aqui não está em jogo o risco de submissão do interesse da parte mais fraca ao da mais forte, estabelecer uma precedência desse princípio sobre um outro direito eventualmente invocado. Nessas situações, a "carga" agressiva ou interventiva do exercício da autonomia privada em relação a um outro direito constitucionalmente tutelado não é, em regra, significativa. Por outro lado, essa precedência está em harmonia com a ideia de que a Constituição deve ser interpretada no sentido de consagrar o princípio da liberdade como regra das relações entre indivíduos (iguais), tendo em vista que os direitos fundamentais, embora adaptados ao processo de socialização, não perderam uma matriz "libertadora" (ANDRADE, 1998, p. 293).

Essa precedência, contudo, pode ser modificada (b) se o direito que no caso concreto entra em conflito com a invocação da autonomia privada envolve questões de natureza tipicamente existencial,[91] enquanto a primeira é invocada para a salvaguarda de interesses patrimoniais. Aqui, mesmo numa situação de igualdade fática entre os dois particulares, pode-se estabelecer uma prevalência do direito

---

[89] Ver capítulo 3, item 3.4 (*supra*).

[90] Que tutela, também, a possibilidade de se restringir livremente os próprios direitos (HESSE, 2001, p. 64).

[91] Aqui se trata dos direitos que tutelam a personalidade "como conjunto de características e atributos da pessoa humana, considerada como objeto de proteção por parte do ordenamento jurídico. A pessoa vista deste ângulo há de ser tutelada das agressões que afetam a sua personalidade, identificando a doutrina, por isso mesmo, a existência de situações jurídicas subjetivas oponíveis *erga omnes*" (TEPEDINO, 2004, p. 27).

fundamental de cunho existencial sobre o princípio da autonomia privada. Isso em função da importância que a defesa desses direitos representa para a própria ideia de dignidade humana, considerada, no ordenamento constitucional brasileiro, fundamento do próprio Estado (art. 1º, III). Esses direitos, de que são exemplo a liberdade de manifestação de pensamento (art. 5º, IV); a liberdade de consciência e crença (art. 5º, VI); a liberdade de expressão da atividade intelectual, artística e científica (art. 5º, IX); a proteção da intimidade, da honra e da imagem (art. 5º, X); a liberdade de locomoção (art. 5º, XV); a liberdade de exercício de qualquer trabalho, ofício ou profissão (art. 5º, XIII), expressam atributos vitais e essenciais para a afirmação e o desenvolvimento do indivíduo como pessoa livre e autônoma, o que justifica uma carga argumentativa em seu favor sempre que estejam em confronto com interesses estritamente patrimoniais. A prevalência, contudo, não se aplica aos casos (e isso é possível) em que a própria autonomia privada é invocada para a tutela de interesses igualmente existenciais, o que só pode ser avaliado no caso concreto.

Por outro lado, (c) na circunstância de estarem os particulares em situação de desigualdade fática,[92] deve ser estabelecida a prevalência do direito que joga no sentido contrário à autonomia privada, quando esta é invocada pela parte mais poderosa (seja ele de caráter existencial ou estritamente patrimonial), pois tem-se como relevante uma carga agressiva maior dessa última e uma maior possibilidade de que o seu exercício abusivo restrinja indevidamente o direito da parte contrária.

Entretanto, pode acontecer que, (d) mesmo numa situação de desigualdade fática, a autonomia privada seja invocada para tutelar situações existenciais e, aí, a prevalência anterior não pode, pura e simplesmente, ser estabelecida. *Prima facie*, a tutela de situações existenciais deve gozar de maior peso diante de princípios que envolvam apenas interesses patrimoniais. Sendo este o caso, a autonomia privada teria peso maior ou similar ao direito invocado em sentido contrário. O "cálculo", contudo, deveria considerar, também, a situação de desigualdade e a possibilidade de, mesmo tutelando situações existenciais, a

---

[92] Aqui se entende a desigualdade como aquela que se instala numa relação (empírica) de poder, seja ele econômico, social, político ou cultural. Verifica-se "*in concreto*, a condição econômico-financeira, a posição social, a influência (prestígio) na comunidade e na capacidade reflexiva dos particulares contratantes e avaliar em que medida todas, algumas ou uma dessas variáveis foram ou são determinantes para a restrição (ou para a renúncia) contratual a direito fundamental dos particulares" (STEINMETZ, 2004, p. 223). Principalmente, é necessário aferir se uma das partes é poderosa o suficiente para condicionar, de forma importante, aspectos da vida do outro particular, interferindo na sua capacidade de escolha.

autonomia privada ter sido exercida de forma abusiva, o que conta em favor do direito invocado em sentido oposto, e que, de certa forma, "empataria" no plano abstrato a situação. O equilíbrio deve ser buscado à luz das circunstâncias concretas.

Resumindo, teremos o seguinte quadro:

a) em caso de desigualdade fática verificada entre as partes envolvidas no conflito, o direito fundamental invocado pela parte dotada de menor poder social deve possuir, *prima facie*, um peso maior do que a autonomia privada invocada pela parte mais forte;

b) o princípio invocado para tutelar situações existenciais deve possuir, *prima facie*, um peso maior do que o invocado para proteger estritamente patrimoniais.

Esses parâmetros podem ser aplicados também nas situações que não envolvam um vínculo jurídico entre as partes, pois também nelas há que se conferir um peso maior aos argumentos que sejam mais significativos para a afirmação do indivíduo como pessoa, assim como para aqueles sustentados pela parte dotada de menor poder e capacidade de autodeterminação diante da outra, desde que essa circunstância seja relevante no caso.

Essas precedências, contudo, auxiliam, mas não resolvem definitivamente, as múltiplas e complexas situações de conflito que ocorrem *in concreto*. Nessas, mesmo as máximas da idoneidade, necessidade e da proporcionalidade em sentido estrito não serão suficientes para garantir a tomada de decisões, sempre justificadas e não arbitrárias. Aqui contarão argumentos que demonstrem estar atento o julgador para as circunstâncias postas no conflito e, principalmente, a sua capacidade de se pôr no lugar das partes e de tomar como relevantes aspectos de fato importantes para uma solução mais justa, sem desconsiderar o conteúdo da Constituição ao qual está adstrito. A "receita" para isso não está no texto normativo, mas na vivência de cada um, embora ajude a busca de um procedimento argumentativo que seja capaz de explicitar de forma clara e criticável os fundamentos levados em conta para decidir.

4.5 Aspectos específicos da aplicação do princípio da igualdade nas relações entre particulares

O problema da aplicação do princípio da igualdade é especialmente significativo para o tema ora tratado. Este trabalho afirma desde o princípio uma eficácia direta dos direitos fundamentais nas relações privadas, portanto a possibilidade de um particular invocar frente a outro, diretamente, norma definidora de direitos fundamentais, e, isso, independentemente da natureza da relação privada ou dos direitos envolvidos.

Essas considerações específicas vêm a propósito de que alguns autores costumam tratar à parte os problemas decorrentes da aplicação do princípio da igualdade entre os particulares, estabelecendo para ele conclusões especiais (ANDRADE, 1998, p. 295-300; STEINMETZ, 2004, p. 230-263). Exemplo disso é a afirmação de Vieira de Andrade (1998, p. 296) de que o princípio da igualdade "não é aplicável nas relações privadas enquanto *proibição do arbítrio* ou imperativo de racionalidade de atuação". Isso porque considera que:

> o homem não é apenas um ser racional, nem é perfeito, e a ética jurídica não pode pretender que ele o seja. A liberdade do homem individual inclui necessariamente uma margem de arbítrio, é também uma liberdade emocional.

A aplicação do princípio da igualdade nas relações privadas tem especial significação para o exercício da liberdade negocial, especialmente para a escolha de *se, como* e *com quem* contratar, mais amplamente, para a celebração e definição de conteúdo dos atos negociais com relação a diferentes indivíduos. A negativa de celebrar negócios jurídicos com determinadas pessoas ou o conteúdo diferenciado adotado em relação a algumas delas pode gerar, por parte de um particular, a invocação do mandamento de igualdade previsto na Constituição (art. 5º, *caput*, da CF).[93]

Não há dúvida de que assiste razão ao professor português. A proibição do arbítrio (no sentido de escolha desarrazoada) não pode ser imputada aos particulares do mesmo modo como o é em relação aos poderes públicos, em muitas das situações que envolvem a aplicação do princípio da igualdade. Já foi dito que a aplicação dos direitos fundamentais às relações privadas, quaisquer que sejam eles, não pode se dar de forma idêntica àquela em que se aplicam direitos fundamentais

---

[93] Para STEINMETZ (2004, p. 241), o princípio da igualdade, contido nessa chamada *cláusula geral de igualdade*, implica o mandamento de tratamento igual, o mandamento de tratamento desigual ou de diferenciação (decorrente do princípio de tratar desigualmente os desiguais), ambos aspectos da *dimensão positiva* do princípio da igualdade, e um mandamento de não discriminação (art. 5º, *caput, in fine* c/c art. 3º, IV, da CF), este último representando uma dimensão negativa do princípio da igualdade. Ambas as dimensões, contudo, a depender das circunstâncias, vinculam os particulares (STEINMETZ, 2004, p. 259-263). A nosso ver, a distinção não possui maiores significações para o tratamento do tema no presente contexto.

contra o Estado. A colisão que se instala entre dois privados possui aspectos específicos a serem levados em consideração, que não são relevantes em se tratando de relações nas quais num dos polos está o Poder Público. No tocante à aplicação do princípio da igualdade não é diferente, embora, reconheça-se, com maior razão há que se ter cuidado na aplicação desse princípio às relações entre os particulares, tendo em vista a importância da livre determinação para os indivíduos.

É possível, assim, afirmar, já no plano teórico, que a aplicação do princípio da igualdade aos particulares não pode se revestir, sem mais, de uma regra de proibição de discriminações[94] desarrazoadas,[95] no sentido de que haveria um dever de sempre fundamentar juridicamente as diferenciações privadas com base em valores socialmente relevantes ou em parâmetros fundados em critérios de "razoabilidade", pelo menos não nos mesmos moldes exigidos para os Poderes Públicos. Isso significa que não se aplica às relações privadas o enunciado que diz "se não há nenhuma razão suficiente para a permissão de um tratamento desigual, então está ordenado um tratamento igual" (ALEXY, 2001, p. 395), o que corresponde à exigência de que o tratamento desigual corresponda a uma "diferenciação objetivamente justificada" (LARENZ, 1993, p. 141-142) ou se baseie em um "critério material objetivo" (CANOTILHO, 1999, p. 401) ou, ainda, esteja sujeito a uma "razão valiosa" (MELLO, 2004, p. 41), retirada da Constituição.

---

[94] STEINMETZ (2004, p. 242-243) confere ao termo "discriminação" o específico sentido de diferenciação ilegítima ou vedada pela Constituição, não sendo, segundo entende, um "termo neutro". Nesse sentido, não existiriam discriminações legítimas ou ilegítimas, pois toda ela decorreria de um injusto e inconstitucional exercício do direito de diferenciar. O que se pode cogitar é de *diferenciação* (termo neutro) constitucional, esta sim, podendo ser legítima ou ilegítima. Desse modo, toda diferenciação ilegítima seria uma *discriminação*. Para o autor isso decorreria da linguagem utilizada nos documentos "internacionais de proteção dos direitos humanos" e na própria Constituição Federal. A nosso ver, não há razão importante para este tipo de redução terminológica. Ao teor do texto constitucional brasileiro não é incorreto o uso neutro do termo "discriminação", comportando aquelas legítimas e as ilegítimas (estas últimas geralmente com motivos citados expressa, embora não exaustivamente, no texto normativo), tampouco à luz dos documentos internacionais e da doutrina em geral. A distinção não tem consequência prática, de modo que este trabalho utiliza o termo "discriminação" como termo neutro, comportando tanto condutas legítimas como ilegítimas ao teor da Constituição.

[95] No dizer do Tribunal Constitucional alemão, "quando para a diferenciação legal não é possível encontrar [...] uma razão razoável, que surja da natureza da coisa ou que, de alguma forma, seja concretamente compreensível" (ALEXY, 2001, p. 395). Essa é a tendência observável no STF, cuja jurisprudência tem entendido possíveis tratamentos desiguais desde que sejam compatíveis com o princípio da razoabilidade e da proporcionalidade (ADIN nº 1.326-SC – *RTJ* 168/414-419; ADIN nº 1.753-DF – *RTJ* 172/32-41; ADIN nº 1.813-DF – *RTJ* 167/93-95).

Entretanto, a aplicação do princípio da igualdade nas relações entre particulares não está totalmente vedada, seja mediante a atividade legislativa concretizadora, através de leis restritivas que, "por força de imposições constitucionais" ou de "obrigações internacionais"[96] (ANDRADE, 1998, p. 297-298), imponham deveres específicos de igualdade de tratamento, seja através de uma aplicação direta das normas constitucionais, sempre que, dadas determinadas circunstâncias excepcionais, existam razões justificadoras do impedimento à discriminação entre sujeitos privados.

Aqui também não é necessário cogitar uma eficácia apenas mediata da aplicação do princípio da igualdade às relações privadas, e, neste aspecto, tal como os demais princípios constitucionais, não há porque negar ao princípio da igualdade uma eficácia imediata nas relações privadas (CANOTILHO; MOREIRA, 1993, p. 131). Apenas deve-se ter um maior rigor no momento de exigir um tratamento igualitário nessas situações, ou seja, no momento da resolução do conflito instalado entre o princípio da autonomia privada e o princípio da igualdade, atentando para o caráter excepcional da exigência, tendo em vista as particularidades das prerrogativas titularizadas pelos particulares e que não se aplicam ao Estado. Neste sentido, leciona Luis Prieto Sanchís (1994, p. 255):

> [...] é evidente, por exemplo, que os particulares podem adotar decisões ou subscrever contratos atendendo a critérios discriminatórios vedados ao poder público. Porém, isso não sucede porque a igualdade seja irrelevante nas relações privadas, senão porque deve-se conjugá-la com a liberdade ideológica e pessoal dos indivíduos. Se um particular pode ter uma liberalidade com a confissão religiosa de sua preferência e, em contra-partida, essa mesma conduta seria tachada de discriminatória se a realizasse o Estado, não é porque o princípio da igualdade jogue somente ante o poder público, senão porque este carece de liberdade religiosa e, em contrapartida, no âmbito privado o princípio igualitário há de se conjugar com a liberdade dos demais indivíduos.

Assim, não deixam de ser relevantes os parâmetros propostos para a solução dos conflitos privados citados no item *supra*, pois, tanto a situação de desigualdade fática constatada na relação quanto a significação existencial dos direitos invocados por ambas as partes devem

---

[96] Vieira de Andrade (1998, p. 297, nota 90) cita como exemplo convenções internacionais para a eliminação de todas as formas de discriminação racial ou convenções contra a discriminação das mulheres.

ser levados em conta no momento da aplicação do princípio. Desse modo, tomando como exemplo a liberdade de escolha do contratante, pode-se afirmar, com Vieira de Andrade (1998, p. 298), que, a princípio:

> Quando estejam em causa situações em que certas pessoas coletivas, grupos ou indivíduos detenham posição de domínio econômico ou social, por gozarem, por exemplo, de uma situação de monopólio, não deve permitir-se que invoquem a liberdade negocial para escolher arbitrariamente a contraparte ou impor a exclusão de terceiros. (ANDRADE, 1998, p. 298)

Vieira de Andrade (1998, p. 298, nota 94) cita como exemplos a impossibilidade de se impedir o uso de uma "única piscina da vila aberta ao público" por determinadas categorias de pessoas, em razão de sexo, raça, língua, condição social etc. Ou o impedimento por parte de uma grande empresa, com forte posição no mercado de trabalho, em recusar admitir um trabalhador apenas por razões religiosas, de raça etc. (ao contrário, por exemplo, da possibilidade de livre escolha do pessoal que presta serviços domésticos).

Note-se que nessas situações aparecem como relevantes para a solução do conflito não apenas o problema da desigualdade fática da relação, mas também o critério da *impessoalidade* do vínculo, que, em última análise, implica numa maior ou menor significação existencial do princípio da autonomia privada para a livre determinação das pessoas. A liberdade de escolha de um empregado doméstico, pela proximidade das pessoas envolvidas na relação, deve ser considerada mais importante, tendo em vista os aspectos existenciais da liberdade negocial que não comparecem na contratação de um empregado por uma grande empresa monopolista.

Também não há que se desconsiderar, e isso mesmo nas relações entre iguais ou nas quais o vínculo seja estabelecido entre pessoas próximas (casos em que haveria que se conferir um peso maior à autonomia privada), os aspectos existenciais implicados na invocação do próprio princípio da igualdade, especialmente quando a discriminação seja efetuada com base em critérios atentatórios à consciência e à dignidade humana. Assim podem se apresentar os critérios baseados na distinção de raça, de opção sexual, convicções políticas, religiosas, sexo etc. Os autores em geral, mesmo os que defendem uma aplicação apenas mediata do princípio da igualdade, através das cláusulas gerais dos bons costumes, da ordem pública ou do abuso de direito, não destoam em restringir a liberdade de escolha privada, em favor do tratamento igualitário, quando a distinção esteja fundada num desses motivos, especialmente quando implique tratamento vexatório e humilhante à parte discriminada (ALFARO ÁGUILA-REAL, 1993, p. 113-114). Ora, aqui também conta o parâmetro que confere maior peso ao princípio da igualdade, tendo em vista o caráter existencial presente na sua invocação.

Há, ainda, que se aludir às circunstâncias nas quais existe uma "emissão geral de vontade de contratar" efetuada, em regra, por estabelecimentos abertos ao público (restaurantes, cinemas, supermercados etc.). Essa circunstância é tomada pela doutrina como significativa para tornar possível uma obrigação de contratar com todas as pessoas que apresentem interesse e, acrescente-se, de tratar de forma igualitária todos os contratantes, especialmente quando a distinção implique colocar o discriminado em situação vexatória (ANDRADE, 1998, p. 299). Nesse sentido, na doutrina brasileira, afirma Celso Ribeiro Bastos (1999, p. 183-185) que:

> [...] submetem-se ao princípio isonômico aqueles que, embora na condição de particulares, prestam uma atividade voltada ao público em geral. Por exemplo: donos de lojas, supermercados, restaurantes, teatros. Resultaria plenamente lesado o princípio isonômico se o proprietário negasse o serviço de seu estabelecimento a determinadas pessoas por critérios totalmente subjetivos e desarrazoados.

Também essas situações estão ajustadas ao parâmetro que prestigia a tutela de aspectos existenciais da pessoa, envolvidos na invocação do princípio da igualdade. A recusa ao atendimento de determinadas pessoas por esses estabelecimentos implica, pelo simples fato de serem abertos ao público em geral, *quando não haja uma razão que não decorra da simples discriminação* (como o comportamento inadequado do particular que cause dano ao estabelecimento), em tratamento vexatório e humilhante ao discriminado, que justificaria a obrigatoriedade de tratamento indistinto.

Contudo, como sucede na aplicação de outros princípios constitucionais, o princípio da igualdade pode não prevalecer mesmo em situações em que as distinções sejam fundadas em um daqueles motivos que, em circunstâncias outras, interviriam indevidamente na seara existencial do discriminado ou seriam atentatórios à consciência ou à dignidade humana, ou mesmo quando sejam praticadas pelo particular dotado de maior poder social. Tome-se como exemplo o caso da admissão dos associados aos partidos políticos. Nesse sentido, Vieira de Andrade (1998, p. 299) afirma que um partido político pode discriminar determinados candidatos, na admissão, por convicções políticas, sem abandonar o quadro de sua racionalidade. O autor admite, ainda, que em certas circunstâncias, quando esteja em causa a "capacidade objetiva para o exercício de uma função", um empregador pode solicitar e contratar exclusivamente trabalhadores de um dos sexos, embora seja a nosso ver discutível que nessa situação não haja uma discriminação ilegítima àquele cuja contratação foi recusada. Esses parâmetros, portanto, valem *prima facie*, e não dispensam uma análise cuidadosa das circunstâncias concretas, quando o conflito é resolvido de maneira definitiva para o caso específico.

É claro que desta análise estão excluídas as questões relativas à tipificação criminal de algumas condutas, problema esse independente e fora do campo de interesse do presente trabalho, cujo foco são os problemas civis (privados). Ressalte-se que, na seara criminal, não se pode, inclusive, falar em aplicação direta do princípio da igualdade, uma vez que o princípio da legalidade penal exige lei específica tipificadora (art. 5º, XXXIX). Trata-se aqui, de se questionar em que situações o tratamento discriminatório, por inconstitucional e ilegítimo, poderia suscitar possíveis indenizações, desde que se prove (o que é muitas vezes difícil) que não haveria "uma razão justificadora para o fato e que dele resultou prejuízo real para o indivíduo atingido" (ANDRADE, 1998, p. 209). O fato de estar a situação tipificada como crime pode, é claro, ser definitiva para a produção de efeitos na esfera civil. Mas o problema se põe também nos casos em que a discriminação não chegue a constituir conduta criminosa.

Em resumo, pode-se afirmar que a aplicação do princípio da igualdade às relações privadas não difere significativamente da aplicação de outros princípios constitucionais. Há que se atentar (como de resto também em relação aos demais direitos) para o fato de que o princípio da igualdade não pode ser aplicado do mesmo modo como o é em relação ao Estado, pois os particulares não estão obrigados a *sempre* apresentar uma justificação racional para a diferenciação. Portanto, aqui, a regra é a da liberdade de escolha (BILBAO UBILLOS, 1997a, p. 414). Nesta regra podem estar inseridas inúmeras situações, nas quais o princípio da liberdade negocial deve, em princípio, prevalecer sobre o mandamento de igualdade. Steinmetz (2004, p. 262), cita como exemplos a liberdade do testador de dividir os bens de sua cota disponível; do comerciante de dar descontos diferenciados para pessoas amigas; do esportista de conceder entrevistas a apenas algumas empresas de comunicação; do professor na manifestação de simpatia por alguns alunos; do médico para cobrar preços diferenciados em iguais procedimentos a alguns pacientes; do locador em oferecer iguais descontos e carências para todos os locatários etc. Aqui contam principalmente critérios intimamente ligados a uma pessoalidade da relação, que implica um princípio de autodeterminação, especialmente quando esta envolva aspectos afetivos determinantes da escolha.

Algumas situações, contudo, comportam aspectos mais polêmicos e não se pode negar o peso da pré-compreensão do julgador no momento de decidir. Por exemplo, se mesmo na sua cota disponível, o testador pode privilegiar um filho são em detrimento de um outro deficiente físico. Mas a dificuldade e a polêmica na solução dos conflitos entre direitos fundamentais nas relações privadas não são privilégio da aplicação do princípio da igualdade e decorrem da característica de "casos difíceis" de que, em geral, se revestem, estes conflitos.

O capítulo seguinte pretende abordar e tecer algumas considerações críticas sobre como a jurisprudência brasileira vem decidindo e solucionando os conflitos relativos à aplicação dos direitos fundamentais às relações entre particulares, inclusive os que envolvem a aplicação do princípio da igualdade.

Capítulo 5

A Análise Concreta da Eficácia Privada dos Direitos Fundamentais na Jurisprudência Constitucional Brasileira

Sumário: 5.1 Considerações iniciais – **5.2** A aplicação do princípio da igualdade às relações privadas: o caso do tratamento desigual de empregado brasileiro efetuado pela empresa aérea *Compagnie Nationale Air France* – **5.3** O direito à intimidade e à privacidade e o exercício da liberdade contratual: o caso da exigência de revista íntima por parte da empresa de *lingerie De Millus S. A.* – **5.4** O direito ao conhecimento da origem genética e a proteção da integridade física: o caso da "condução do réu debaixo de vara" para realização do exame de DNA – **5.5** O conflito entre a autonomia privada e o direito ao contraditório e à ampla defesa: os casos da exclusão de sócios de cooperativas e associações – **5.6** O problema da impenhorabilidade do bem de família do fiador e a garantia de não intervenção pelo locatário no seu direito constitucional à moradia

5.1 Considerações iniciais

Estabelecidos nos capítulos anteriores os pressupostos doutrinários do problema relativo à eficácia dos direitos fundamentais nas relações entre particulares, inclusive em face do ordenamento brasileiro, este último capítulo pretende verificar como a jurisprudência brasileira vem se posicionando diante do assunto, por ocasião da análise das situações concretas postas ao seu crivo.

Embora o tema da eficácia privada dos direitos fundamentais tenha suscitado debates importantes na jurisprudência estrangeira, em especial na Alemanha, Espanha e Portugal, na jurisprudência nacional iniciam-se agora os debates relativos aos aspectos do tema abordado neste trabalho.

Não que questões atinentes a conflitos de direitos fundamentais nas relações privadas não tenham sido postas sob a análise da jurisprudência nacional, elas foram, e em inúmeros casos. Basta citar as diversas decisões proferidas nos tribunais brasileiros acerca da responsabilidade civil por dano moral e material resultante de abusos no exercício da liberdade de expressão que, não raro, se encontram diretamente fundamentadas no art. 5º, V e X, da Constituição Federal.[97] Pode-se mesmo afirmar uma inclinação para a aceitação de uma eficácia direta dos direitos fundamentais nas relações privadas (SARMENTO, 2004, p. 303).

O próprio procedimento da ponderação de direitos constitucionais não tem sido incomum na jurisprudência nacional. É ilustrativa dessa tendência a decisão proferida pela 5ª Câmara Cível do Tribunal de Justiça do Rio Grande do Sul, na Apelação Cível nº 59614562, relatada pelo desembargador Araken de Assis, e assim ementada:

> CIVIL. REPARAÇÃO DE DANO MORAL. CONFRONTO ENTRE LIBERDADE DE EXPRESSÃO E CRÍTICA E DIREITO À TUTELA DA IMAGEM E DA HONRA. DISTINÇÃO ENTRE ATIVIDADE PÚBLICA E PRIVADA DA PESSOA. POSIÇÃO DE PREPONDERÂNCIA DA LIBERDADE DE CRÍTICA, NO CAMPO DAS ATIVIDADES PÚBLICAS, NO CONFRONTO COM A IMAGEM
>
> 1. A honra e a imagem integram os direitos da personalidade, tutelados na Constituição (art. 5º, V e X), bem como a liberdade de expressão e de crítica (art. 5º, IV). No eventual conflito entre tais valores, há de se distinguir, nas atividades da pessoa, a esfera pública da esfera privada. Quando alguém exerce atividade pública saindo da vida privada, se torna passível de crítica, agasalhada pela preponderância da liberdade de expressão. Caso em que certo médico, investido nas funções de administrador de hospital mereceu críticas do administrador anterior defendendo outras diretrizes administrativas. Tutela da liberdade de expressão.[98]

Assim é que o problema da eficácia privada dos direitos fundamentais está, já há algum tempo, presente nas análises jurisprudenciais brasileiras, embora sem a abordagem e sem o enfrentamento

---

[97] Por exemplo, o RE nº 215984-1 (STF – 2ª Turma, Relator: Carlos Veloso, J. 04.06.2002, a Ap. nº 267788-1 (TJSP – Relator: Mohamed Amaro, J. 21.05.1997), a Ap. nº 3059/91 (TJRJ – Relator: Carlos Alberto Menezes Direito, J. 19.11.1991) decisões transcritas em (STOCO, 2004, p. 1654-1656).

[98] Decisão contida no *site* <http://www.tj.rs.gov.br>. Acesso em: 14 fev. 2005.

das questões especificamente debatidas neste trabalho, muitas das quais, pela preponderância acadêmica, tendem a continuar fora da fundamentação das decisões (pois esta não é mesmo a sede própria para aprofundamento de debates científicos). A aplicação dos direitos fundamentais às relações privadas tem se dado, até o momento, de forma pouco aprofundada, no dizer de Daniel Sarmento (2004, p. 303), de maneira mais "intuitiva". O assunto esteve e está presente na jurisprudência nacional, contudo, dissociado do debate travado nos países europeus. Nesses países, a discussão tem como principal foco o risco de comprometimento da autonomia privada que, a depender da tese adotada, o problema proporciona.

Isso não significa que o desenvolvimento do debate brasileiro em torno dos direitos fundamentais tenha tomado um rumo completamente diferente do processo evolutivo nos países onde o tema ora debatido ganhou desenvolvimento. Ao contrário, e isso está demonstrado na decisão acima transcrita. Também não nos parece que exista uma falta de "amadurecimento" no manejo do tema, há, apenas, uma tendência à garantia de efetividade das normas constitucionais (daí as diversas decisões que têm aplicado a Constituição aos conflitos privados) sem maiores complicações e sofisticações "acadêmicas" e, isso não é, por si, algo condenável. Não é essencial, embora fosse esclarecedor, que se fixe nos julgados, por exemplo, se as normas definidoras de direitos fundamentais possuem uma eficácia imediata ou apenas mediata nas relações privadas, tal como estabelecido no caso Lüth, pelo Tribunal Constitucional Alemão.[99] Até porque, conforme referido no capítulo 3, item 3.5, no marco de ambas as teorias, é possível chegar-se a resultados práticos idênticos (ALEXY, 2001, p. 514). O essencial é que se apliquem os direitos fundamentais de forma justificada.

Constitui, contudo, uma exceção a esse quadro, o *habbeas corpus* nº 12.547-DF (*DJ*, 12.2.2001), julgado pelo STJ, no qual o problema da eficácia privada dos direitos fundamentais foi especificamente debatido. Aqui, se discutia a prisão civil por dívida de uma motorista de táxi, decorrente de débito oriundo de contrato de alienação fiduciária de veículo que, dada a incidência de juros, fora multiplicado quase por 5, em 24 meses. Entendeu-se que a quitação dos juros consumiria todos os recursos inseridos na expectativa de ganhos da impetrante até o final da vida e que o cumprimento do contrato ofenderia o princípio da dignidade humana. O acórdão, de relatoria do Ministro Ruy Rosado de Aguiar, foi assim ementado:

---

[99] Referido no capítulo 2, item 2.1, *supra*.

HABEAS CORPUS. Prisão Civil. Alienação fiduciária em garantia. Princípio constitucional da dignidade da pessoa humana. Direitos fundamentais de igualdade e liberdade. Cláusula geral dos bons costumes e regra de interpretação da lei segundo os seus fins sociais. Decreto de prisão civil da devedora que deixou de pagar dívida bancária assumida com a compra de um automóvel-táxi, que se elevou, em menos de 24 meses, de R$18.700,00 para R$86.858,24, a exigir que o total da remuneração da devedora, pelo resto provável de vida, seja consumido com o pagamento dos juros. Ofensa ao princípio constitucional da dignidade da pessoa humana, aos direitos de liberdade de locomoção e de igualdade contratual e aos dispositivos da LICC sobre o fim social da lei e obediência aos bons costumes. Arts. 1º, III, 3º e 5º *caput*, da CF. Arts. 5º e 17º da LICC. DL 911/67. Ordem deferida.

Embora a ementa do julgado possa fazer crer que ele adota a tese da eficácia mediata dos direitos fundamentais, por fazer referência à cláusula geral dos bons costumes e ao princípio de interpretação da lei de acordo como os seus fins sociais (arts. 17 e 5º da Lei de Introdução ao Código Civil brasileiro), na verdade, o relator defende tese contrária, conquanto entenda que essa discussão é irrelevante para o resultado prático da decisão no caso concreto. Assim, após abordar expressamente e de forma sucinta o debate alemão em torno das teorias da eficácia mediata e imediata, o Ministro firma posição:

> Não me parece que a eficácia na relação de direito privado seja somente indireta, pois bem pode acontecer que o caso concreto exija a aplicação imediata do preceito constitucional, quando inexistir norma infraconstitucional que admita interpretação de acordo com a diretiva constitucional, ou faltar cláusula geral aplicável naquela situação, muito embora esteja patente a violação do direito fundamental [...] No caso dos autos, porém, a distinção entre eficácia direta e indireta frente a terceiros é irrelevante. Tanto seria possível aplicar diretamente o princípio constitucional da dignidade da pessoa humana, como a cláusula geral do art. 17 da Lei de Introdução ao Código Civil, sobre a ordem pública e bons costumes, cuja similar alemã é usada em casos tais, além do emprego da norma de hermenêutica que condiciona a aplicação da lei aos fins sociais a que ela se dirige.

Merece reparo, a nosso ver, a afirmação de que é irrelevante a escolha entre a aplicação direta do princípio da dignidade humana ou das cláusulas gerais citadas, pois a situação concreta é muito mais adequada à riqueza semântica do princípio da dignidade humana do que simplesmente das cláusulas de ordem pública e dos bons costumes. Poderiam, isso sim, estas últimas ser aplicadas "à luz" daquele princípio e, diante disso, tem razão o Ministro quando afirma que, no caso, o resultado prático seria o mesmo. Entretanto é bom assentar que esse é um precedente que prestigia a eficácia direta dos direitos fundamentais às relações privadas não apenas em função do conteúdo do trecho acima citado, mas, também, porque ele efetivamente aplica diretamente o princípio da dignidade humana e o princípio da igualdade de forma independente das cláusulas gerais invocadas. Isso fica claro em trecho no qual, ao tratar da abusividade do sistema de juros estabelecido pelo contrato de alienação fiduciária, o voto afirma:

> Houve ali ofensa ao princípio da dignidade da pessoa que pode ser aplicado diretamente para o reconhecimento da invalidade do decreto de prisão. Na relação contratual, celebrada por contrato de adesão, houve ofensa ao princípio da igualdade, com a imposição de sanção grave (prisão) prevista apenas para uma das partes.[100]

O julgado, contudo, é um caso raro na jurisprudência nacional que tende mesmo a simplificar as decisões e aplicar diretamente os direitos fundamentais nas relações privadas, a depender das circunstâncias do caso. Isso não desqualifica o debate e a necessidade de aprofundamento do assunto no Brasil, especialmente em função de um diálogo, que, bem ou mal, acaba por se estabelecer entre a jurisprudência e a doutrina. Esta última, cedo ou tarde influenciada por questões debatidas em países estrangeiros, produz influxos nos debates jurisdicionais.[101] Isto é acentuado pelo perfil mais ou menos "acadêmico" de alguns membros do Supremo Tribunal Federal que acabam por trazer para dentro da corte as discussões surgidas fora do país. Essas discussões apresentam aspectos importantes a ser considerados (e criticados) quando da aplicação dos direitos fundamentais também na realidade brasileira. Indicativo desse fato, é o voto vitorioso do Ministro Gilmar Ferreira

---

[100] Note-se que, aqui, o arresto está em consonância com o conteúdo da regra relativa à precedência *prima facie*, propostas no capítulo 4, item 4.4, que aponta para a prevalência do direito invocado pela parte dotada de menor poder na relação jurídica em causa, e, para tanto, é especialmente relevante o fato de que a obrigação foi contraída mediante contrato de adesão, que confere um grau de imposição de vontade muito maior à empresa alienante. Por outro lado, incide também a regra da prevalência do direito invocado para tutelar situações existenciais, significativas para a noção de dignidade humana, face às repercussões da cobrança abusiva para a vida da impetrante, que se veria obrigada a reverter todos os seus ganhos prováveis para o pagamento da dívida, sob pena de ser atingida, inclusive, na sua liberdade de locomoção.

[101] A título de exemplo, veja-se o HC nº 97.336-RJ e o HC nº 93.874-DF (ambos julgados em 2010), os quais, tratando da licitude de provas obtidas por meio de interceptação de correspondências, referem-se expressamente à eficácia horizontal dos direitos humanos.

Mendes no RE nº 201.819-8 – RJ, que, pela primeira vez, enfrentou mais de perto as questões aqui tratadas. Esta decisão, juntamente a outras não tão expressivas (todas do STF), mas de grande importância para o tratamento do tema pela Corte Constitucional Brasileira, especialmente por terem sido citadas no RE nº 201.819-8 – RJ como precedentes, será objeto de análise a seguir.

A escolha dos casos atendeu a alguns critérios. O primeiro foi escolhido por tratar-se da aplicação do princípio da igualdade às relações privadas, que requer um cuidado reforçado, dadas as especificidades que a proibição de diferenciar comporta para os particulares na sua capacidade de autodeterminação (conforme especificamente abordado no capítulo 4, item 4.5, *supra*).

O segundo foi escolhido por tratar-se de situação na qual comparecem circunstâncias justificadoras da adoção dos dois parâmetros propostos no capítulo 4, item 4.5, e, também, por tratar-se de caso em que as partes estão ligadas por um vínculo jurídico-negocial. Viu-se que esses casos, em regra, geram um conflito em que, de um lado, é invocada a autonomia privada de uma das partes, o que justificou, inclusive, a discussão contida no capítulo 4, item 4.1.1, deste trabalho.

No terceiro, ao contrário, não há qualquer vínculo entre as partes e, aqui, são inaplicáveis os parâmetros propostos para a solução dos conflitos no capítulo 4, o que contribui para pôr em relevo o caráter incompleto do procedimento da ponderação, no caso em que princípios contrapostos tutelem situações existenciais.

O quarto foi escolhido por razões óbvias: constitui o primeiro precedente do STF que se referiu expressamente às teses relativas ao modo da eficácia privada dos direitos fundamentais (aspecto analisado no capítulo 3 deste trabalho), portanto, passível de influir significativamente nos julgados da Corte e merecedor de algumas observações importantes quanto à tese efetivamente adotada.

5.2 A aplicação do princípio da igualdade às relações privadas: o caso do tratamento desigual de empregado brasileiro efetuado pela empresa aérea *Compagnie Nationale Air France*

Viu-se, no item 4.5 do capítulo 4, que um dos aspectos mais significativos para o tema ora tratado é o da aplicação do princípio da igualdade às relações privadas, e que, tal como outros princípios constitucionais consagradores de direitos fundamentais, ele se aplica diretamente (independentemente de norma legal concretizadora) às relações privadas. Não obstante, viu-se também que, na aplicação do princípio, deve-se levar em conta o conflito constitucional que se instala entre direitos de dois particulares, o que determina um enfoque diferenciado daquele a ser adotado nas situações em que num dos polos está presente o Estado.

A prática mostra que a invocação do princípio da igualdade nas relações privadas ocorre, na maioria das vezes, na seara das relações contratuais e gera um conflito entre o mandamento igualitário e a autonomia negocial, uma vez que uma das partes se pretende livre para estipular restrições a determinadas pessoas ou classes de pessoas, seja na intenção de contratar ou na definição do conteúdo do contrato.

Pode-se dizer que a decisão que ora se pretende comentar representou um marco na jurisprudência do Supremo. Os casos de aplicação aos conflitos privados do princípio da igualdade por parte da Corte são bem escassos, e isso, como bem observa Rodrigo Kaufmann (2003, p. 259), deve-se em parte ao fato de que, ao longo dos anos, o STF foi econômico no conhecimento e apreciação de recursos extraordinários que discutissem cláusulas contratuais, editando, inclusive, a Súmula nº 454 (*DJ*, 08.10.1964) que estabeleceu: "Simples interpretação de cláusulas contratuais não dá lugar a recurso extraordinário". Sob este pretexto, o debate do problema ora tratado foi um tanto relegado. Entretanto, podem-se citar, na década de 50, algumas decisões, de que são exemplos o RMS nº 6.380, de relatoria do Ministro Luis Gallotti (de janeiro de 1959) e o AG nº 15.220, de relatoria do Ministro Mário Guimarães (de janeiro de 1952), que abordaram o problema da aplicação do princípio da igualdade de maneira muito superficial. Todas as duas têm em comum o fato de que, embora sem questionar a viabilidade de aplicação deste princípio, em se tratando de relações contratuais privadas, entenderam não ter sido vulnerado o mandamento de igualdade nas situações analisadas.

Diferentemente, e dessa vez com uma fundamentação mais significativa, o STF, no RE nº 161.243-6 – DF, de relatoria do Ministro Carlos Velloso (*DJ*, 19.12.1997), aplicou o princípio da igualdade a uma relação contratual travada entre dois particulares: de um lado a empresa aérea *Air France* e do outro um seu empregado, em decisão que funciona como um bom exemplo da adoção, pela jurisprudência constitucional brasileira, da tese que defende a aplicação direta dos direitos fundamentais às relações privadas.

O caso foi o seguinte: um brasileiro trabalhara na *Compagnie Nationale Air France* durante trinta e quatro anos e pleiteava, por ocasião de rescisão contratual, benefícios trabalhistas previstos no estatuto do pessoal da empresa. Esta negou-lhe a outorga das vantagens sob o argumento de que o referido estatuto só teria aplicação aos trabalhadores de nacionalidade francesa, tese que foi acatada pelo Tribunal Superior do Trabalho.

Analisando o caso, o STF proferiu acórdão assim ementado:

> EMENTA: CONSTITUCIONAL. TRABALHO. PRINCÍPIO DA IGUALDADE. TRABALHADOR BRASILEIRO EMPREGADO DE EMPRESA ESTRANGEIRA: ESTATUTOS DO PESSOAL DESTA: APLICABILIDADE AO TRABALHADOR ESTRANGEIRO E AO TRABALHADOR BRASILEIRO. C.F., 1967, art. 153, §1º; C.F., 1988, art. 5º, caput. I. – Ao recorrente, por não ser francês, não obstante trabalhar para a empresa francesa, no Brasil, não foi aplicado o Estatuto do Pessoal da Empresa, que concede vantagens aos empregados, cuja aplicabilidade seria restrita ao empregado de nacionalidade francesa. Ofensa ao princípio da igualdade: C.F., 1967, art. 153, §1º; C.F., 1988, art. 5º, caput). II. – A discriminação que se baseia em atributo, qualidade, nota intrínseca ou extrínseca do indivíduo, como o sexo, a raça, a nacionalidade, o credo religioso, etc., é inconstitucional. Precedente do STF: Ag 110.846(AgRg)-PR, Célio Borja, RTJ 119/465. III. – Fatores que autorizariam a desigualização não ocorrentes no caso. IV. – R.E. conhecido e provido.

O julgado merece destaque em alguns pontos. Em primeiro lugar, embora não tenha explicitado os aspectos relativos ao problema discutido no item 4.5 do capítulo 4 (*supra*), especialmente no tocante ao risco de comprometimento excessivo da autonomia privada pela aplicação do princípio da igualdade, é indiscutível que o julgado funciona como precedente para a superação da tese de que dito princípio se aplica apenas aos poderes públicos. Da decisão se infere não só que o mandamento igualitário pode ser aplicado às relações entre particulares (no caso, o contrato de trabalho), como também que as regula imediatamente (independentemente de norma legal concretizadora). Isso é evidente na invocação direta do art. 153, 1º, da antiga carta constitucional, como do art. 5º, *caput*, da Constituição atual. Neste ponto andou bem a decisão.

Por outro lado, verifica-se da leitura do voto condutor da decisão, proferido pelo Ministro Carlos Velloso, que o julgado não tratou o problema como um caso de conflito entre dois princípios fundamentais distintos (autonomia privada e mandamento de igualdade), o que em si não desqualifica a fundamentação da decisão (poder-se-ia por outra via, que não a da linha da colisão de direitos, tomar-se por inaplicável o princípio da autonomia privada na situação). Entretanto, o fato de não ter sido identificado sequer como relevante o princípio da autonomia privada para o caso concreto, sem dúvida, empobrece os fundamentos da decisão, e pode comprometer a sua função de precedente para casos posteriores, na medida em que, sem mais, partiu-se para uma aplicação do princípio da igualdade, exigindo-se um parâmetro de racionalidade para o *discrímen* nos mesmos moldes em que se exigiria se o Estado estivesse em um dos polos da relação jurídica.

Nesse aspecto é significativo o seguinte trecho do voto condutor:

> O tema foi versado por mim, senhor presidente, por mais de uma vez. No antigo Tribunal Federal de Recursos, quando do julgamento da AMS 79839-RJ, reportei-me à sentença que proferi, como Juiz em Minas, em que examinei a inconstitucionalidade da lei 5.465, de 1968, que concedera privilégios a agricultores e a filhos destes para matrículas nas Escolas Superiores de Agricultura e Veterinária mantidas pela União (Revista do TRF, nº 60, pág. 126). [...] Nos despachos que proferi nos diversos agravos e recursos extraordinários — por exemplo, o Agravo 153.333-SP — que cuidavam da isenção do imposto sobre operações de câmbio, instituída pelo art. 6º, do Decreto-Lei 2.434, de 1998, nas operações realizadas para pagamento de bens importados cujas guias foram emitidas após 1º de julho de 1998, declarei que a citada norma concessiva da isenção parecia-me ilegítima sob o ponto de vista constitucional, porque tratava ela desigualmente a iguais, dado que não me parecia existir "correlação lógica entre o fator erigido em critério de *discrimen* e a discriminação legal decidida em função dele" (MELLO. *O conteúdo jurídico do princípio da igualdade*, p. 37).

Assim é que, mesmo em se tratando de um caso em que estão contrapostos os interesses de dois particulares, e, por isso mesmo sendo relevante (o que não significa que deva prevalecer) a autonomia privada ou contratual de um deles, exigiu-se para a discriminação efetuada que exista uma "adequação racional entre o tratamento diferenciado construído e a razão diferencial que lhe serviu de supedâneo", referindo-se expressamente a situações anteriores na qual essa correlação foi exigida, todas elas, tendo como destinatário do princípio da igualdade o Estado.

Não obstante, isso não significa que a decisão tenha andado mal ao aplicar ao caso o mandamento igualitário. Apenas não justificou de forma explícita, como deveria, a excepcionalidade de que deve se revestir a eficácia do princípio da igualdade nas relações privadas, para o que teria sido útil a constatação de uma colisão entre os princípios da igualdade e da autonomia privada. Contudo, é de se anotar que a decisão leva em consideração fator importante que justificaria uma prevalência do princípio efetivamente prestigiado (da igualdade).

Isso porque reputa que o motivo da discriminação consiste unicamente na nacionalidade brasileira do empregado. Motivo este qualificado como "simplesmente singularizador do destinatário" e fundado em "atributo, qualidade, nota intrínseca do recorrente", o que não poderia racionalmente justificar o tratamento diferenciado, por não guardar qualquer conexão lógica com uma situação de fato justificadora do *discrimen*. Aqui, portanto, tem-se que o mandamento igualitário tutela uma situação existencial do empregado, penalizado nos seus direitos unicamente por sua nacionalidade brasileira, embora haja prestado os seus serviços no Brasil e em condições idênticas às dos empregados franceses; uns e outros desempenhavam tarefas iguais, fato devidamente registrado no voto decisivo:

> Aqui deixou-se de aplicar, em relação ao empregado, ora recorrente, o estatuto da empresa empregadora, que concede vantagens aos empregados, ao argumento pura e simples de que ele não seria aplicável porque o empregado não era de nacionalidade francesa.

Por outro lado, embora isto não tenha sido expressamente explicitado no *decisum*, a aplicação se deu no contexto de uma relação de desigualdade fática entre as partes, e a parte que invoca o princípio da igualdade é, sem dúvida, dotada de menor poder social diante da Companhia. Esta situação é relevante para o caso, especialmente em se tratando da execução de contrato de trabalho, cuja importância do emprego e seu caráter alimentar para o trabalhador contribuem para a submissão a exigências arbitrárias eventualmente contidas na contratação. Portanto, as características concretas do caso estão em sintonia com as precedências *prima facie* propostas no capítulo 4, que conferem maior peso ao princípio da igualdade quando este a) é invocado para corrigir discriminação fundada em aspectos existenciais do empregado, portanto, tutelando uma situação existencial e b) é invocado pela parte dotada de menor poder social.

O que, contudo, a decisão traz de mais importante, é o fato de que ela constitui valioso precedente para a defesa de uma eficácia imediata dos direitos fundamentais nas relações privadas, pois entende ser uma relação jurídica contratual diretamente regulada pelo mandamento constitucional. Aqui não se perquire acerca da existência de norma infraconstitucional concretizadora, tampouco se recorre a artifícios teóricos como o dever de proteção do Estado (seja através da lei ou da atuação jurisdicional), mas, simplesmente, submete-se os próprios particulares ao regramento contido na Constituição, de modo que se admite que um titulariza direito fundamental frente ao outro, o que implica a proibição de ofensa a tais direitos quando da celebração das avenças contratuais (NARANJO DE LA CRUZ, 2000, p. 215).

5.3 O direito à intimidade e à privacidade e o exercício da liberdade contratual: o caso da exigência de revista íntima por parte da empresa de lingerie De Millus S. A.

Assim como o direito à igualdade, o direito à intimidade e à privacidade pode, em muitos casos, sofrer intervenções ilegítimas decorrentes do exercício da liberdade contratual e da autonomia privada. Embora sejam inúmeras as situações em que estes direitos conflitam com outros independentemente da existência de vínculo jurídico entre as partes, como sói acontecer com o direito à liberdade de expressão e manifestação, o caso adiante narrado é de particular interesse para o tema ora versado. Isso porque se trata justamente de uma situação em que tais direitos são postos em conflito com a liberdade negocial, pois a ofensa à intimidade ocorre na execução de contrato de trabalho firmado entre as partes.

Inicialmente, convém observar que, também aqui, o STF segue confirmando a tese da eficácia imediata dos direitos fundamentais nas relações privadas e esse precedente não é o único indicativo dessa linha. O STF tem considerado que o art. 5º, X, da Constituição Federal pode ser violado por outros particulares, confirmando inúmeros outros pronunciamentos da jurisdição ordinária, levados a efeito em ações movidas para indenização por dano moral e material, por ofensa a outros direitos também consagrados no dispositivo, como o direito à honra e à imagem. Especialmente indicativo da eficácia imediata do direito à intimidade e à privacidade entre os privados é, por exemplo, o HC nº 80.948-1, de relatoria do Ministro Néri da Silveira. Aqui a Corte concedeu ordem para trancamento de ação penal por ter considerado ilícita, por ofensa à norma constitucional que garante a intimidade e a privacidade, a gravação de telefonema de um particular por outro sem o seu conhecimento. A obtenção seria ilícita porque a gravação e a divulgação por parte do particular de conteúdo de conversa privada ofenderiam o art. 5º, X, da Constituição Federal. No mesmo sentido, o RE nº 100.094, de relatoria do Ministro Rafael Mayer, o RE nº 85.439, de relatoria do Ministro Xavier de Albuquerque, a AP nº 307, de relatoria do Ministro Ilmar Galvão, o RHC nº 63.834-1, de relatoria do Ministro Aldir Passarinho, e o HC nº 69.912-1, de relatoria do Ministro Sepúlveda Pertence.[102] Entretanto foi no RE nº 160.222-8 e no AGRAG nº 220.459-2, o primeiro de relatoria do Ministro Sepúlveda Pertence e o segundo de relatoria do Ministro Moreira Alves, que se abordaram questões realmente significativas para a eficácia privada dos direitos fundamentais. Infelizmente, no primeiro (RE nº 160.222-8), embora reconhecida a relevância constitucional da matéria, a análise do caso ficou prejudicada pelo reconhecimento de prescrição superveniente. O problema envolvia a exigência de um fabricante de roupas íntimas, a *De Millus S.A.*, de submeter suas funcionárias à realização de revista íntima para verificar possíveis furtos de peças. O diretor-presidente da empresa foi acusado por funcionárias do delito de constrangimento ilegal. Após sentença favorável às empregadas, que condenou o diretor-presidente ao pagamento de multa, o Tribunal de Alçada Criminal do Rio de Janeiro modificou a decisão, com base no art. 386, III, do Código de Processo Penal, entendendo que o fato não constituía infração penal. A decisão é transcrita no relatório do recurso extraordinário e assim ementada:

> CONSTRANGIMENTO ILEGAL
> Revista de operárias em fábrica de peças íntimas do vestuário. Norma regulamentar de trabalho. Não constitui constrangimento ilegal e sim, constrangimento legal, o ato de se revistar empregadas na saída da fábrica, já que este procedimento é admitido por elas quando da assinatura de contrato de trabalho. O contrato é lei entre as partes e a cláusula referente à revista não ofende à lei.

O caso foi submetido à análise da 1ª Turma do STF, em face de recurso extraordinário impetrado pelas funcionárias, sob o argumento de que, ao considerar legal a revista íntima, o acórdão teria ido de encontro ao art. 5º, X, da Constituição Federal, que "estabelece a proteção ao direito de intimidade e à imagem das pessoas". Foi então proferida decisão contendo em sua ementa o seguinte trecho:

---

[102] Registre-se, em sentido contrário, entendendo que não há violação do direito à intimidade, conversa telefônica gravada por um dos participantes, ainda que o outro não saiba da gravação, o HC nº 74.678, de relatoria do Ministro Moreira Alves e o HC nº 69.818, de relatoria do Ministro Sepúlveda pertence, que constituem, contudo, uma exceção à linha majoritariamente adotada no STF. Não obstante, tais decisões não questionam nem infirmam a tese da eficácia imediata dos direitos fundamentais nas relações privadas, apenas entendem que, no caso concreto, não se configura a intervenção ilícita no direito à intimidade e à privacidade.

[...] II. Constrangimento ilegal: submissão das operárias de indústria de vestuário à revista íntima sob ameaça de dispensa; sentença condenatória de primeiro grau fundada na garantia constitucional da intimidade e acórdão absolutório do Tribunal de Justiça, porque o constrangimento questionado à intimidade das trabalhadoras, embora existente, fora admitido por sua adesão ao contrato de trabalho: questão que, malgrado a sua relevância constitucional, já não pode ser solvida neste processo, dada a prescrição superveniente contada desde a sentença de primeira instância e jamais interrompida, desde então.

Como ressaltado *supra*, o reconhecimento da prescrição inviabilizou o enfrentamento da questão pelo STF, contudo, é possível reconhecer, subliminarmente, uma clara tendência da Corte nessa ocasião em admitir a ofensa ao direito à intimidade e à privacidade das funcionárias, e, portanto, a existência efetiva do constrangimento ilegal, a partir de trechos do voto condutor da decisão, não contestados pelos demais membros da Turma.

Nesse aspecto, é significativa a referência de elogios feita à sentença do Juiz de primeira instância pelo relator, a qual refere que a condenação do diretor-presidente se deu em "brilhante sentença do Juiz Sérgio Verani". De outro lado, a decisão transcreve no relatório, *ipsis litteris*, trecho significativo da peça recursal formulada pelas funcionárias:

> Quanto ao direito à intimidade, aduzem que:
> A questão [...] deve ser posta além da simples proteção à intimidade, por assim dizer, "lato sensu", equivalente à identidade, ou àquela que alude às relações íntimas amorosas ou revelando familiaridade entre as pessoas. Aqui trata-se de garantia constitucional da intimidade que se reveste de algo maior, que é a dignidade das operárias".
> [...] A revista íntima, na forma como é realizada na *De Millus*, também ofende a imagem de suas vítimas. Sendo a busca pessoal procedimento destinado a pessoas contra quem haja fundadas razões de levar consigo coisas achadas ou obtidas por meios criminosos, evidentemente que, ao determiná-la sistematicamente, a torto e a direito, a fábrica está nivelando suas operárias a meras criminosas ou pelo menos a alguém passível de tal suspeita.

E, ao final, sem que se refira com igual cuidado aos argumentos da empresa, apenas resumindo-os de forma muito abreviada, lamenta o relator expressamente:

> Lamento que a irreversibilidade do tempo ocorrido faça impossível enfrentar a relevante questão de direitos fundamentais da pessoa

humana, que o caso suscita, e que a radical contraposição de perspectivas entre a sentença e o recurso, de um lado, e o exarcebado privalismo (*sic*) do acórdão, de outro, tornaria fascinante. Não tenho alternativa: declaro extinta a punibilidade do fato pela prescrição da pretensão punitiva.

Efetivamente não se pode tomar a decisão como um precedente definitivo de que a liberdade contratual, no caso concreto, não poderia ser considerada como justificativa para a intervenção efetuada no direito à intimidade das funcionárias, e, portanto, que a empresa, no exercício da liberdade contratual, violara efetivamente norma definidora de direito fundamental de outro particular. Não há manifestação expressa neste sentido no *decisum*, tolhido do exame do mérito, embora haja elementos ocultos e insinuados no discurso adotado, relevantes para se concluir pela adoção de tal tese, caso o problema houvesse sido enfrentado. Isto significaria, em primeiro lugar, assentar a possibilidade de que um direito fundamental possa ser oposto a um particular, mesmo na seara das relações contratuais, abandonando o argumento de que o contrato é "lei entre as partes", e isto, independentemente de norma civil infraconstitucional (dotada de conceitos abertos ou cláusulas gerais) que pudesse servir de "filtro" à eficácia da Constituição (como por exemplo, a proteção dos "bons costumes" ou da "boa-fé"). Em outras palavras, o acatamento da tese de que os direitos fundamentais possuem uma eficácia imediata nas relações entre os particulares. De outro lado, estaria fixado, também, que, no caso analisado, ao teor de suas circunstâncias, do ponto de vista da resolução do conflito entre os direitos à privacidade e à intimidade de um lado, e da autonomia contratual do outro, prevaleceriam os primeiros, especialmente em face da relevância das questões existenciais envolvidas e da sua importância para o cumprimento do próprio princípio da dignidade da pessoa humana. Isso significaria, aliás, a aplicação da regra de precedência do direito invocado para tutelar situações existenciais, proposta *prima facie* no capítulo 4, item 4.4, *supra*.[103] Contudo, na falta de manifestação explícita, há que se reconhecer que a decisão não se reveste, do ponto de vista institucional, do caráter de precedente jurisprudencial.

---

[103] É de se anotar, ainda, que o caso comporta a aplicação de outro parâmetro, que é a precedência *prima facie* dos direitos à intimidade e à privacidade sobre a autonomia contratual, tendo em vista que o conflito se deu em sede de relação de desigualdade, na qual a parte que invoca a autonomia privada é dotada de maior poder social, circunstância relevante para o julgamento por se tratar de relação de emprego, nos moldes ocorridos no caso do RE nº 161.243-6, comentado *supra*.

O STF, porém, voltou a examinar a questão quatro anos depois. Infelizmente, proferiu acórdão totalmente incoerente com a inclinação acima apontada, cujo conteúdo não se pode, senão, lamentar. O julgamento foi proferido no Agravo Regimental em Agravo de Instrumento nº 220.459-2, de relatoria do Ministro Moreira Alves, e o problema foi enfrentado de forma expressa, embora resumida, sem maior profundidade. O caso envolvia também a exigência de revista íntima às funcionárias por parte de empresa fabricante de *lingeries*, aqui, a mesma *De Millus S.A.*

    O agravo regimental foi interposto contra decisão monocrática proferida pelo relator que negara seguimento a agravo de instrumento através do qual se pretendia o reexame pelo STF, em sede de recurso extraordinário, de decisão do Tribunal de Justiça do Rio de Janeiro. Tal decisão entendeu legítima a revista íntima efetuada pela empresa citada, desta vez, não apenas porque se tratava de questão definida na relação contratual, mas porque, considerando o argumento da empresa de que as revistas eram feitas por "amostragem", elas teriam obedecido aos princípios éticos de discrição, privacidade e respeito, sem qualquer afronta aos valores morais e à dignidade humana.

    No agravo regimental, o STF manteve a decisão proferida no agravo de instrumento, sob o argumento de que:

> [...] não se pode reexaminar a matéria de fato fixada no acórdão recorrido, que, no caso, afirma que não foi provado ato ofensivo à honra de qualquer das recorrentes, nem que houve ação culposa e danosa à integridade física e moral das interessadas na lide.

Antes tivesse sido a decisão encerrada nesse momento. Entretanto, no voto condutor da decisão, o relator afirma expressamente a correção da tese adotada pelo Tribunal ordinário de que, considerando a circunstância de que a revista era feita por amostragem, não haveria ofensa aos direitos à privacidade e à intimidade das funcionárias, nem qualquer afronta ao princípio da dignidade da pessoa humana, nos seguintes termos:

> Assim sendo, está correto o acórdão recorrido ao salientar que a revista em causa não deve ser rotulada de deprimente, aprioristicamente, se colocada em prática com resguardo dos atributos da dignidade da pessoa, sem constrangimentos, mas de modo previamente divulgado e aprovado pelo emprego da empresa. Tal conduta, quando processada segundo os padrões éticos, com discrição, privacidade, respeitando e preservando a essência dos valores morais do ser humano, não deve ser, por si só, chamada de afrontosa ou agressiva à dignidade humana.

Essa decisão, embora não tenha constatado expressamente um conflito entre os direitos fundamentais envolvidos no caso e não tenha tornado explícita a aplicação do princípio da proporcionalidade e suas máximas (o voto, aliás, tem uma página), constitui um bom exemplo de que o procedimento da ponderação, tal como proposto por Alexy, não garante, por si só, decisões razoavelmente fundamentadas e não arbitrárias. Suponha-se que o *decisum* tornasse claro que: a) resta configurado um conflito entre o direito à intimidade e privacidade das funcionárias e a autonomia contratual da empresa; b) a medida levada a efeito pela empresa não intervém indevidamente nos direitos invocados pelas funcionárias, porque: b1) é adequada à realização do direito que joga em sentido oposto (no caso, a autonomia contratual para garantir a adoção de medidas que previna a empresa contra furtos); b2) é necessária, pois não haveria outra medida menos lesiva aos direitos invocados pelas funcionárias que pudesse ser adotada pela empresa e, aqui, teria especial relevância o fato de que a revista se daria por "amostragem" e b3) é estritamente proporcional, pois equilibra de forma correta os direitos em conflito, considerando que, diante das circunstâncias do caso, a autonomia contratual deveria ter maior peso do que os direitos à intimidade e à privacidade invocados em sentido oposto. Ainda assim o STF não teria decidido o caso da maneira mais correta e fundamentada do ponto de vista de uma argumentação racional.

O problema está em que o elemento decisivo utilizado pelo Tribunal de Justiça do Rio, e confirmado pelo STF, foi o fato de que a revista era feita por amostragem. Amostragem significa que o procedimento não era realizado sempre e em todas as funcionárias, mas, vez por outra, em algumas delas, que, tendo a má sorte de serem escolhidas, submeter-se-iam ao constrangimento. Provavelmente justamente aquelas que procurariam o Judiciário para combater a conduta tida por ofensiva. Assim, a empresa manteria suas empregadas sob constante risco de serem revistadas, sob a ameaça do constrangimento e, desta forma, combateriam o furto. Esta é a conduta considerada legítima pelo STF.

Ora, bem se vê que o fato de serem sorteadas apenas algumas funcionárias para submissão à revista nenhum relevo pode ter para se decidir um caso concreto, no qual, efetivamente, operou-se um constrangimento. O argumento pode ser assim resumido: se alguém der o azar de ser escolhido, então, paciência, a empresa pode constrangê-lo, pois é forma eficiente e necessária para se prevenir contra furtos. Isso não pode ter relevância diante do fato de que, efetivamente, alguém será constrangido, e essa pessoa não deve ficar desamparada na garantia do seu direito à privacidade, à intimidade e, principalmente, de não ser tratada como, em princípio, uma criminosa, o que demonstra a significação da ofensa para a ideia de dignidade humana. Tal importaria admitir que umas pessoas têm menos dignidade do que outras e devem suportar, sozinhas, o ônus para a satisfação do interesse da empresa tutelado pelo princípio da autonomia contratual.

Portanto, a "amostragem" em nada interfere no "grau" de lesão no direito à privacidade e à intimidade das funcionárias, não torna a conduta menos gravosa do que aquela de submeter, todas, à revista, e, portanto, não pode ser tomada como relevante para o atendimento da máxima ou do subprincípio da necessidade (b2) de modo a contribuir para um juízo de proporcionalidade da conduta.

Menos ainda poderia ser considerada relevante para conferir um maior peso ao princípio da autonomia contratual no caso concreto, caso fosse um elemento levado em conta para a aplicação da máxima da proporcionalidade em sentido estrito (b3). O juízo de proporcionalidade e equilíbrio deve ser buscado tendo em consideração a real possibilidade de constrangimento das funcionárias, sendo de total irrelevância o fato de que este se dará, apenas, uma vez aqui e outra ali. Tal circunstância não torna menos gravosa a lesão à intimidade e à privacidade daquelas pessoas que serão efetivamente constrangidas, caso seja prestigiada a autonomia privada invocada pela empresa. Tampouco torna digna de maior proteção dita autonomia, diante da avaliação recíproca do grau de lesão dos direitos envolvidos no conflito (ALEXY, 2004b, p. 48), de modo a justificar a grave intervenção nos direitos das funcionárias.

Ainda que o *decisum* não fosse analisado sob ponto de vista teórico da caracterização do conflito entre direitos fundamentais, partindo-se direto para o questionamento de se o direito invocado pelas funcionárias mereceria efetivamente proteção (GÜNTHER, 2004, p. 315-316), a decisão teria sido igualmente equivocada. Esse último raciocínio é bem adequado à maneira como os argumentos foram desenvolvidos pelo STF nesse caso especificamente, pois nao se poe em destaque a relatividade do direito fundamental à intimidade frente à autonomia privada da empresa, mas, simplesmente, reputa-se ausente qualquer tipo de violação ao primeiro, de modo que a norma constitucional não seria apta a abranger a situação. Isso fica claro na afirmação de que:

> [...] está correto o acórdão recorrido ao salientar que a revista em causa 'não deve ser rotulada de deprimente, aprioristicamente, se colocada em prática com resguardo dos atributos da dignidade da pessoa, sem constrangimentos, mas de modo previamente divulgado e aprovado pelo emprego da empresa.

Não haveria, assim, qualquer ofensa aos direitos à intimidade e à privacidade, tampouco ao princípio da dignidade da pessoa humana. Ou, dito de outro modo, não haveria conflito a ser caracterizado, pois a situação concreta não estaria incluída no âmbito de aplicação dos princípios que protegem a intimidade e a privacidade, havendo apenas a proteger a autonomia privada invocada pela empresa,[104] e, isto, pelo simples fato da amostragem.

Pelas mesmas razões esposadas *supra*, a decisão assim proferida não está justificada. Simplesmente o voto afirma a suficiência do procedimento para garantir que a revista, tal como realizada pela empresa, não tenha sido "deprimente" (portanto incompatível com o resguardo da dignidade humana). Talvez pela maior facilidade dos julgadores de se identificarem com o empresário (por compartirem similar condição social) do que com as funcionárias, considerando, assim, relevante o risco de furto. É aí que pode ser encontrada a influência de uma pré-compreensão (Gadamer) na construção da decisão judicial e o "quê" de discricionariedade nela contido. Entretanto, esta pré-compreensão não é em si perniciosa, e de resto está presente em qualquer julgado; o que torna a decisão arbitrária é a ausência pura e simples de fundamentação do *decisum*, que priva-o da crítica e da reflexão que deveriam ser feitas diante das circunstâncias do caso, inclusive pelos julgadores no momento em que estão decidindo.

O que, contudo, de positivo há na decisão é o fato de que ela serve efetivamente de precedente para se afirmar uma eficácia imediata dos direitos fundamentais nas relações privadas. Em momento algum o STF questiona a possibilidade de aplicação dos direitos envolvidos nas relações entre particulares e, isto, de forma direta, independentemente de norma legal que sirva de "ponte" para a interpretação. Apenas entendeu ausente, no caso concreto, a violação aos direitos à intimidade e à privacidade, tendo em vista as características do procedimento adotado pela empresa. De onde se conclui, *contrario sensu*, que se estas mesmas características não estivessem presentes, teria havido violação do art. 5º, X, da Constituição Federal que, portanto, poderia ser oposto por um particular frente a outro.

---

[104] Ver capítulo 4, item 4.2, *supra* sobre a necessidade de cumprimento dessa análise preliminar mesmo que se adote o procedimento da ponderação.

5.4 O direito ao conhecimento da origem genética e a proteção da integridade física: o caso da "condução do réu debaixo de vara" para realização do exame de DNA

Diferentemente da decisão anterior, econômica na sua fundamentação, no julgamento do HC nº 71.373-4 o debate foi mais denso e, expressamente, foi enfrentado o problema da resolução de conflito entre direitos fundamentais distintos, instalado entre dois particulares. O caso é famoso e se refere à discussão sobre a obrigatoriedade para a realização do exame de DNA em sede de ação investigatória de paternidade. Aqui estavam em conflito, de um lado, o direito à identidade (albergado, no caso das menores, pelo art. 227, *caput*, da CF)[105] ou o "direito elementar que tem a pessoa de conhecer sua origem genética"[106] e, do outro, o direito à intangibilidade do corpo humano,[107] albergado no dispositivo que protege a vida privada, a honra e a intimidade das pessoas (art. 5º, X) e na cláusula geral de liberdade contida no art. 5º, II. Na hipótese, o pleno prestigiou o direito à intangibilidade e à integridade física, isentando o réu da obrigatoriedade de realização do exame, em decisão assim ementada:

> INVESTIGAÇÃO DE PATERNIDADE – EXAME DE DNA – CONDUÇÃO DO RÉU DEBAIXO DE VARA. Discrepa, a mais não poder, de garantias constitucionais implícitas e explícitas — preservação da dignidade humana, da intimidade, da intangibilidade do corpo humano, do império da lei e da inexecução específica e direta de obrigação de fazer — provimento judicial que, em ação civil de investigação de paternidade, implique determinação no sentido de o réu ser conduzido ao laboratório, "debaixo de vara", para coleta do material indispensável à feitura do exame DNA. A recusa resolve-se no plano jurídico-instrumental, consideradas a dogmática, a doutrina e a jurisprudência, no que voltadas ao deslinde das questões ligadas à prova dos fatos.[108]

---

[105] A tipificação é dada no voto vencido do Ministro Carlos Velloso (p. 2). Note-se que, embora tipificado no art. 227 da CF, trata-se de direito de caráter tipicamente individual, inserível no rol dos direitos da personalidade, abrangido, portanto, no âmbito de interesse do presente trabalho.

[106] Expressão utilizada em seu voto pelo Ministro Francisco Resek (vencido). Sobre a distinção entre o direito ao conhecimento da origem genética e o "estado de filiação", ver Paulo Luiz Netto Lôbo, 2008, p. 204-205.

[107] Expressão utilizada no voto que contém a tese vencedora, de relatoria do Ministro Marco Aurélio de Mello.

[108] A decisão está em consonância com a súmula nº 301 do STJ.

O caso é extremamente difícil e envolve questões delicadas, por isso mesmo comportando argumentos significativos tanto para um lado, como para o outro. Em primeiro lugar, convém ressaltar que aqui mais uma vez o STF confirma a tendência da aplicação imediata dos direitos fundamentais às relações privadas. Todo o debate ocorreu em sede constitucional e girou em torno da titularidade e da eficácia de dispositivos constitucionais consagradores de direitos fundamentais, considerados diretamente eficazes na órbita privada.

Por outro lado, o que complica ainda mais a solução do conflito e, por isso mesmo, confere importância à sua análise, é que, diferentemente das situações narradas até o momento, nesta, não está configurada uma desigualdade de fato (relação de poder entre as partes). A controvérsia se instala entre iguais, pois não existe qualquer influência político-social significativa que se possa imputar, nesse caso, ao pai em relação às filhas demandantes. Isso torna ainda mais delicada a maneira como a solução deve ser construída, afastado que está o parâmetro que outorga uma precedência *prima facie* ao direito invocado pela parte dotada de menor poder social. Ademais, trata-se de situação na qual estão em jogo de um lado e de outro a tutela de interesses existenciais e aqui está também afastado o segundo parâmetro que faz prevalecer, em princípio, a tutela dos interesses existenciais sobre os patrimoniais. É interessante notar que há, neste caso, um especial relevo para o princípio da dignidade humana, e a sua importância é apontada no debate tanto para a defesa da tese da prevalência do direito à intangibilidade do próprio corpo[109] quanto para a que defende o prestígio do direito ao conhecimento da origem genética por parte dos filhos.[110] Tal fato demanda o esclarecimento de qual solução seria menos afrontosa ao princípio da dignidade humana, já que ele é relevante para ambas as teses.[111]

---

[109] No voto vencedor do Ministro Marco Aurélio Mello (p. 4).
[110] Voto vencido do Ministro Carlos Velloso (p. 2).
[111] Essa circunstância se repete em outro julgado importante do STF, cuja análise não será efetuada neste momento por tratar-se de situação similar a que agora se comenta no tocante à ausência de parâmetros válidos *prima facie*, que apontem para a prevalência de uma das teses em conflito. Trata-se do HC nº 82.424-2-RS, que acabou relatado pelo Ministro Maurício Correia, no qual se discutia o cometimento do crime de racismo por editor de obras consideradas antissemitas. O relator, inicialmente o Ministro Moreira Alves, entendera que os judeus não eram uma raça, e, portanto, não poderia haver na situação crime de racismo (art. 5º XLII da CF). Alguns Ministros dissentiram da tese, defendendo que o crime de racismo poderia ser praticado contra grupos histórico-culturais, vítimas de discriminações radicais. O caso acabou se convertendo num debate em torno do conflito entre o direito à honra do povo judeu e à liberdade de expressão do editor, com posições que defendiam tanto a prevalência do primeiro (Ministro Gilmar Mendes) quanto a do segundo (Ministro Marco Aurélio). A tese que prevaleceu prestigiou

Esse é o tipo de situação de desamparo para o julgador que, aqui, também não encontrará apoio definitivo na doutrina que descreve o procedimento a ser seguido na ponderação (Alexy), pois também ela não fornecerá o saber necessário e suficiente para melhor decidir. O que conta numa decisão como essa é muito mais uma vivência fora do que dentro do Direito, um conhecimento e uma sensibilidade para captar, principalmente no momento da ponderação, a necessidade e a importância para cada uma das partes da medida pleiteada, proferindo uma solução ao mesmo tempo justa e compatível com o conteúdo constitucional.

Entretanto, independentemente dessa dificuldade, é possível tecer algumas considerações acerca de como o STF debateu e construiu o *decisum*, especialmente no tocante à relevância dos aspectos levados em conta na fundamentação. Em primeiro lugar, verifica-se que a Corte fixou de forma expressa um conflito entre direitos fundamentais igualmente tutelados pela Constituição Federal, como se pode ver no trecho seguinte do voto vencido do Ministro Francisco Resek, neste aspecto não contestado pela tese vencedora:

> Nessa trilha, vale destacar que o direito ao próprio corpo não é absoluto ou ilimitado. Por vezes, a incolumidade corporal deve ceder lugar a um interesse preponderante, como no caso da vacinação, em nome da saúde pública. Na disciplina civil da família, o corpo é, por vezes, objeto de direitos. Estou em que o princípio da intangibilidade do corpo humano, que protege um interesse privado, deve dar lugar ao direito à identidade, que salvaguarda um interesse também público.

Já aqui cabe uma primeira observação. Embora se trate de conflito instalado entre sujeitos privados, em que é necessário decidir entre a prevalência do direito à livre disposição do corpo por um particular, de um lado, e pelo direito ao conhecimento do próprio pai, por outro, alguns votos, de que é exemplo o acima citado, registraram a existência de um interesse público envolvido no caso, decorrente da fixação ou registro da identidade das pessoas. Embora isso não tenha prejudicado a decisão final proferida, pois esse interesse foi identificado como *também*

---

o direito à honra, pelo que se entendeu que fora praticado crime de racismo, denegando-se a ordem de *habbeas corpus*. Esse precedente, que é também um exemplo de aplicação direta dos direitos fundamentais às relações privadas, pode servir como importante objeto de análise para estudos específicos mais aprofundados acerca do alcance e do conteúdo do direito à liberdade de manifestação, bem como, mais na seara da Teoria Geral do Direito, para a crítica relativa ao procedimento da ponderação.

relevante, isto é, ao lado do interesse privado relativo à necessidade de conhecimento do pai por parte dos filhos, a circunstância não merece ser levada em conta no momento da construção da decisão.

Embora se possa admitir que exista um interesse do Estado na fixação da correta identidade das pessoas, aqui ele não pode ser invocado para justificar, por si, a prevalência do direito ao conhecimento da própria origem genética sobre o direito à livre disposição do próprio corpo. O debate em torno da prevalência do primeiro não deve perder de vista as consequências de ordem moral e patrimonial implicadas, especificamente, para as demandantes e para o réu. A discussão instalada no processo é posta sob a perspectiva das repercussões para os filhos nele envolvidos e sob este prisma o conflito deve ser decidido: trata-se de conflito instalado entre dois particulares.

É preciso muita cautela ao pretender resolver conflitos privados em situações nas quais estão contrapostos direitos e questões existenciais de dois indivíduos, sob a perspectiva do interesse público.[112] No caso ora analisado, não é por sua repercussão pública que o interesse das filhas no conhecimento da própria identidade genética deva prevalecer sobre o direito à livre disposição do corpo invocado em sentido contrário. Este aspecto, aliás, foi de certo modo ressaltado pelo Ministro Marco Aurélio no seu voto, quando sublinhou que a hipótese não era "daquelas em que o interesse público sobrepõe-se ao individual, como as vacinações obrigatórias em caso de epidemias". Aqui, num dos polos da relação, não está o Estado nem a coletividade, mas dois indivíduos. Não obstante, o debate desenrolou-se de forma a serem consideradas, efetivamente, questões privadas tidas como relevantes para a solução do conflito.

A segunda observação refere-se a um fato decisivo para a tese efetivamente adotada pela Corte e diz respeito à possibilidade de resolução do problema a partir da análise instrumental do conjunto de provas obtidas no processo, incluindo-se a atribuição ao pai, diante da recusa à realização do exame, de uma "confissão ficta" (fundada no art. 343, parágrafo 3º, do CPC). Isso resolveria o problema sem que fosse necessário o constrangimento de ser o réu "conduzido sob vara" para a realização do exame. O argumento é resumido nos termos a seguir, em trecho da petição formulada pelo próprio impetrante, citado no relatório do julgado:

---

[112] Problema similar pode ocorrer quando se pretende decidir questões relativas à liberdade de pensamento e expressão dos indivíduos (art. 5º, IV, da CF), a partir do "interesse público" do conteúdo a ser veiculado.

O não comparecimento da parte pode acarretar sanções específicas, mas não autoriza que ela seja conduzida debaixo de vara. [...] Em matéria civil a parte que intimada não comparecer sofrerá pena de confissão (art. 343, parágrafo 3º do CPC). Mas em nenhum caso está autorizada a coação coativa da parte.

Tal circunstância também é destacada pelo Ministro Marco Aurélio Mello no seu voto:

> É certo que inexiste, no Código de Processo Civil, dispositivo que discipline, de forma expressa, o tema. Todavia, há outros dos quais, uma vez interpretados, emana luz suficiente à definição das conseqüências da recusa. Refiro-me ao teor do parágrafo 2º do art. 343 do Código de Processo Civil, quanto ao depoimento pessoal, a intimação para prestá-lo, mostrando-se o destinatário silente e deixando de comparecer em Juízo. Qual é a conseqüência prevista, expressamente, no Código de Processo Civil? A execução específica da ordem judicial? Não. O legislador encontrou outra solução: a admissibilidade ficta, é certo — dos fatos.

Note-se que, aqui, não se trata de aplicar a norma infraconstitucional do CPC, por analogia, ao caso concreto, tampouco dar à mesma interpretação extensiva para abranger a situação, numa forma de se estabelecer uma interpretação da legislação em conformidade com a Constituição. Trata-se, apenas, de uma ilustração, de como o ordenamento infraconstitucional, em situação similar, resolve o problema da recusa de colaboração da parte no processo, sem necessidade de coerção física. A aplicação que se dá para a resolução do conflito é da norma constitucional cujo conteúdo, segundo o voto "consigna que são invioláveis a intimidade, a vida privada, a honra e imagem das pessoas — inciso X das garantias constitucionais (artigo 5º)". Nesse sentido, questiona o Ministro Marco Aurélio: "Onde ficam a intangibilidade do corpo humano, a dignidade da pessoa, uma vez agasalhada a esdrúxula forma de proporcionar a uma das partes, em demanda civil, a feitura de uma certa prova?"

O que cabe aqui questionar, contudo, e que diz respeito, no tocante à resolução do conflito, à aplicação do subprincípio ou máxima da necessidade (ALEXY, 2004b, p. 41), é se, de fato, a condução coercitiva do réu seria desnecessária para garantir o direito ao conhecimento do pai verdadeiro por parte das demandantes, uma vez que haveria outra medida menos danosa ao direito à incolumidade física representada pela "confissão ficta". Reza a máxima da necessidade que, "dentre os meios igualmente idôneos" existentes para a satisfação de um direito, seja escolhido "o mais benigno ao direito fundamental" invocado em sentido oposto e afetado pela tutela do primeiro (ALEXY, 2004b, p. 41). Não há dúvida, aqui, de que a medida da condução coercitiva é *adequada* ou idônea para garantir o direito ao conhecimento da origem genética, tendo em vista a eficácia razoavelmente comprovada do exame, fato este destacado em diversos momentos da decisão. Entretanto, seria ela necessária? É justamente na resposta negativa a este questionamento onde residiu o principal fundamento para a solução definitiva do conflito no âmbito do STF. O voto do Ministro Marco Aurélio é bem significativo neste aspecto, pois considera que, diante da gravidade da ofensa ao direito à incolumidade física que representaria a coação do réu (classificada de esdrúxula), é de se considerar uma outra medida possível e menos danosa que resolveria o problema: a análise do conjunto de provas na qual a conduta do réu seria considerada em seu desfavor, ou seja, contaria como evidência suficiente para condená-lo na ação.

Contudo a "confissão ficta" não estabelece a verdade. Pelo menos não uma verdade "científica" possível e suficiente para as demandantes, de modo a esclarecer quem, de fato, seria o seu pai verdadeiro. Sairiam do processo de investigação com uma condenação do demandado, mas sem o mais importante para garantir o direito à sua identidade, que é a certeza de quem é seu pai. Portanto, a solução da confissão ficta não representa *meio igualmente idôneo* para a garantia do direito fundamental ao conhecimento da origem genética. Isso, apenas o exame razoavelmente garantiria.[113] A confissão ficta e uma possível condenação do réu não são suficientes para a completa realização do direito à identidade. Ela pode até resolver aspectos patrimoniais envolvidos nesse direito, contudo, as questões mais importantes, as questões *morais*, com suas importantes repercussões psicológicas, continuariam sem solução: as filhas saber-se-iam, ainda, sem pai verdadeiro. Some-se a isso outro aspecto importante: restaria insatisfeito um interesse de esclarecimento da origem genética para fins de saúde. Considerando os avanços das pesquisas genéticas e sua repercussão na medicina para o tratamento de uma série de doenças, o conhecimento das características genéticas do pai verdadeiro poderia, talvez, socorrer as demandantes ou seus descendentes numa situação de dificuldade.

Assim, a solução da confissão ficta seria menos danosa, sim, ao direito à livre disposição do corpo invocado pelo réu, contudo, *inadequada* à garantia do direito à identidade oposto pelas filhas. Esse

---

[113] Aqui não se pode deixar de considerar a margem de erro que o procedimento comporta, especialmente por eventuais descuidos dos laboratórios, portanto, não se pode falar de uma garantia *absoluta* de eficácia do resultado (LÔBO, 1999b, p. 69).

aspecto, ainda que não sob o ponto de vista da aplicação do princípio da proporcionalidade e seus subprincípios, não passou despercebido nos debates travados no caso. Assim, é expressamente destacado pelo Ministro Ilmar Galvão em seu voto que:

> [...] não se busca, com a ação investigatória, a satisfação de um interesse meramente patrimonial, mas, sobretudo, a consecução de interesse moral, que só encontrará resposta na revelação da verdade real acerca da própria origem biológica do pretenso filho, posta em dúvida pelo réu ou por outrem.

Ao final, conclui: "no confronto entre os dois valores, Senhor Presidente, não tenho dúvida em posicionar-me em favor do filho". No mesmo sentido, posicionou-se em seu voto o Ministro Carlos Velloso, quando considerou que a confissão ficta "se tem importância para a satisfação de interesses patrimoniais, não resolve, não é bastante e suficiente quando estamos diante de interesses morais, como o direito à dignidade que a Constituição assegura à criança e ao adolescente".

O fato, contudo, de que a tese vencedora tenha levado em consideração circunstância inadequada à resolução do conflito, não é suficiente para indicar que o problema devesse ser resolvido num sentido oposto, ou seja, que devesse prevalecer o direito invocado pelo réu à disposição do próprio corpo. A dificuldade maior de resolução do conflito reside justamente na fase da ponderação propriamente dita, ou da aplicação da máxima da proporcionalidade em sentido estrito, com base na qual se decide qual dos direitos deve efetivamente pesar mais do que o outro (ALEXY, 2004b, p. 48). Aqui há que se considerar argumentos que apontam para a gravidade das lesões que a prevalência de um ou de outro direito implicaria reciprocamente e decidir com base nisto qual dos dois deve prevalecer.

Também quanto a esse aspecto não foi silente o debate travado na Corte. Nesse sentido, afirma o Ministro Francisco Rezek que "o sacrifício imposto à integridade física do paciente é risível quando confrontado com o interesse do investigante, bem assim, com a certeza que a prova pericial pode proporcionar à decisão do magistrado". Assim é que o grau de intervenção no direito à livre disposição do corpo, caso fosse levado a efeito o exame, seria leve em comparação com a lesão que provocaria a sua não realização para o direito à identidade invocado pelas filhas. A afirmação, contudo, não é justificada de forma suficiente. Por que o sacrifício à integridade física é risível? Do mesmo modo, o Ministro Ilmar Galvão considera que "o direito à recusa", fundado na "incolumidade física" é afetado, no caso, em "proporção ridícula". Mas, por quê? Isso demonstra que não basta *qualquer* avaliação recíproca dos graus de lesão, é importante que ela seja feita de forma justificada, ou seja, que a máxima da proporcionalidade seja combinada com argumentos destinados a convencer, efetivamente, que os graus de lesão e a importância outorgada a ambos os direitos justifiquem a prevalência adotada.

Nesse aspecto, o voto do Ministro Marco Aurélio, defensor de tese contrária, já adota ponto de vista diverso, com base no qual não se pode qualificar de ridícula ou insignificante a lesão perpetrada à incolumidade física. Nesse sentido, afirma que:

> [...] é irrecusável o direito do paciente de não ser conduzido, mediante coerção física, ao laboratório. É irrecusável o direito do paciente de não permitir que se lhe retire, das próprias veias, porção de sangue, por menor que seja, para a realização do exame. A recusa do paciente há de ser resolvida não no campo da violência física, da ofensa à dignidade humana, mas no plano instrumental.

É preciso reconhecer que a pretensão das filhas é legítima e toca a sensibilidade de quem decide ao ponto de, num ímpeto, classificar como ridículo o sacrifício imposto ao réu. Mas é preciso, também, ponderar melhor. Não se pode reputar como ridículo o insurgimento contra a afirmação de que "o corpo é por vezes objeto de direito", que é feita no voto do Ministro Francisco Rezek para justificar a prevalência do direito das demandantes, principalmente quando se tem em vista o corpo alheio. Não se pode admitir facilmente que o corpo seja objeto de algum direito que não seja o próprio. Qualquer intervenção coercitiva no corpo alheio comporta uma violência e há de ser sempre justificada. É assim que conflitos como o que se dá, por exemplo, quando presos fazem greve de fome e o Estado, para impedir sua morte, pretende alimentá-los à força (ATIENZA, 2002, p. 55) geram importantes controvérsias as quais indicam que a intervenção física forçada, mesmo aquela que é feita para salvar vidas, é significativa e exige justificação.[114]

Por outro lado, a relativização do direito ao conhecimento à origem genética pode ser acompanhada em alguns casos de bons argumentos. Canaris (1996, p. 96-97), por exemplo, ao analisar a pretensão

---

[114] Manuel Atienza (2002, p. 55, nota 1) refere caso ocorrido na Espanha, no final de 1989, no qual presos dos Grupos Antifascistas Primero de Octubre (GRAPO) declararam greve de fome com o objetivo de conseguir melhorias na sua situação carcerária. Alguns órgãos judiciais consideraram que o governo poderia promover a alimentação forçada dos detentos mesmo quando eles se encontrassem em estado de plena consciência e manifestassem recusa à medida. Outros entenderam que a alimentação compulsória só estaria autorizada nos casos em que os presos tivessem perdido a consciência.

de um filho, nascido de inseminação heteróloga, de conhecer seu pai verdadeiro, defende que, no conflito entre o direito ao anonimato do doador (ou à preservação da intimidade) e o direito à identidade do filho prevaleça o primeiro. Pondera que o anonimato, que foi garantido ao doador pelo banco de esperma, é essencial para garantir-lhe uma vida minimamente tranquila, e até para que esse tipo de fecundação possa ser viabilizada, especialmente diante da possibilidade de que um sem-número de filhos (de uma doação pode resultar, segundo o autor, aproximadamente dez crianças) apareçam para exigir obrigações alimentares, e, até, o que já não é mais extravagante, "afetivas".[115] Argumenta que o anonimato constitui "condição de possibilidade de que o filho possa de todo chegar a viver". Para Canaris, "reconhecer como prioritário, sem limitações, o interesse do filho na informação conduziria, em última instância, à posição insustentável de que seria melhor não viver de todo do que viver com o desconhecimento da pessoa do seu pai biológico", e, assim, defende que o peso do direito "à autodeterminação informativa" não deve ser suficiente para se impor ao direito ao anonimato.

É claro que a situação acima narrada é distinta, nas circunstâncias relevantes para a ponderação, daquela analisada pelo STF. O caso brasileiro é mais difícil de decidir, pois a recusa na realização do exame (e o anseio de anonimato que ela também comporta) não se reveste da importância do direito ao anonimato para o doador de esperma, fazendo com que o peso dos direitos esteja mais próximo de um "empate". Dificílima a tomada de posição neste caso. Há bons argumentos tanto para um lado como para o outro, e há que se respeitar qualquer das soluções defendidas. A relativização do direito ao próprio corpo, no caso, representa um caminho que prestigia um imperativo de solidariedade para com a situação das filhas,[116] e este é um dado importante.

---

[115] Nesse aspecto é de se verificar recente decisão do STJ (RESP nº 757411 – DJ, 27 mar. 2006), que isentou do pagamento de indenização um pai por ter faltado com o "dever" de afeto para com seu filho, direito este reconhecido pelo Tribunal de Alçada de Minas Gerais, com base no art. 227 da Constituição Federal. Aqui, acertadamente, o STJ reconheceu a impossibilidade de existência de "deveres" afetivos, noções, inclusive antitéticas, pois todo afeto, por ser afeto, há de ser livre, espontâneo, contrário aos deveres, estes compulsórios. Se é impossível que alguém seja compelido a amar, pela mesma razão não se pode condenar quem quer que seja ao pagamento de indenização pelo desamor ou pela falta de amor, o que, aliás, incrementa, na situação real, a distância afetiva entre as partes envolvidas.

[116] "Seja o gesto de generosidade de autorização para a retirada do próprio sangue, seja a colaboração pedida para o tratamento sanitário obrigatório, realizados com respeito à dignidade, testemunham a superação quer da instância meramente voluntarista, quer de concepções do direito da personalidade visto como direito sobre o próprio corpo quase de forma proprietária" (PERLINGIERI, 2002, p. 299).

Parece-nos que a solução que afastou a condução coercitiva não foi, do ponto de vista da ponderação, a melhor, embora não se possa simplesmente afirmar que a decisão foi incorreta ou não foi justificada. Em primeiro lugar, como anotado acima, porque o problema não estaria resolvido na análise instrumental das provas. Em segundo, porque a importância para as filhas do conhecimento de sua origem genética e a repercussão dessa revelação em aspectos psicológicos e, principalmente, para a sua saúde física e de seus descendentes (veja-se o risco de incesto sempre presente quando não se conhece o próprio genitor) parece-nos pesar mais do que a liberdade de disposição do próprio corpo invocada pelo réu.

É bem verdade que a vida sem o conhecimento paterno, durante longos anos, até o advento desses novos exames na Medicina, foi possível e era inevitável. Além disso, os aspectos psicologicamente nocivos que o desconhecimento paterno poderia implicar são incertos, e comportam uma incursão na subjetividade alheia difícil de ser realizada pelos juízes: não se sabe até que ponto o conhecimento do pai verdadeiro seria de fato mais proveitoso para a vida das menores do que a sua ignorância, posto que não garantiria, por exemplo, o afeto do pai. Nesse sentido, o Professor Paulo Luiz Netto Lôbo (1999b, p. 71) alude a matéria publicada na revista *Veja*[117] de 21 de abril de 1999, que dá conta de vários dramas familiares vividos a partir dos resultados de exames de DNA, o que inclui relações destruídas, pela comprovação de que alguém não era filho de quem se imaginava ser.

> Atribuir-se a paternidade a alguém, com todos os desdobramentos jurídicos, psicológicos e sociais, não afeta apenas o filho e o pai biológicos, mas ao conjunto familiar. Em alguns casos, principalmente de crianças de tenra idade, diante de resultados positivos, os pais assumiram voluntariamente a assistência material, encerrando o processo judicial. Em outros, especialmente quando os filhos eram adultos, houve recusa a uma aproximação afetiva, restando apenas a obrigação econômica, como no caso de Pelé. Note-se que em nenhum dos casos relatados há referência ao início de convivência; as mães continuaram com seus filhos e os pais permaneceram afastados, alguns negando-se a visitar ou estabelecer qualquer vínculo mais estreito com seus filhos. Assim, a revelação da origem biológica não foi suficiente para gerar famílias, no sentido de comunhão de afetos.

---

[117] Drama de proveta. *Veja*, 21 abr. 99, p. 90-91.

Por outro lado, o argumento da "bagatela" ou do "fio de cabelo" não pode ser o decisivo na resolução do conflito. A resistência em admitir que uma pessoa tenha o próprio sangue ou uma parte do seu corpo compulsoriamente retirada (um cabelo que seja), mesmo dispondo-se a arcar, patrimonialmente, com o ônus da sua recusa não é "ridícula". A questão aí não é o volume da parte retirada, mas o seu *uso* em benefício alheio. Um uso que consiste num esclarecimento definitivo de um vínculo genético que talvez pretenda o réu, por razões que apenas lhe interessam, manter oculto. Se a recusa é da ordem do *capricho*, também não se pode negar que ela compete à subjetividade do réu. Diferentemente do Estado, aos sujeitos privados deve ser outorgada uma margem de arbítrio nas suas decisões, no sentido de que nem todas elas têm de estar racionalmente justificadas, sob pena de se cair num absolutismo ético asfixiante.

Porém, mesmo com argumentos significativos, parece-nos que o prestígio à liberdade de dispor do próprio corpo (e, em certa medida, o direito ao anonimato), nesse caso concreto, não pode ser sobreposto ao direito invocado pelas filhas, na medida em que o conhecimento de sua origem genética pode ser decisivo em situações de defesa da sua própria saúde ou da saúde de seus descendentes, sendo, por isso, mais significativo para o cumprimento do princípio da dignidade humana do que a solução contrária.[118]

5.5 O conflito entre a autonomia privada e o direito ao contraditório e à ampla defesa: os casos da exclusão de sócios de cooperativas e associações

Diferentemente das situações anteriores, nas quais o STF admitiu e em alguns casos aplicou diretamente direitos fundamentais às relações privadas, mas sem adentrar nas discussões mais especificamente ligadas ao tema da eficácia horizontal, no RE nº 201.819, pela primeira vez, a matéria veio à tona. Isso se deu por iniciativa do Ministro Gilmar Ferreira Mendes em processo no qual se discutia a exclusão de sócio dos quadros de uma associação de direito privado, no caso, a União Brasileira de Compositores (UBC), sem que lhe fosse dada a oportunidade de apresentar defesa junto ao órgão competente da entidade.

---

[118] Recentemente, foi editada a Lei nº 12.004/2009, a qual, alterando a Lei nº 8.560/2002, adotou a posição firmada nesse precedente, atribuindo à recusa na realização do exame o caráter de confissão ficta (art. 2º, parágrafo único).

O sócio recorrera ao Judiciário visando anular o procedimento de sua exclusão e obteve êxito, junto ao Tribunal Ordinário, que acatou a tese de que, se não pode a entidade associativa adotar "regras ou formas processuais rigorosas", não se pode também admitir que "princípios constitucionais básicos sejam descumpridos flagrantemente".[119] A relatora do processo era, inicialmente, a Ministra Ellen Gracie, que revendo a posição do Tribunal *a quo*, adotou a tese da inaplicabilidade do princípio da ampla defesa, por tratar-se de entidade de direito privado, regida por norma estatutária, esta, integralmente obedecida. Neste sentido, assentou a Ministra em seu voto:

> Entendo que as associações privadas têm liberdade para se organizar estabelecer normas de funcionamento e de relacionamento entre os sócios, desde que respeitem a legislação em vigor. Cada indivíduo, ao ingressar numa sociedade, conhece suas regras e seus objetivos, aderindo a eles. A controvérsia envolvendo a exclusão de um sócio de entidade privada resolve-se a partir das regras do estatuto social e da legislação civil em vigor. Não tem, portanto, o aporte constitucional atribuído pela instância de origem, sendo totalmente descabida a invocação do disposto no art. 5º, LV da Constituição para agasalhar a pretensão do recorrido de reingressar nos quadros da UBC.

A Ministra, assim, afastou, no caso concreto, qualquer possibilidade de invocação de normas definidoras de direitos fundamentais por particular frente a entidades de direito privado, estas, no seu entendimento, sujeitas apenas aos seus estatutos e à legislação infraconstitucional. É interessante notar que essa tese vai na contramão dos acórdãos anteriores proferidos pela Corte, que, como vimos, até agora vinham admitindo, sem maiores questionamentos, uma aplicação direta das normas constitucionais definidoras de direitos fundamentais a entidades privadas. Isto, talvez, deva-se ao fato de que o princípio da ampla defesa tem estado muito ligado às situações que apresentam o Estado em um dos polos (como ocorre nos processos judiciais) e afeta sensivelmente a liberdade organizativa e decisória das associações (art. 5º, XVIII, da CF). O fato é que a situação serviu de mote para iniciar, no âmbito do STF, discussão sobre a possibilidade e o modo de aplicação dos direitos fundamentais nas relações entre os particulares, constituindo o primeiro precedente da Corte sobre as questões especificamente enfrentadas neste trabalho.

---

[119] Trechos transcritos no voto vista proferido pelo Ministro Gilmar Ferreira Mendes (p. 2-3).

É de se registrar, contudo, que o STF já havia aplicado especificamente o princípio da ampla defesa a relações privadas, e isso em caso bem similar ao ora comentado, sem que fossem levantadas maiores dúvidas quanto à sua eficácia imediata (o que demonstra ainda mais a desconformidade da tese adotada pela Ministra Ellen Gracie em relação aos precedentes da casa). Isso aconteceu no RE nº 158.215, de relatoria do Ministro Marco Aurélio Mello, cuja ementa, na parte que interessa à discussão, é transcrita a seguir:

> COOPERATIVA – EXCLUSÃO DE ASSOCIADO – CARÁTER PUNITIVO – DEVIDO PROCESSO LEGAL. Na hipótese de exclusão de associado decorrente de conduta contrária aos estatutos, impõe-se a observância ao devido processo legal, viabilizado o exercício amplo da defesa. Simples desafio do associado à assembléia-geral, no que toca à exclusão, não é de molde a atrair adoção de processo sumário. Observância obrigatória do próprio estatuto da cooperativa.

Aqui, embora haja alusão expressa ao fato de que o próprio estatuto da cooperativa previa o exercício do direito de defesa, a discussão não se restringiu apenas à interpretação e ao possível descumprimento de cláusula estatutária, mas se afirma expressamente a necessidade de cumprimento das normas constitucionais garantidoras do devido processo legal e da ampla defesa, submetendo a conduta privada e a norma estatutária diretamente à Constituição (BRANCO, 2003, p. 170-174).

No caso *supra*, a discussão foi exígua e tem razão Rodrigo Kaufmann (2003, p. 276) ao afirmar que "várias e sérias indagações não foram ao menos discutidas, especialmente em se tratando de direito fundamental típico de ser oponível contra o Estado". Aqui não se indagou da existência de circunstâncias concretas que seriam importantes para justificar o controle da conduta das entidades à luz da norma constitucional, como, por exemplo, "a constatação de que a cooperativa exerce importante papel social na região ou que exerce função que se aproxima das atividades típicas do Estado" (KAUFMANN, 2003, p. 273)

Esse era o cenário da matéria na Corte até o momento em que, no bojo do RE nº 201.819-8, o Ministro Gilmar Ferreira Mendes, em voto vista que acabou por prevalecer e determinar o teor do julgado, trouxe à discussão uma série de questões relativas à aplicação interprivada dos direitos fundamentais, que, até então, eram privativas dos meios acadêmicos.

Aqui, para posicionar-se, o Ministro fez referência a obra já publicada sobre o assunto (MENDES, 2004, p. 114-169), transcrevendo trechos relativos ao debate em torno da eficácia horizontal dos direitos fundamentais, tal como desenvolvidos na Europa e nos Estados Unidos (*state action*). Aborda, inicialmente, a evolução do problema desde o século XIX, quando os direitos fundamentais eram tidos como opostos apenas ao Estado, até o momento atual, em que se admite que "o próprio campo do Direito civil está prenhe de conflitos de interesses com repercussão no âmbito dos direitos fundamentais". Alude, também, às diversas teorias acerca de como devem incidir tais direitos nas relações privadas, notadamente às discussões relativas à eficácia mediata (Dürig, Hesse) e imediata (Nipperdey) e suas repercussões quanto ao princípio da autonomia privada, tal como desenvolvidas na Alemanha.

Ao abordar o debate no Brasil, o Ministro cita expressamente decisões proferidas pelo STF, que representariam "positivos impulsos" à análise do tema: RE nº 160.222-8-RJ; RE nº 158.215-RS; RE nº 161.243-6-DF, todas comentadas neste capítulo. Tomando como base estes julgados, alude a posicionamento de Paulo Gustavo Gonet Branco (2003, p. 170-174) e Daniel Sarmento (2004, p. 297), para os quais, mesmo sem entrar especificamente na discussão das teses sobre o modo de vinculação dos particulares aos direitos fundamentais, a jurisprudência brasileira vem aplicando diretamente os direitos individuais consagrados na Constituição à resolução de litígios privados, o que coincide com a tese adotada neste trabalho. Lamentavelmente, porém, nada conclui acerca da posição do STF e, neste aspecto, afirma:

> Não estou preocupado em discutir no atual momento qual a forma geral da aplicabilidade dos direitos fundamentais que a jurisprudência desta Corte professa para regular as relações entre particulares. Tenho a preocupação de, tão-somente, ressaltar que o Supremo Tribunal Federal já possui histórico identificável de uma jurisdição constitucional voltada para a aplicação desses direitos às relações privadas.

Assim, o voto deixa em aberto a leitura dos precedentes do STF no tocante à defesa das teses da eficácia imediata ou mediata dos direitos fundamentais. Dificilmente, porém, uma outra leitura poderá ser feita dessas decisões que não a de que a Corte aplicou diretamente direitos fundamentais às relações privadas. Como vimos até agora, em nenhum desses precedentes há uma preocupação de se invocar a todo custo um dispositivo da legislação civil para, apenas através de sua aplicação, mediante uma "leitura" constitucional, aplicar os direitos fundamentais às relações privadas. Em outras palavras, não se tem por indispensável uma disposição legal que sirva de "ponto de irrupção" ou "ponto de entrada" destes direitos fundamentais nas relações privadas

(ESTRADA, 2000, p. 111). Ao contrário, afirma-se que os particulares nas suas relações não podem contrariar norma definidora de direitos fundamentais, tendo por nulas disposições contratuais e estatutárias ofensivas a tais direitos.

Isso está de acordo com toda uma doutrina pátria que vem significativamente influenciando a jurisprudência nacional infraconstitucional e que aborda os temas de direito civil sob a perspectiva do Direito civil constitucional. Expoente dessa tendência, o Professor Gustavo Tepedino (2004, p. 49), por exemplo, não hesita em defender uma aplicação direta dos direitos fundamentais às relações privadas, embora sem descartar, nas hipóteses efetivamente reguladas infraconstitucionalmente, a necessidade de leitura das normas do Direito civil em conformidade com a Constituição.[120] Para ele, por exemplo, o principal instrumento de proteção da pessoa nas relações entre os particulares é o princípio da dignidade humana, "capaz de incidir [...] em todas as situações, previstas ou não, em que a personalidade, entendida como valor máximo do ordenamento, seja o ponto de referência objetivo".

Não obstante, o trecho do voto citado indica que parece ter razão Daniel Sarmento (2004, p. 291) ao apontar, em obra publicada pelo Ministro Gilmar Mendes sobre o assunto (2004, p. 120-130), uma "simpatia" pela tese da eficácia mediata, que, esperamos, não prevaleça no entendimento a ser adotado majoritariamente pelo Supremo Tribunal Federal, mantendo-se, assim, a linha até aqui adotada que vem prestigiando uma eficácia direta.

Contudo, não obstante esta (incerta e não declarada) "simpatia", em continuidade ao seu voto, o Ministro inequivocadamente aplicou diretamente as garantias do devido processo legal, do contraditório e da ampla defesa (art. 5º, LIV e LV, da CF) à situação concreta, afastando a autonomia invocada pela entidade associativa, e isto sem que fosse necessário lançar mão de qualquer preceito infraconstitucional de Direito privado, o que faz com que este seja mais um precedente da tese que defende uma aplicação imediata dos direitos fundamentais às relações privadas.

---

[120] "Os grupos sociais, como a família, os sindicatos, a universidade, a empresa, as associações filantrópicas ou mesmo religiosas, todas elas, igualmente, embora protegidas constitucionalmente, devem ter o seu regulamento interno adequado ao pleno desenvolvimento da personalidade humana, não lhe sendo consentido impor aos seus associados, mercê de uma mal compreendida tutela constitucional à autonomia associativa, normas de conduta que não se coadunam com os princípios acima referidos" (TEPEDINO, 2004, p. 52).

Para tanto, o voto considera dois aspectos importantes que justificam a prevalência, no caso concreto, dos princípios constitucionais acima citados: a) o importante poder social exercido pela associação, apto a influenciar aspectos decisivos da vida do associado, notadamente os relativos à fruição dos seus direitos autorais, e b) o grau de lesão implicado no descumprimento do princípio da ampla defesa e do contraditório para a vida do associado, em especial, para a proteção dos seus direitos autorais (os quais estão, também, tutelados constitucionalmente — art. 5º, XXVII).

No tocante ao primeiro aspecto, o Ministro (p. 19) ressalta que, no caso de expulsão, não seria dado ao associado sequer a possibilidade de ingressar em outras associações com o fito de obter a defesa dos mesmos interesses que o motivaram a filiar-se à entidade, qual seja: a defesa e fruição dos seus direitos autorais. Isto em decorrência do fato de que a UBC "integra a estrutura do ECAD", órgão central responsável, nos termos do art. 99 da Lei Federal nº 9.610/98, pela gestão coletiva de arrecadação e distribuição dos direitos relativos à execução pública das obras musicais, lítero-musicais, de fonogramas e da exibição de obras audiovisuais Competência esta que, não obstante desempenhada por entidade privada (ECAD), foi considerada constitucional pela ADI nº 2.054-4-DF, de relatoria do Ministro Ilmar Galvão, julgada em 2003. Acentua que a entidade é dotada desse especial *status*, porque, do fato de estar filiada ao ECAD, decorre-lhe a prerrogativa de participar da gestão coletiva de arrecadação e distribuição de direitos autorais, o que não ocorre com outras associações.

Tal não significa mais do que a aplicação do parâmetro que outorga uma precedência *prima facie* ao direito invocado pela parte menos poderosa (aqui o associado), nos casos em que os direitos fundamentais sejam dirigidos a particulares dotados de significativo poder político ou social, apontado no capítulo 4, item 4.4, deste trabalho.

Esse parâmetro é significativo e delicado nas situações em que esteja envolvida a autonomia privada das associações. Tais entidades, embora desempenhem importante papel na esfera pública para a defesa de interesses dos seus associados, e, muitas vezes, atuem como mediadoras entre os indivíduos, o Estado e a Sociedade, podem, pelo mesmo motivo, lesar-lhes, no seu funcionamento, direitos fundamentais.[121] Dentro do universo dos problemas relativos à eficácia

---

[121] Sob a importância do surgimento de poderes privados na sociedade contemporânea para a defesa da tese da eficácia privada dos direitos fundamentais, ver capítulo 1, item 1.3, *supra*.

privada desses direitos, pode-se destacar, inclusive, a existência de obras especificamente destinadas a discutir o tema, sob o aspecto do direito das associações. Nesse sentido, a obra de Josep Ferrer i Riba e Pablo Salvador Coderch (1994) no Direito espanhol e de Paulo Gustavo Gonet Branco (2003) no Brasil.

Para efeito, contudo, da fixação de parâmetro para a ponderação, a caracterização do poder político e social, no caso das associações, passa pela análise de uma série de circunstâncias concretas, e, principalmente da relevância delas para a situação posta sob análise. Pode-se citar, dentre outras: a) o tamanho da entidade, considerando o número de participantes e o vulto de recursos financeiros de que dispõe; b) o impacto econômico e social exercido na região onde se localiza, de modo a influir significativamente ou não nas relações econômico-sociais dos associados com seus eventuais parceiros (empresas, bancos, sindicatos etc.);[122] c) a essencialidade do tipo de atividade exercida pela entidade para a vida do associado, por exemplo, se destinada a interesses ligados à subsistência ou ao lazer (KAUFMANN, 2003, p. 279-281).

Especialmente, a última circunstância foi levada em conta no precedente ora analisado e foi decisiva para justificar a decisão pela nulidade da expulsão, o que denota o seguinte trecho do julgado (p. 20):

> Destarte, considerando que a União Brasileira de Compositores (UBC) integra a estrutura do ECAD, é incontroverso que, no caso, ao restringir as possibilidades de defesa do recorrido, ela assume posição privilegiada para determinar, preponderantemente, a extensão do gozo e fruição dos direitos autorais de seus associados.

Por outro lado, não se deixou de registrar um segundo aspecto relevante para a ponderação, que é atinente ao grau de lesão recíproca de direitos envolvidos no caso. Aqui a intervenção restritiva no direito ao contraditório e à ampla defesa (de natureza tipicamente procedimental) acaba por atingir outros direitos constitucionais titularizados pelo associado, como os direitos de autor (art. 5º, XXVII) e a liberdade de exercício profissional (art. 5º, XIII), de modo que o conflito se dá de forma complexa, envolvendo, de um lado, mais de um direito fundamental. Assim se posiciona o Ministro Gilmar Mendes:

---

[122] Como ocorreria, por exemplo, em uma cooperativa de produtores de leite de determinada região responsável pelo escoamento de toda a produção dos cooperados (KAUFMANN, 2003, p. 280).

Em outras palavras, trata-se de entidade que se caracteriza por integrar aquilo que poderíamos denominar como *espaço público ainda que não-estatal*. Essa realidade deve ser enfatizada principalmente porque, para os casos em que o único meio de subsistência dos associados seja a percepção dos valores pecuniários relativos aos direitos autorais que derivem de suas composições, a vedação das garantias constitucionais de defesa pode acabar por lhes restringir a própria liberdade de exercício profissional.

Desse modo, diante do conflito entre os princípios relativos à ampla defesa; ao decorrente da proteção do direito autoral e ao que tutela a liberdade de exercício profissional de um lado, e o da autonomia associativa (privada), de outro, a ponderação efetuada resultou na prevalência dos primeiros. Isso, face ao elevado grau de lesão que o prestígio à autonomia da entidade implicaria para importantes aspectos da vida do associado (inclusive sua própria subsistência), tutelados constitucionalmente.

No tocante ao resultado da ponderação efetuada, há que se anotar que andou bem o julgado. Levando em conta circunstâncias pertinentes, aplicou, ao caso concreto, a regra da precedência do direito invocado pelo particular menos poderoso, justificando, ademais, adequadamente, as circunstâncias que determinaram o grau de importância recíproca dos princípios envolvidos (especialmente no tocante aos danos que sofreria o associado em função de sua expulsão sumária, quando contrastados com a relativização da liberdade associativa). Por outro lado, não obstante uma certa reticência observada no voto condutor, o precedente é um exemplo de aplicação direta dos direitos fundamentais às relações privadas. Mais ainda, aponta para a aceitação da tese de que a eficácia imediata não implica, por si só, o amesquinhamento indevido da autonomia dos particulares, desde que este seja ponderado corretamente com os outros princípios constitucionais conflitantes (o que supõe a afirmação de que não é imprescindível a invocação de preceito legal intermediário na aplicação da Constituição).

A decisão restou assim ementada:

> EMENTA: *SOCIEDADE CIVIL SEM FINS LUCRATIVOS. UNIÃO BRASILEIRA DE COMPOSITORES. EXCLUSÃO DE SÓCIO SEM GARANTIA DA AMPLA DEFESA EDO CONTRADITÓRIO. EFICÁCIA DOS DIREITOS FUNDAMENTAIS NAS RELAÇÕES PRIVADAS. RECURSO DESPROVIDO*
>
> *I. EFICÁCIA DOS DIREITOS FUNDAMENTAIS NAS RELAÇÕES PRIVADAS.* As violações a direitos fundamentais não ocorrem somente no âmbito das relações entre o cidadão e o Estado, mas igualmente

nas relações travadas entre as pessoas físicas e jurídicas de direito privado. Assim, os direitos fundamentais assegurados pela Constituição vinculam diretamente não apenas os poderes públicos, estando direcionados também à proteção dos particulares em face dos poderes privados.
II. OS PRINCÍPIOS CONSTITUCIONAIS COMO LIMITES À AUTONOMIA PRIVADA DAS ASSOCIAÇÕES. A ordem jurídico-constitucional brasileira não conferiu a qualquer associação civil a possibilidade de agir à revelia dos princípios inscritos nas leis, e, em especial, dos postulados que têm por fundamento direto o próprio texto da Constituição da República, notadamente em tema de proteção às liberdades e garantias fundamentais. O espaço de autonomia privada garantido pela Constituição às associações não está imune à incidência dos princípios constitucionais que asseguram o respeito aos direitos fundamentais de seus associados. A autonomia privada, que encontra claras limitações de ordem jurídica, não pode ser exercida em detrimento ou com desrespeito aos direitos e garantias de terceiros, especialmente aqueles positivados em sede constitucional, pois a autonomia da vontade não confere aos particulares, no domínio de sua incidência e atuação, o poder de transgredir ou ignorar as restrições postas e definidas pela própria Constituição, cuja eficácia e força normativa também se impõe, aos particulares, no âmbito de suas relações privadas, em tema de liberdades fundamentais.

III. SOCIEDADE CIVIL SEM FINS LUCRATIVOS. ENTIDADE QUE INTEGRA ESPAÇO PÚBLICO, AINDA QUE NÃO-ESTATAL. ATIVIDADE DE CARÁTER PÚBLICO. EXCLUSÃO DE SÓCIO SEM GARANTIA DO DEVIDO PROCESSO LEGAL. APLICAÇÃO DIRETA DOS DIREITOS FUNDAMENTAIS À AMPLA DEFESA E AO CONTRADITÓRIO. As associações privadas que exercem função predominante em determinado âmbito econômico e/ou social, mantendo seus associados em relações de dependência econômica e/ou social, integram o que se pode denominar de espaço público, ainda que não estatal. A União Brasileira de Compositores – UBC, sociedade civil sem fins lucrativos, integra a estrutura do ECAD e, portanto, assume posição privilegiada para determinar a extensão do gozo e fruição dos direitos autorais de seus associados. A exclusão de sócio do quadro social da UBC, sem qualquer garantia de ampla defesa, do contraditório, ou do devido processo constitucional, onera consideravelmente o recorrido, o qual fica impossibilitado de perceber seus direitos autorais relativos à execução de suas obras. A vedação das garantias constitucionais do devido processo legal acaba por restringir a própria liberdade do exercício profissional do sócio. O caráter público da atividade exercida pela sociedade e a dependência do vínculo associativo para o exercício profissional de seus sócios legitimam, no caso concreto, a aplicação direta dos direitos fundamentais concernentes ao devido processo legal, ao contraditório e à ampla defesa (art. 5º, LIV e LV, CF/88).

IV. RECURSO EXTRAORDINÁRIO DESPROVIDO.

5.6 O problema da impenhorabilidade do bem de família do fiador e a garantia de não intervenção pelo locatário no seu direito constitucional à moradia

Recentemente, no bojo do RE nº 407.688-8/SP, o STF voltou a enfrentar a questão da aplicabilidade dos direitos fundamentais às relações privadas. A discussão ocorreu por ocasião do julgamento de matéria já polêmica entre os civilistas, relativa à constitucionalidade do art. 3º, VII, da Lei Nacional nº 8.009, de 23 de março de 1990, com redação dada pela Lei nº 8.245, de 15 de outubro de 1991, que excepcionou da garantia da impenhorabilidade o bem de família do fiador em contratos de locação.

Como se sabe, o princípio da responsabilidade patrimonial do devedor em sede obrigacional sempre esteve presente nos ordenamentos a partir das codificações modernas e encontra-se consignado no atual Código Civil brasileiro no art. 391, o qual sujeita os bens do devedor às consequências do inadimplemento de obrigações legalmente assumidas. Do mesmo modo, os bens do fiador estão sujeitos à constrição destinada à satisfação do débito não honrado pelo devedor principal, quando tal encargo é assumido contratualmente (art. 818 do Código Civil).

Por outro lado, visando preservar a subsistência e proteger a família do devedor, a legislação exclui o imóvel destinado à moradia dessas pessoas, que fica a salvo das medidas executivas destinadas à satisfação dos débitos assumidos. Com origem histórica ligada ao enfrentamento de crises econômicas agudas e de insolvências generalizadas,[123] a proteção do bem de família se apresenta como uma exceção ao princípio da segurança creditícia em favor da proteção da entidade familiar, especialmente preservando a habitação e a subsistência das pessoas que nele residem. Alguns autores incluem a medida como garantia de um "mínimo existencial ou patrimônio mínimo que a pessoa necessita para viver com dignidade e decência" (LÔBO, 2008, p. 369).

No Brasil, o bem de família é atualmente protegido através da Lei nº 8.009/90, a qual, contudo, excepcionou algumas situações do âmbito da proteção referida, dentre as quais, aquela relativa à fiança oferecida em contrato de locação, hipótese acrescentada em seu art. 3º pela Lei nº 8.245, de 15 de outubro de 1991. A controvérsia posta ao crivo do STF refere-se à recepção desse dispositivo pela Constituição,

---

[123] O instituto deriva do *homestead*, surgido em 1839 na República do Texas, antes de sua integração aos Estados Unidos, difundindo-se posteriormente por vários Estados desse país (LÔBO, 2008, p. 370).

após a edição da Emenda nº 26/2000, que incluiu no rol dos direitos sociais o direito à moradia (art. 6º da CF), razão pela qual sustentou-se a inconstitucionalidade do dispositivo citado, na medida em que violaria direito social do fiador, na hipótese ali colocada.

O STF, por maioria, reputou constitucional o dispositivo, nos termos do voto proferido pelo Ministro Cezar Peluso. Os argumentos adotados pelo relator podem ser resumidos da seguinte forma: a) os direitos sociais, em sua faceta objetiva, geram deveres para o Estado que podem ser satisfeitos de inúmeras formas ou modalidades, cabendo à lei concretizadora definir as espécies de prestações que compõem o seu objeto; b) o direito à moradia não se confunde com o direito de ser proprietário de imóvel (direito à propriedade imobiliária); c) sendo assim, sem prejuízo de outras hipóteses conformadoras, pode ser implementado "por norma jurídica que estimule ou favoreça o incremento da oferta de imóveis para fins de locação habitacional, mediante previsão de reforço das garantias contratuais dos locadores".

O raciocínio do relator é de que, se o que o art. 3º, VII, da Lei nº 8.009/90 restringe a propriedade do bem de família do fiador, o faz visando garantir o próprio direito à moradia de inúmeras outras pessoas, as quais, diante da retração e dificuldades no mercado de locação de imóveis, se veem impossibilitadas de firmar contratos locacionais pela ausência de garantidores, diante da insuficiência patrimonial daqueles disponíveis e da onerosidade excessiva das garantias contratuais legalmente exigidas pelos proprietários de imóveis. Desse modo, a *ratio legis* seria justamente a concretização do direito que serviu de fundamento para o questionamento de constitucionalidade da lei. Teríamos assim, de um lado, a pretensão do fiador em manter o imóvel de sua propriedade, destinado a sua moradia e, do outro, o interesse de diversas pessoas em adquirir com maior facilidade imóveis para locação. Em ambos os casos, poder-se-ia invocar a norma que tutela o direito à moradia.

O relator cogita, ainda, de uma redução teleológica do alcance do dispositivo, de modo a excluir as hipóteses de aplicação em que existam "outros meios capazes de assegurar o pagamento forçado de todo o crédito do locador" (declaração de nulidade sem redução de texto) (MENDES, 2001, p. 301), mas entende desnecessário para o caso concreto, tendo em vista não haver notícia no processo de que tal situação estaria configurada.

Por outro lado, o voto vencedor afasta eventual ofensa ao princípio da igualdade (invocável porque apenas a classe dos fiadores foi despojada da garantia), por entender que os direitos sociais, por suas próprias características, admitem medidas concretizadoras que adotem tratamento diferenciado para certas classes de pessoas, configurando-se mesmo como "direitos de preferências", que discrimina com finalidades compensatórias. Na situação concreta, a medida legal visaria promover o estímulo ao "acesso à habitação arrendada" por uma classe ampla de pessoas (que não possuem qualquer imóvel), em detrimento de outra classe menos numerosa: a dos proprietários de um único bem (de família), que voluntariamente obrigaram-se por meio de contrato a prestar garantia.

A questão relativa à eficácia privada do direito à moradia foi levantada pelo Ministro Joaquim Barbosa, que em seu voto afirmou:

> A singularidade do presente caso reside no fato de que a suposta violação de um direito fundamental não se dá no bojo de uma típica relação jurídica que se estabelece entre o titular do direito e um órgão estatal, mas, sim, numa relação entre particulares tipicamente de direito privado.

De acordo com o Ministro, o caso ensejaria um conflito entre o direito à moradia, direito social constitucionalmente assegurado e que "exige, em princípio, uma prestação do Estado" e o princípio que tutela a autonomia da vontade que seria "exteriorizada, no caso concreto, na faculdade que tem cada um de obrigar-se contratualmente e, por conseqüência, de suportar os ônus dessa livre manifestação de vontade". Dessa forma, alude a uma necessidade de se definir, inicialmente, sobre a aplicabilidade das normas que definem direitos fundamentais aos particulares, especialmente no que diz respeito ao peso e ao rigor da vinculação, e, por fim, manifesta posição favorável à submissão dos entes privados a tais preceitos, desde que com a cautela de se verificar, caso a caso, a peculiaridade de cada situação.

Seu voto é proferido no sentido de fazer prevalecer o princípio da autonomia da vontade, sobre o direito à moradia invocado pelo fiador, pois, a seu ver, esse último não teria caráter absoluto e deveria ceder ante o direito à livre contratação:

> Ao fazer uso dessa franquia constitucional, o cidadão, por livre e espontânea vontade, põe em risco a incolumidade de um direito fundamental social que lhe é assegurado pela Constituição. E o faz, repito, por conta própria.

A partir daqui já se pode fazer algumas considerações sobre o rumo da discussão. Em primeiro lugar é possível perceber um desacordo entre votos convergentes no tocante ao enquadramento das pretensões do locador e do fiador nas normas definidoras de direitos fundamentais, divergência essa que se estenderá, também, aos votos vencidos.

De acordo com o raciocínio do Ministro Cezar Peluso, a pretensão do proprietário em satisfazer seu crédito por meio do bem de família do fiador pode ser embasada na própria norma que garante o direito à moradia; não a dele, fiador, mas das pessoas que são beneficiadas pela desoneração do mercado locatício. Assim, a situação apresenta interesses contrapostos embasados num único direito fundamental: o direito à moradia.

Já o Ministro Joaquim Barbosa constata um conflito entre o direito de liberdade contratual (autonomia da vontade), que estaria posto em favor do locatário, e o direito à moradia, posto em favor do fiador. Note-se que se trata da autonomia da vontade do fiador invocada em favor do locador, portanto, tomada de um ponto de vista objetivo, como valor constitucional a ser tutelado.

No tocante à relevância do princípio da autonomia privada para o caso, deve-se esclarecer que a lide não decorre de cláusula contratual que tenha sido livremente avençada pelas partes e que seja ofensiva de direitos fundamentais, como ocorre com boa parte das situações em que se pretende aplicar direitos fundamentais às relações privadas. De fato, trata-se de discussão sobre relação jurídica existente entre os dois particulares (o contrato de fiança), mas o que é questionado é a exceção à impenhorabilidade legal, que não decorre de nenhuma cláusula convencional.

Por outro lado, não se pode perder de vista que a situação posta ao crivo do STF refere-se a um conflito que se instala entre o interesse do locatário em satisfazer seu crédito e o interesse do fiador em manter o seu bem de família e, por isso mesmo, entre dois sujeitos privados. Trata-se de um conflito entre o direito de crédito do locador (abrangido no seu direito de propriedade) de um lado, e o direito à moradia do fiador, do outro.[124] Apenas de forma reflexa é que se configura como relevante o direito à moradia dos interessados na desoneração do mercado de locação. Essa distinção não foi efetuada no voto do Ministro Peluso, na medida em que se parte, assim como se fez em relação à autonomia privada, de uma visão objetiva do direito à moradia.

---

[124] Assim, o Professor Paulo Luiz Netto Lôbo (2008, p. 369), ao discorrer sobre os fundamentos da impenhorabilidade do bem de família, explica: "A casa realiza um dos direitos fundamentais necessários à vida e à concretização da dignidade da pessoa humana. Integra, em grande medida, o mínimo existencial ou o patrimônio mínimo que a pessoa humana necessita para viver com dignidade e decência. *No conflito entre a segurança jurídica decorrente da garantia ao crédito, fruto da evolução das sociedades, de natureza obrigacional, e o direito à moradia, de natureza existencial, o direito optou pelo segundo*" (grifo ausente no original).

A garantia do crédito do locador ampara-se, no caso concreto, na exceção estabelecida pelo art. 3º, VII, da Lei nº 8.009/90 que, por sua vez, restringe o direito à moradia do fiador. A constitucionalidade do dispositivo depende de se estabelecer se essa intervenção no direito do fiador não foi excessiva segundo as regras da ponderação. Para isso, contudo, não se pode deixar de indagar acerca dos fins visados pelo legislador e nesse momento é que surge o problema da desregulação do mercado para, em tese, concretizar o direito à moradia dos interessados em alugar imóveis.

Se tomarmos a situação tal como posta na lide, os parâmetros propostos por esse trabalho indicam que a solução dada pelo STF não foi a melhor, uma vez que, *prima facie*, o direito invocado para tutelar situações existenciais, como é o caso do direito à moradia, deve prevalecer sobre aquele que tutela o patrimônio, como ocorre como o direito de crédito do locador. Portanto, no caso concreto, deveria ter prevalecido o direito à moradia do fiador, o qual tutela uma situação existencial, consubstanciada no viver com dignidade e que constitui a *ratio* da impenhorabilidade legal do bem de família.[125]

Já se chamou atenção nesse trabalho para a cautela que se deve ter ao fazer interferir, na solução de conflitos entre sujeitos privados, questões de ordem pública, que não são necessariamente relevantes para a ponderação entre os direitos daquelas pessoas envolvidas no caso concreto, como se cogitou no caso da condução coercitiva de réu para realização do exame de DNA.[126] É justamente na análise do conflito de interesses postos na situação concreta que se lança luz acerca da razoabilidade das medidas questionadas, pois é possível verificar com mais clareza o grau de lesões recíprocas que elas provocam no direito de cada uma das pessoas envolvidas.

Tratando-se, porém, de questionamento relativo à constitucionalidade de lei (restritiva de direito fundamental), em decisão que servirá de precedente para todas as situações similares, não pode o julgador deixar de cogitar a finalidade visada pelo legislador. É a partir dela que se pode aferir a adequação da medida às normas constitucionais, especialmente àquelas definidoras de (outros) direitos fundamentais.

---

[125] Sobre a importância do direito à moradia para a tutela da dignidade e da própria personalidade do indivíduo como ser no mundo, ver Anderson Schreiber (2002, p. 77-98), que, em excelente ensaio, chega mesmo a advogar uma interpretação extensiva da garantia para atingir os bens do devedor solteiro.

[126] Aqui aludiu-se à hipótese em que o direito à intangibilidade do corpo das pessoas pode ser por vezes relativizados para realização de vacinações obrigatórias em casos de epidemias.

Em outras palavras, a finalidade visada é relevante para que se verifique se a ponderação legal se deu de forma constitucionalmente legítima ou se foi excessiva em relação ao direito invocado. E aqui é necessário que se enfrente o argumento de que o fim legal é justamente a concretização do direito à moradia de outras pessoas. Sob esse ponto de vista, o conflito se daria entre direitos igualmente existenciais.

O problema parece ser resolvido a partir da aplicação das máximas da adequação e da necessidade (ALEXY, 2004b, p. 39-41). Será que a exceção à impenhorabilidade do bem de família dos fiadores é medida de fato adequada à garantia do direito à moradia de outra classe (mais ampla) de pessoas que pretendam locar imóveis? Ela é apta ao alcance desse fim? Aqui há que se questionar se a vulneração do bem de família dos fiadores não conduzirá justamente ao oposto, ou seja, ao desestímulo no oferecimento de garantias. E, uma vez considerada apta, será que não existiriam outros meios ou políticas públicas igualmente idôneos para a garantia desse direito que não implicassem uma restrição tão grave no direito de moradia dos que prestaram fiança? Essas avaliações envolvem saberes técnicos e empíricos que ultrapassam o âmbito do jurídico, mas que, quase sempre, têm que ser enfrentados pelo julgador nos casos difíceis.

Já se disse que na aplicação de tais subprincípios convém manter um critério de respeito ao legislador,[127] sob pena de que se transfira ao Judiciário a avaliação sobre as medidas mais idôneas e eficazes para a concretização de direitos fundamentais, função que cabe ao órgão que ostenta a representação popular num regime democrático (art. 1º da CF). Contudo, não pode o Judiciário abrir mão de excluir aquelas que se apresentem como claramente inadequadas ou desnecessárias.

A intervenção no direito à moradia do fiador é grave: trata-se do despojamento de sua habitação própria e da possibilidade de sua inclusão na classe daqueles que irão depender do mercado de locação para habitar, estando, inclusive, impossibilitado de obter igual tratamento caso venha a exercer o seu direito de regresso contra o devedor, pois, os bens de família deste[128] estariam cobertos pela proteção.

Independentemente da solução adotada, o fato é que, embora tenha reputado constitucional o dispositivo, em momento algum foi questionada a possibilidade de uma aplicabilidade, inclusive direta,

---

[127] Ver capítulo 4, item 4.2, *supra*.
[128] Admite-se, por exemplo, conforme art. 1º da Lei nº 8.009/90, a impenhorabilidade de bens móveis do devedor que resida em imóvel alugado.

das normas definidoras de direitos fundamentais aos particulares. O voto do Ministro Joaquim Barbosa é esclarecedor nesse sentido. A medida restritiva legal prevaleceu não porque se entendeu que não seria invocável o direito à moradia numa lide entre dois sujeitos privados, mas porque, no momento da ponderação, pesou mais o valor constitucional tutelado pela restrição, ou seja, entendeu-se que a ponderação legal foi adequada, não se vislumbrando ofensa ao direito fundamental invocado.

No tocante ao caráter social do direito à moradia e à sua aplicabilidade aos particulares, há que se fazer uma pontuação. Nesse caso concreto, sua aplicabilidade foi cogitada na sua "função" de garantia contra intervenções (CANARIS, 2003b, p. 56). Embora o direito à moradia, como ocorre em geral com os direitos sociais, tenha por objeto determinadas ações positivas, invocáveis frente ao Estado, na situação posta ao crivo do STF, a pretensão do fiador era de que o locador se abstivesse de executar-lhe o imóvel, portanto, uma pretensão de defesa. Nesse sentido, o direito invocado não se apresenta como de caráter prestacional, pois não se trata de obrigar o sujeito privado a, por exemplo, construir habitações. Na sua função de proibição de intervenções, portanto, não merece maiores discussões o fato de que esse direito social seja plenamente aplicável aos particulares (QUADRA-SALCEDO, 1981, p. 73-74).[129]

O julgamento do RE nº 407.688-8, assim, ainda não constitui um precedente sobre a aplicação dos chamados direito prestacionais, ou "direitos fundamentais a prestações em sentido estrito" (Alexy), às relações privadas. Essa hipótese, excluída do âmbito de abordagem do presente trabalho, ainda não é dotada de análises doutrinárias robustas e conclusivas. Alguns autores nacionais, contudo, já começam a discutir o tema, que encontra, desde resistências radicais a uma defesa cautelosa.[130] Esse, contudo, é assunto para aprofundamento em obra específica.

---

[129] Nesse sentido, Ingo Sarlet (2007, p. 59) defende que as normas que definem os direitos sociais geram direitos prestacionais (positivos) e direitos defensivos (negativos), a depender da "posição jurídico-subjetiva concedida ao titular do crédito". Dessa forma, os direitos sociais também implicam direitos subjetivos negativos, que impedem restrições desproporcionais ou violadoras do seu "núcleo essencial". Um exemplo típico seria o direito à moradia que, como direito negativo, bloqueia ações que lhe sejam contrárias (vedação de penhora) e, como direito positivo, serve de fundamento à atuação do Estado para que assegure condições materiais de acesso à habitação.

[130] Conferir, entendendo pela impossibilidade de aplicação (STEINMETZ, 2004, p. 279) e admitindo com cautela (SARLET, 2007, p. 85-93).

Conclusão

Em linhas gerais, pode-se concluir este trabalho afirmando que as normas definidoras de direitos fundamentais (aqui excluídos os direitos prestacionais e difusos) são aplicáveis diretamente às relações entre particulares, de modo que é possível, sim, um particular invocar frente a outro particular um direito fundamental. Isso significa que as decisões judiciais que tenham por objeto conflitos decorrentes de relações jurídico-privadas poderão ser diretamente fundamentadas na Constituição Federal, sem que seja necessário, sempre, recorrer a uma norma de Direito civil. O fato de que, numa relação privada, ambos os envolvidos sejam titulares de direitos fundamentais não é impeditivo dessa aplicação direta. Dele apenas decorre a possibilidade de uma colisão de direitos fundamentais a ser resolvida pelo procedimento da ponderação.

Isso não significa descartar, no momento de aplicação, as normas legais concretizadoras desses direitos fundamentais: elas devem, sim, ser consideradas, sempre que aptas a reger o caso concreto, devendo ser interpretadas em consonância com o ordenamento constitucional (nos moldes do defendido pela teoria da eficácia mediata). Na ausência de norma legal adequada à resolução do caso, contudo, ou quando esta não esteja em consonância com o conteúdo das normas definidoras de direitos fundamentais, deve-se aplicar diretamente a Constituição.

Por outro lado, é possível propor parâmetros razoavelmente objetivos para a solução desses conflitos, que constituem precedências *prima facie* estabelecidas entre os direitos envolvidos, podendo ser formuladas da seguinte forma: a) em caso de desigualdade fática verificada entre as partes, o direito fundamental invocado pela parte dotada de menor poder social deve possuir um peso maior do que o princípio invocado pela parte mais poderosa; b) o princípio invocado para tutelar situações existenciais deve possuir um peso maior do que o invocado para proteger situações estritamente patrimoniais. Estes parâmetros valem também para a aplicação do princípio da igualdade, relativamente ao qual será ainda relevante o grau de pessoalidade ou proximidade entre as partes envolvidas nas respectivas relações.

Essas conclusões decorrem de uma série de teses que foram fixadas e justificadas ao longo do trabalho e que são resumidas a seguir:

1. Do ponto de vista histórico, considerando a origem contratualista dos direitos fundamentais, não se encontra base alguma para excluir do seu âmbito de proteção as relações entre os particulares. Relativizados os pressupostos positivistas que embasaram a Escola do Direito Público Subjetivo e a Escola da Exegese, não se pode mais afirmar um espaço privativo de regulação das relações privadas pelas normas civis infraconstitucionais, à margem ou tolhido da regulação constitucional, sob pena de restarem vulnerados a superioridade hierárquica da Constituição, e, especialmente, o caráter vinculante dos direitos fundamentais.

2. Por outro lado, o problema da vinculação dos particulares aos direitos fundamentais não é suficientemente resolvido através de teorias que o reconduzem ao esquema clássico de direitos frente ao Estado. Elas não respondem ao questionamento relativo a estarem ou não os particulares, em suas relações (por exemplo, no momento de firmarem um contrato), obrigados à observância recíproca desses direitos, o que é especialmente relevante quando se considera que nem todas essas relações chegam ao Judiciário. Os juízes estão obrigados a aplicar direitos fundamentais apenas se eles vinculam os particulares e não o contrário. As tentativas de vincular apenas os particulares cujas ações possuam similitudes significativas com as ações estatais *(state action)* acabam por afastar a aplicação dos direitos fundamentais de uma série de relações privadas, nas quais podem ocorrer importantes lesões, gerando uma dupla ética na sociedade, uma dirigida ao Estado e outra aos particulares.

3. A defesa de uma eficácia imediata das normas definidoras de direitos fundamentais não implica, por si, um risco de aniquilação da autonomia privada, que seria mais "adequadamente" regulada pelo legislador civil. Esta se encontra tutelada constitucionalmente e há de ser levada em conta pelo julgador no momento de decidir.

4. A autonomia privada, tomada num sentido amplo que abrange tanto a tutela de situações existenciais como patrimoniais, está garantida pela cláusula geral de liberdade, contida no art. 5º, *caput*, da Constituição Federal, garantia que pode ser também inferida pela interpretação, *a contrario sensu*, do

princípio da legalidade (art. 5º, II). A proteção da autonomia privada também decorre do princípio da dignidade da pessoa humana (inscrito no art. 1º, III, da mesma Carta), este último mais adequado à tutela de situações existenciais.
5. A possibilidade de aplicação direta das normas definidoras de direitos fundamentais também não significa que deva ser desconsiderado um espaço privilegiado do legislador para a configuração das relações civis. Considerando o caráter aberto da maioria dessas normas, sempre haverá espaço para que este exerça sua primazia na atividade concretizadora. Na aplicação do Direito privado, há que se privilegiar a regulação legal, assumindo, quem a questione, a carga da argumentação em sentido contrário, de modo a demonstrar que as circunstâncias levadas em conta pelo legislador para, na edição da norma legal, realizar a sua própria ponderação não encontram justificativa na dicção das normas definidoras de direitos fundamentais. Essa exigência decorre do princípio democrático (art. 1º, parágrafo único, da Constituição Federal) que tutela a prerrogativa do legislativo, como poder majoritário, de regular de forma privilegiada a convivência social.
6. O problema da aplicabilidade dos direitos fundamentais nas relações privadas é, assim, melhor enquadrado como um problema de ponderação entre direitos constitucionalmente protegidos. O fato de que numa relação entre dois privados todos os interessados gozem da proteção dos direitos fundamentais faz com que estes atuem ao mesmo tempo a favor e contra os envolvidos, o que em regra produzirá, *in concreto*, um conflito entre os direitos invocados. Nas relações em que exista um vínculo jurídico (negocial) entre as partes, o conflito normalmente se instala entre a autonomia negocial invocada por um dos particulares e um outro direito fundamental. Considerando que não há hierarquia constitucional estabelecida para os direitos que, na prática, entram em colisão, esta última há de ser resolvida através de uma ponderação que fixe para o caso concreto, diante de suas circunstâncias, qual dos direitos deve prevalecer, o que não se repetirá necessariamente em outros casos.
7. O raciocínio da ponderação supõe o cumprimento de alguns passos (máximas) que contribuem para a formação de um juízo de proporcionalidade determinante da prevalência de um ou mais direitos em conflito. Se não comporta uma única solução

correta, que possa ser aplicada para todos os casos, pode, contudo, em situações reiteradas e diante de determinadas circunstâncias abstratamente consideradas, gerar relações de precedência ou prevalências *prima facie*. Estas precedências deverão ser aplicadas ao caso sempre que comparecerem as circunstâncias consideradas pela regra e constituem parâmetros para a solução dos conflitos a serem utilizados pelo julgador.

8. No caso dos conflitos instalados nas relações entre os sujeitos privados, determinadas circunstâncias tidas por alguns autores como relevantes para servir de critério teórico à afirmação ou negação de uma eficácia imediata dos direitos fundamentais, devem influenciar a proposta de precedências *prima facie*, que auxiliam na solução das colisões. Disso é exemplo a situação de assimetria de poder numa determinada relação, bem como a possibilidade de que a autonomia negocial tutele aspectos existenciais da conduta dos indivíduos. Estas circunstâncias justificam os parâmetros propostos no início desta conclusão.

9. Essas precedências *prima facie* não resolvem definitivamente as múltiplas e complexas situações de conflito que ocorrem *in concreto*, e, para solucioná-las racionalmente, contarão argumentos decorrentes da vivência do julgador, desde que amparados na busca de um procedimento argumentativo que seja capaz de explicitar de forma clara e criticável os fundamentos levados em conta para decidir.

10. A jurisprudência constitucional brasileira tem se encaminhado para uma aplicação direta das normas definidoras de direitos fundamentais às relações privadas e a análise dos casos mais relevantes postos sob a apreciação do STF demonstra que o procedimento da ponderação é útil, mas não suficiente para resolver da forma mais razoável possível os respectivos conflitos. Especialmente nos casos em que as circunstâncias não justificam a aplicação dos parâmetros propostos *prima facie* (como no caso do DNA), é necessária a construção de uma argumentação que se mostre coerente e racional, mas cujo conteúdo não será fornecido pela "técnica" da ponderação. Ele está sempre envolto numa incontornável zona de incerteza e sua fixação está em muito sujeita às concepções e visão de mundo de quem decide.

11. Justamente em função disso, este trabalho não pode responder, em definitivo, à mais relevante angústia envolvida

na abordagem do seu tema: o incontornável conflito entre a efetividade dos direitos fundamentais, baseada num critério de racionalidade de comportamento, e a necessidade da autodeterminação e do livre desenvolvimento da personalidade humana, que envolve uma margem de arbítrio por parte do indivíduo e, principalmente, o exercício de uma liberdade emocional. Como equilibrar estes dois valores sem cair num ceticismo ou num absolutismo ético que torne sufocante e cada vez mais insuportável a existência humana?

Referências

ABRANTES, José João Nunes. *A vinculação das entidades privadas aos direitos fundamentais*. Lisboa: AAFDL, 1990.

ALBUQUERQUE, Fabíola Santos. Liberdade de contratar e livre iniciativa. In: RAMOS, Carmen Lúcia Silveira (Coord.). *Direito civil constitucional*: situações patrimoniais. Curitiba: Juruá, 2002. p. 97-116.

ALEXY, Robert. *El concepto y la validez del derecho*. Tradução de Jorge M. Seña. Barcelona: Gedisa, 2004a.

ALEXY, Robert. *Epílogo a la teoría de los derechos fundamentales*. Tradução de Carlos Bernal Pulido. Madrid: Fundación Beneficentia et Peritia Iuris, 2004b.

ALEXY, Robert. Sistema jurídico, princípios jurídicos y razón prática. In: ALEXY, Robert. *Derecho y razón prática*. Tradução de Manuel Atienza. México, DF: Fontamara, 1998. p. 7-20.

ALEXY, Robert. *Teoría de la argumentación jurídica*: la teoria del discurso racional como teoría de la fundamentación jurídica. Tradução de Manuel Atienza, Isabel Espejo. Madrid: Centro de Estudios Constitucionales, 1997.

ALEXY, Robert. *Teoría de los derechos fundamentales*. Tradução de Ernesto Garzón Valdés. Madrid: Centro de Estudios Constitucionales, 2001.

ALFARO ÁGUILA-REAL, Jésus. Autonomía privada y derechos fundamentales. *Anuário de Derecho Civil*, Madrid, t. XLVI, fasc. 1, p. 57-122, 1993.

ANDRADE, José Carlos Vieira de. *Os direitos fundamentais na Constituição de 1976*. Coimbra: Almedina, 1998.

ANDRADE, José Carlos Vieira de. Os direitos, liberdades e garantias no âmbito das relações entre particulares. In: SARLET, Ingo Wolfgang (Org.). *Constituição, direitos fundamentais e direito privado*. Porto Alegre: Livraria do Advogado, 2003. p. 271-297.

ARENDT, Hannah. *A condição humana*. Tradução de Roberto Raposo. Rio de Janeiro: Forense, 1999.

ARISTÓTELES. *A política*. Tradução de Roberto Leal Ferreira. São Paulo: Martins Fontes, 1998.

ASÍS ROIG, Rafael de. *Las paradojas de los derechos fundamentales como límites al poder*. Madrid: Dykinson, 2000.

ATIENZA, Manuel. *As razões do direito*: teorias da argumentação jurídica. Tradução de Maria Cristina Guimarães Cupertino. São Paulo: Landy, 2002.

AUSTIN, J. L. *How to do Things with Words*. 2nd ed. New York: Oxford University Press, 1976.

BARROSO, Luís Roberto. Fundamentos teóricos e filosóficos do novo direito constitucional brasileiro. *Revista de Direito Administrativo*, Rio de Janeiro, n. 225, p. 05-37, 2001.

BARROSO, Luís Roberto. *Interpretação e aplicação da Constituição*. São Paulo: Saraiva, 1996.

BASTOS, Celso Ribeiro. *Curso de direito constitucional*. 20. ed. São Paulo: Saraiva, 1999.

BILBAO UBILLOS, Juan Maria. *La eficacia de los derechos fundamentales frente a particulares*: análisis de la jurisprudencia del tribunal constitucional. Madrid: Boletín Oficial del Estado y Centro de Estudios Políticos y Constitucionales, 1997a.

BILBAO UBILLOS, Juan Maria. *Los derechos fundamentales en la frontera entre lo público y lo privado*. Madrid: MacGraw-Hill, 1997b.

BOBBIO, Norberto. *A era dos direitos*. Tradução de Carlos Nelson Coutinho. Rio de Janeiro: Campus, 2004.

BOBBIO, Norberto. *O positivismo jurídico*: lições de filosofia do direito. Tradução e notas de Márcio Pugliesi, Edson Bini, Carlos E. Rodrigues. São Paulo: Ícone, 1999.

BOBBIO, Norberto. *Teoria do ordenamento jurídico*. Tradução de Maria Celeste Cordeiro Leite dos Santos. 10. ed. Brasília: Ed. Universidade de Brasília, 1997.

BÖCKENFÖRDE, Ernst-Wolfgang. *Escritos sobre derechos fundamentales*. Tradução de Juan Luis Requejo Pagés. Baden Baden: Nomos Verlagsgesellschaft, 1993.

BONAVIDES, Paulo. *Curso de direito constitucional*. 7. ed. São Paulo: Malheiros, 1997.

BOROWSKI, Martin. La restrición de los derechos fundamentales. *Revista Española de Derecho Constitucional*, Madrid, n. 59, p. 29-56, maio/ago. 2000.

BRANCO, Paulo Gustavo Gonet. Aspectos de teoria geral dos direitos fundamentais. *In*: MENDES, Gilmar Ferreira; COELHO, Inocêncio Mártires; BRANCO, Paulo Gustavo Gonet. *Hermenêutica constitucional e direitos fundamentais*. Brasília, DF: Brasília Jurídica, 2002. p. 103-194.

BRANCO, Paulo Gustavo Gonet. Associações, expulsão de sócios e direitos fundamentais. *Revista Direito Público*, Brasília, DF, v. 1, n. 02, out./dez. 2003. Disponível em: <http://www.idp.org.br/caderno_virtual_revista_direito02.asp>. Acesso em: 12 abr. 2006.

BRASIL. Supremo Tribunal de Justiça. Habeas Corpus nº 12.547. Impetrante: William David Ferreira. Impetrado: Desembargador relator do Habeas Corpus nº 20000020010410 do Tribunal de Justiça do Distrito Federal. Relator: Ministro Ruy Rosado de Aguiar. São Paulo, 01 de junho de 2000, *DJ*, 12 fev. 2001.

BRASIL. Supremo Tribunal de Justiça. Recurso Especial nº 757411. Recorrente: V de PF de OF. Recorrido: ABF (MENOR). Relator: Ministro Fernando Gonçalves. Minas Gerais, 29 de novembro de 2005, *DJ*, 27 mar. 2006.

BRASIL. Supremo Tribunal Federal. Ação Direta de Inconstitucionalidade nº 2.054-4. Requerente: Partido Social Trabalhista – PST. Requerido: Presidente da República. Requerido: Congresso Nacional. Relator: Ministro Ilmar Galvão. Distrito Federal. 02 de abril de 2003, *DJ*, 17 out. 2003.

BRASIL. Supremo Tribunal Federal. Ação Direta de Inconstitucionalidade nº 1.813. Requerente: Partido da Mobilização Nacional – PMN. Requerido: Presidente da República. Requerido: Congresso Nacional. Relator: Ministro Marco Aurélio. Distrito Federal, 23 de abril de 1998, *DJ*, 05 jun. 1998.

BRASIL. Supremo Tribunal Federal. Ação Direta de Inconstitucionalidade nº 1.753. Requerente: Conselho Federal da Ordem dos Advogados do Brasil. Requerido: Presidente da República. Relator: Ministro Sepúlveda Pertence. Distrito Federal, 16 de abril de 1998, *DJ*, 12 jun. 1998.

BRASIL. Supremo Tribunal Federal. Ação Direta de Inconstitucionalidade nº 1.326. Requerente: Confederação Nacional das Profissões Liberais. Requerido: Governador do Estado de Santa Catarina. Requerida: Assembleia Legislativa do Estado de Santa Catarina. Relator: Ministro Carlos Veloso. Santa Catarina, 14 de agosto de 1997, *DJ*, 26 set. 1997.

BRASIL. Supremo Tribunal Federal. Ação Penal nº 307. Autor: Ministério Público Federal. Réu: Fernando Affonso de Mello. Réu: Paulo César Cavalcante Farias. Réu: Marta Vasconcelos Soares e outros. Réu: Jorge Waldério Tenório Bandeira de Melo e outro. Réu: Cláudio Francisco Vieira. Relator: Ministro Ilmar Galvão. Brasília, DF, 13 de dezembro de 1994, *DJ*, 13 out. 1995.

BRASIL. Supremo Tribunal Federal. Agravo de Instrumento nº 15.220. Agravantes: José Zildo do Santos e outros. Agravado: Cia. de Carris, Luz e Força do Rio de Janeiro LTDA. Relator: Ministro Abner de Vasconcellos. Brasília, DF, 28 de janeiro de 1952, *DJ*, 31 jan. 1952.

BRASIL. Supremo Tribunal Federal. Agravo Regimental em Agravo de Instrumento nº 220.459-2. Agravantes: Adriana Picanço Dutra e outras. Agravadas: De Millus S/A Indústria e comércio e outra. Relator: Ministro Moreira Alves. Rio de Janeiro, 28 de setembro de 1998, *DJ*, 29 out. 1999.

BRASIL. Supremo Tribunal Federal. Habeas Corpus nº 69.818. Impetrante: Maria da Conceição Ayres Cernicchiaro. Coator: Supremo Tribunal de Justiça. Relator: Ministro Sepúlveda Pertence. São Paulo, 03 de novembro de 1992, *DJ*, 27 nov. 1992.

BRASIL. Supremo Tribunal Federal. Habeas Corpus nº 69.912-1. Impetrante: Aluísio Martins. Coator: Tribunal Regional Federal da 4ª Região. Relator: Ministro Sepúlveda Pertence. Rio Grande do Sul, 30 de junho de 1993, *DJ*, 26 nov. 1993.

BRASIL. Supremo Tribunal Federal. Habeas Corpus nº 71.373-4. Impetrante: José Antônio Gomes Pinheiro Machado. Coator: Tribunal de Justiça do Rio Grande do Sul. Relator: Ministro Marco Aurélio. Rio Grande do Sul, 10 de novembro de 1994, *DJ*, 22 nov. 1996.

BRASIL. Supremo Tribunal Federal. Habeas Corpus nº 74.678. Impetrante: Miguel Reale Júnior e outros. Coator: Superior Tribunal de Justiça. Relator: Ministro Moreira Alves. São Paulo, 10 de junho de 1997, *DJ*, 15 ago. 1997.

BRASIL. Supremo Tribunal Federal. Habeas Corpus nº 80.948-1. Impetrante: Antônio Nabor Areias Bulhões e outro. Coator: Relator da notícia crime nº 199 – ES do Supremo Tribunal de Justiça. Relator: Ministro Néri da Silveira. Espírito Santo, 07 de agosto de 2001, *DJ*, 19 dez. 2001.

BRASIL. Supremo Tribunal Federal. Habeas Corpus nº 82.424-2. Impetrantes: Werner Cantalício João Becker e outro. Coator: Superior Tribunal de Justiça. Relator: Ministro Moreira Alves. Rio Grande do Sul, 17 de setembro de 2003, *DJ*, 19 mar. 2004.

BRASIL. Supremo Tribunal Federal. Recurso de Habeas Corpus nº 63.834-1. Recorrente: João Ramunno. Recorrido: Tribunal Federal de Recursos. Relator: Ministro Aldir Passarinho. São Paulo, 18 de dezembro de 1986, *DJ*, 05 jun. 1987.

BRASIL. Supremo Tribunal Federal. Recurso de Mandado de Segurança nº 6.380. Recorrente: Sindicato dos postos de serviço do Rio de Janeiro. Recorrida: União Federal. Relator: Ministro Luiz Galotti. Brasília, DF, 19 de janeiro de 1959, *DJ*, 15 abr. 1959.

BRASIL. Supremo Tribunal Federal. Recurso Extraordinário nº 100.094. Recorrente: Antônio Rico. Recorridos: Victor Manuel Gouveia Bastos, sua mulher e outros. Relator: Ministro Rafael Mayer. Paraná, 28 de junho de 1984, *DJ*, 24 ago. 1984.

BRASIL. Supremo Tribunal Federal. Recurso Extraordinário nº 158.215. Recorrentes: Ayrton da Silva Capaverde e outros. Recorrida: Cooperativa Mista São Luiz LTDA. Relator: Ministro Marco Aurélio. Rio de Grande do Sul, 30 de abril de 1996, *DJ*, 07 jun. 1996.

BRASIL. Supremo Tribunal Federal. Recurso Extraordinário nº 160.222-8. Recorrente: Ana Paula Muniz dos Santos e outro. Recorrido: Nahum Manela. Relator: Ministro Sepúlveda Pertence. Brasília, DF, 11 de abril de 1995, *DJ*, 01 set. 1995.

BRASIL. Supremo Tribunal Federal. Recurso Extraordinário nº 161.243-6. Recorrente: Joseph Malfin. Recorrida: Compagnie Nationale Air France. Relator: Ministro Carlos Veloso. Brasília, DF, 29 de outubro de 1996, *DJ*, 19 dez. 1997.

BRASIL. Supremo Tribunal Federal. Recurso Extraordinário nº 201.819-8. Recorrente: União Brasileira de Compositores – UBC. Recorrido: Arthur Rodrigues Villarinho. Relatora: Ministra Ellen Gracie. Brasília, DF, 21 de maio de 1996, *DJ*, 11 out. 2005.

BRASIL. Supremo Tribunal Federal. Recurso Extraordinário nº 407.688-8. Recorrente: Michel Jacques Peron. Recorrido: Paulo Barbosa de Campos Neto e outros. Relator: Ministro Cezar Peluso. Brasília, DF, 08 de fevereiro de 2006, *DJ*, 06 out. 2006.

BRASIL. Supremo Tribunal Federal. Recurso Extraordinário nº 85.439. Recorrente: Maria Elena Marques de Carvalho Rocha. Recorrido: Fernando Mello de Carvalho Rocha. Relator: Ministro Xavier de Albuquerque. Rio de Janeiro, 11 de novembro de 1977, *DJ*, 02 dez. 1977.

BRASIL. Supremo Tribunal Federal. Súmula nº 301. Por crime de responsabilidade, o procedimento penal contra prefeito municipal fica condicionado ao seu afastamento do cargo por "Impeachment", ou a cessação do exercício por outro motivo (cancelada). Disponível em: <http://www.stf.gov.br/jurisprudencia/nova/pesquisa.asp?s1=301&d=SUMU>. Acesso em: 18 maio 2006.

BRASIL. Supremo Tribunal Federal. Súmula nº 454. Simples Interpretação de Cláusulas contratuais não dá lugar a Recurso Extraordinário. Disponível em: <http://www.stf.gov.br/jurisprudencia/nova/pesquisa.asp?s1=454&d=SUMU>. Acesso em: 18 maio 2006.

BRASIL. Tribunal de Justiça do Estado do Rio Grande do Sul. Apelação Cível nº 596142562. Relator: Araken de Assis Canoas, *DJ*, 22 ago. 1996.

CANARIS, Claus-Wilhelm. A influência dos direitos fundamentais sobre o direito privado na Alemanha. Tradução de Peter Naumann. *In*: SARLET, Ingo Wolfgang (Org.). *Constituição, direitos fundamentais e direito privado*. Porto Alegre: Livraria do Advogado, 2003a. p. 223-243.

CANARIS, Claus-Wilhelm. *Direitos fundamentais e direito privado*. Tradução de Ingo Wolfgang Sarlet, Paulo Mota Pinto. Coimbra: Almedina, 2003b.

CANARIS, Claus-Wilhelm. *Pensamento sistemático e conceito de sistema na ciência do direito*. Tradução e introdução de A. Menezes Cordeiro. 2. ed. Lisboa: Fundação Calouste Gulbenkian, 1996.

CANOTILHO, J.J. Gomes. Civilização do direito constitucional ou constitucionalização do direito civil?: a eficácia dos direitos fundamentais na ordem jurídico-civil no contexto do direito pós-moderno. *In*: GRAU, Eros Roberto; GUERRA FILHO, Willis Santiago (Org.). *Direito constitucional*: estudos em homenagem a Paulo Bonavides. São Paulo: Malheiros, 2000. p. 108-115.

CANOTILHO, J.J. Gomes. *Direito constitucional e teoria da Constituição*. 3. ed. Coimbra: Almedina, 1999.

CANOTILHO, J.J. Gomes. Dogmática de direitos fundamentais e direito privado. *In*: CANOTILHO, J.J. Gomes. *Estudos sobre direitos fundamentais*. Coimbra: Coimbra Ed., 2004. p. 191-215.

CANOTILHO, J.J. Gomes; MOREIRA, Vital. *Constituição da República Portuguesa anotada*. 3. ed. Coimbra: Coimbra Ed., 1993.

CAUPERS, João. *Os direitos fundamentais dos trabalhadores e a Constituição*. Lisboa: Almedina, 1985.

CLAPHAM, Andrew. *Human Rights in the Private Sphere*. Oxford: Claredon Press, 2002.

CRUZ VILLALÓN, Pedro. Derechos fundamentales y derecho privado. *In*: CRUZ VILLALÓN, Pedro. *La curiosidad del jurista persa, y otros estúdios sobre la Constitución*. Madrid: Centro de Estudios Políticos y Constitucionales, 1999. p. 217-232.

DE VEGA GARCÍA, Pedro. Dificultades y problemas para la construccíon de un constitucionalismo de la igualdad: (el caso de la eficácia horizontal de los derechos fundamentales). *In*: PÉREZ LUÑO, Antonio-Enrique (Coord.). *Derechos humanos y constitucionalismo ante el tercer milênio*. Madrid: Marcial Pons, 1996. p. 265-280.

DWORKIN, Ronald. *Levando os direitos a sério*. Tradução de Nelson Boeira. São Paulo: Martins Fontes, 2002.

DWORKIN, Ronald. *O império do direito*. Tradução de Marta Guastavino. São Paulo: Martins Fontes, 1999.

ESSER, Josef. *Principio y norma en la elaboración jurisprudencial del derecho privado*. Tradução de Eduardo Valentí Fiol. Barcelona: Bosch, 1961.

ESTRADA, Alexei Julio. *La eficacia de los derechos fundamentales entre particulares*. Bogotá: Universidad Externado de Colômbia, 2000.

FACHIN, Luiz Edson; RUZYK, Carlos Eduardo Pianovski. Direitos fundamentais, dignidade da pessoa humana e o novo Código Civil: uma análise crítica. *In*: SARLET, Ingo Wolfgang (Org.). *Constituição, direitos fundamentais e direito privado*. Porto Alegre: Livraria do Advogado, 2003. p. 87-104.

FERRAZ JR., Tércio Sampaio. *Introdução ao estudo do direito*: técnica, decisão, dominação. São Paulo: Atlas, 2001.

FORSTHOFF, Ernest. *El estado de la sociedade industrial*. Tradução de Luis López Guerra, Jaime Nicolas Munis. Madrid: Instituto de Estudios Políticos, 1975.

FOUCAULT, Michel. *A ordem do discurso*. Tradução de Laura Fraga de Almeida Sampaio. São Paulo: Loyola, 2004.

GADAMER, Hans-Georg. *Verdade e método*: traços fundamentais de uma hermenêutica filosófica. 4. ed. Tradução de Flávio Paulo Meurer. Petrópolis: Vozes, 2002.

GARCÍA AMADO, Juan Antônio. Ductibilidade del derecho o exaltação del juiz? Defensa de ley frente a (otros) valores y princípios. *Escritos sobre filosofia del Derecho*, Santa-Fé de Bogotá, 1999. Disponível em: <www.geocities.com/jagamado>. Acesso em: 04 abr. 2006.

GARCÍA FIGUEROA, Alfonso. *Princípios y positivismo jurídico*: el no positivismo principialista em las teorias de R. Dworkin y R. Alexy. Madrid: Centro de Estudios Políticos y Constitucionales, 1998.

GARCÍA TORRES, Jesús; JIMÉNEZ-BLANCO, Antonio. *Derechos fundamentales y relaciones entre particulares*. Madrid: Civitas, 1986.

GERBER, Carl Friedrich von. *Diritto pubblico*. Milano: Giuffrè, 1971.

GÜNTHER, Klaus. *Teoria da argumentação no direito e na moral*: justificação e aplicação. Introdução de Luiz Moreira. São Paulo: Landy, 2004.

GÜNTHER, Klaus. Um concepto normativo de coherencia para uma teoría de la argumentación jurídica. Tradução de Juan Carlos Velasco Arroyo. *Doxa*, n. 17/18, p. 271-302, 1995.

HABERMAS, Jürgen. *Direito e democracia*: entre facticidade e validade I. Tradução de Flavio Beno Siebeneichler. 2. ed. Rio de Janeiro: Tempo Brasileiro, 2003a.

HABERMAS, Jürgen. Sobre a legitimação pelos direitos humanos. Tradução de Cláudio Molz, Tito Lívio Cruz Romão. *In*: MERLE, Jean Christophe; MOREIRA, Luiz (Org.). *Direito e legitimidade*. São Paulo: Landy, 2003b. p. 67-82.

HART, Hebert L. A. *O conceito de direito*. Tradução de A. Ribeiro Mendes. 3. ed. Lisboa: Fundação Calouste Gulbenkian, 2001.

HESSE, Konrad. *Derecho constitucional y derecho privado*. Tradução e introdução de Ignácio Gutiérrez Gutiérrez. Madrid: Civitas, 2001.

HESSE, Konrad. *Elementos de direito constitucional da República Federal da Alemanha*. Tradução de Luís Afonso Heck. Porto Alegre: Sergio Antonio Fabris, 1998.

JELLINEK, Georg. *Sistema dei diritti pubblici subbiettivi*. Tradução de Gaetano Vitagliano. Milano: Società Editrice, 1912.

JELLINEK, Georg. *Teoria general del Estado*. Tradução de Fernando de los Rios. Buenos Aires: Albastros, 1973.

KANT, Immanuel. *A metafísica dos costumes*. Tradução de Edson Bini. São Paulo: Edipro, 2003.

KAUFMANN, Rodrigo de Oliveira. *Dimensões e perspectivas da eficácia horizontal dos direitos fundamentais*: possibilidades e limites de aplicação no direito constitucional. 2003. 381 f. Dissertação (Mestrado em Direito) – Faculdade de Direito, Universidade de Brasília, Brasília, 2003.

KELSEN, Hans. *Teoria pura do direito*. Tradução de João Baptista Machado. São Paulo: Martins Fontes, 2000.

KERVÉGAN, Jean-Francois. Democracia e direitos humanos. Tradução de Cláudio Molz, Tito Lívio Cruz Romão. *In*: MERLE, Jean Christophe; MOREIRA, Luiz (Org.). *Direito e legitimidade*. São Paulo: Landy, 2003. p. 115-125.

KUHN, Thomas S. *A estrutura das revoluções científicas*. Tradução de Beatriz Vianna Boeira, Nelson Boeira. São Paulo: Perspectiva, 2003.

LAFER, Celso. *A reconstrução dos direitos humanos*: um diálogo com o pensamento de Hannah Arendt. São Paulo: Companhia das Letras, 2003a.

LAFER, Celso. *Hannah Arendt*: pensamento, persuasão e poder. 2. ed. São Paulo: Paz e Terra, 2003b.

LARENZ, Karl. *Derecho civil*: parte general. Tradução de Miguel Izquierdo, Macías Picaeva. Madrid: Revista de Derecho Privado, 1978.

LARENZ, Karl. *Derecho justo*: fundamentos de ética jurídica. Tradução de Luiz Díez Picazo. Madrid: Civitas, 1993.

LÔBO, Paulo Luiz Netto. Constitucionalização do direito civil. *Revista de Informação Legislativa*, Brasília, DF, n. 141, p. 99-109, jan./mar. 1999a.

LÔBO, Paulo Luiz Netto. O exame de DNA e o princípio da dignidade da pessoa humana. *Revista Brasileira de Direito de Família*, Porto Alegre, v. 1, p. 67-78, abr./jun. 1999b.

LÔBO, Paulo Luiz Netto. Princípios sociais do contrato no Código de Defesa do Consumidor e no novo Código Civil. *Revista de Direito do Consumidor*, São Paulo, n. 42, p. 187-195, abr./jun. 2002.

LÔBO, Paulo Luiz Netto. *Famílias*. São Paulo: Saraiva, 2007.

LORENZETTI, Ricardo Luis. A descodificação e a possibilidade de ressistematização do direito civil. *In*: FIUSA, C.; SÁ, Maria de Fátima Freire de; NAVES, Bruno Torquato de Oliveira (Coord.). *Direito civil*: atualidades. Belo Horizonte: Del Rey, 2003. p. 219-230.

LORENZETTI, Ricardo Luis. *Fundamentos do direito privado*. Tradução de Vera Maria Jacob de Fradera. São Paulo: Revista dos Tribunais, 1998.

LYOTARD, Jean François. *La condition postmoderne*: raport sur le savoir. Paris: Minuit, 1979.

MARTINS, Leonardo (Org.); (Intr.). *Cinquenta anos de jurisprudência do Tribunal Constitucional Alemão*. Tradução de Beatriz Hennig *et al*. Uruguai: Fundacíon Konrad-Adenauer, 2005.

MARTINS-COSTA, Judith. *A boa fé no direito privado*. São Paulo: Revista dos Tribunais, 1999.

MELLO, Celso Antônio Bandeira de. *O conteúdo jurídico do princípio da igualdade*. 3. ed. São Paulo: Malheiros, 2004.

MENDES, Gilmar Ferreira. *Direitos fundamentais e controle de constitucionalidade*: estudos de direito constitucional. 3. ed. São Paulo: Saraiva, 2006.

MORAES, Maria Celina Bodin de. Constituição e direito civil: tendências. *Revista Direito, Estado e sociedade*, Rio de Janeiro, n. 15. Disponível em: <http://www.puc-rio.br/direito/revista/online/rev15_mcelina.html>. Acesso em: 27 mar. 2006.

MÜNCH, Ingo von. Drittwirkung de derechos fundamentales en Alemania. Tradução de María Teresa Díaz i Pont, David Felip i Saborit. *In*: SALVADOR CODERCH, Pablo (Coord.); FERRER I RIBA, Josep; MÜNCH, Ingo von. *Asociaciones, derechos fundamentales y autonomia privada*. Madrid: Civitas, 1997. p. 25-53.

NARANJO DE LA CRUZ, Rafael. *Los límites de los derechos fundamentales en las relaciones entre particulares*: la buena fé. Madrid: Bolétin Oficial del Estado y Centro de Estúdios Políticos y Constitucionales, 2000.

NEVES, Marcelo. Do consenso ao dissenso: o Estado Democrático de Direito a partir e além de Habermas. *In*: SOUZA, J. (Org.). *Democracia hoje*: novos desafios para a teoria democrática contemporânea. Brasília, DF: Ed. Universidade de Brasília, DF, 2001. p. 112-163.

NOWAK, Jonh E.; ROTUNDA, Ronald D. *Constitutional Law*. 17th ed. St. Paul: Thomson West, 2004.

OLIVEIRA, Manfredo Araújo de. *Reviravolta lingüístico-pragmática na filosofia contemporânea*. São Paulo: Loyola, 2001.

PECES-BARBA, Gregório Martínez. *Curso de derechos fundamentales*: teoria general. Madrid: Universidade Carlos III y Boletín Oficial do Estado, 1999.

PERELMAN, Chaïm. *Lógica jurídica*: nova retórica. Tradução de Vergínia K. Pupi. São Paulo: Martins Fontes, 2004.

PEREZ LUÑO, Antônio Enrique. Derechos humanos y constitucionalismo en la atualidad: continuidad o cambio de paradigma?. *In*: PEREZ LUÑO, Antonio-Enrique (Coord.). *Derechos humanos y constitucionalismo ante el tercer milenio*. Madrid: Marcial Pons, 1996. p. 11-52.

PEREZ LUÑO, Antonio-Enrique. *Derechos humanos, Estado de derecho y constitución*. 6. ed. Madrid: Tecnos, 1999.

PERLINGIERI, Pietro. *Perfis do directo civil*: introdução ao directo civil constitucional. Tradução de Maria Cristina de Cicco. 2. ed. Rio de Janeiro: Renovar, 2002.

PINTO, Carlos Alberto da Mota. *Teoria geral do direito civil*. 3. ed. Coimbra: Coimbra Ed., 1999.

PRATA, Ana. *A tutela constitucional da autonomia privada*. Coimbra: Almedina, 1982.

PREUSS, Ulrich. Os elementos normativos da soberania. Tradução de Cláudio Molz, Tito Lívio Cruz Romão. *In*: MERLE, Jean Christophe; MOREIRA, Luiz. *Direito e legitimidade*. São Paulo: Landy, 2003. p. 158-174.

PRIETO SANCHÍS, Luis. El juicio de ponderación. *In*: PRIETO SANCHÍS, Luis. *Justicia constitucional y derechos fundamentales*. Madrid: Trotta, 2003. p. 175-216.

PRIETO SANCHÍS, Luis. *Estudios sobre derechos fundamentales*. Madrid: Debate, 1994.

QUADRA-SALCEDO, Tomás. *El recurso de amparo y los derechos fundamentales en las relaciones entre particulares*. Madrid: Civitas, 1981.

RIBEIRO, Joaquim de Souza. Constitucionalização do direito civil. *Boletim da Faculdade de Direito*, Coimbra, v. LXXIV, p. 729-755, 1998.

RIBEIRO, Renato Janine. Hobbes: o medo e a esperança. *In*: WEFFORT, Francisco C. (Org.). *Os clássicos da política*. 7. ed. São Paulo: Ática, 1996. (Os Pensadores). v. 1, Maquiavel, Hobbes, Locke, Montesquieu, Rousseau, "O Federalista". p. 51-77.

RODRÍGUEZ DE SANTIAGO, José María. *La ponderación de bienes e intereses en el derecho administrativo*. Madrid: Marcial Pons, 2000.

ROTUNDA, Ronald D. *Modern Constitutional Law*: Cases and Notes. St. Paul: West Publishing Co., 1989.

ROUANET, Sérgio Paulo. *As razões do iluminismo*. São Paulo: Companhia das Letras, 2000.

SALVADOR CODERCH, Pablo; FERRER I RIBA, Josep. Asociacones, democracia y Drittwirkung. *In*: SALVADOR CODERCH, Pablo (Coord.); FERRER I RIBA, Josep; MÜNCH, Ingo von. *Asociaciones, derechos fundamentales y autonomia privada*. Madrid: Civitas, 1997. p. 55-88.

SANTOS, Boa Ventura de Souza. *Introdução a uma ciência pós-moderna*. 3. ed. Rio de Janeiro: Graal, 2000.

SARLET, Ingo Wolfgang. *A eficácia dos direitos fundamentais*. Porto Alegre: Livraria do Advogado, 1998.

SARLET, Ingo Wolfgang. Direitos fundamentais e direito privado: algumas considerações em torno da vinculação dos particulares aos direitos fundamentais. *In*: SARLET, Ingo Wolfgang (Org.). *A constituição concretizada*: construindo pontes com o público e o privado. Porto Alegre: Livraria do Advogado, 2000. p. 107-163.

SARLET, Ingo Wolfgang. Mínimo existencial e direito privado: apontamentos sobre algumas dimensões da possível eficácia dos direitos fundamentais nas relações jurídico-privadas. *Revista Trimestral de Direito Civil*, Rio de Janeiro, v. 8, n. 29, p. 53-93, jan./mar. 2007.

SARMENTO, Daniel. A dimensão objetiva dos direitos fundamentais: fragmentos de uma teoria. *In*: MELLO, Celso D. de Albuquerque; TORRES, Ricardo Lobo (Dir.). *Arquivos de direitos humanos*. Rio de Janeiro: Renovar, 2002. p. 63-102.

SARMENTO, Daniel. *Direitos fundamentais e relações privadas*. Rio de Janeiro: Lumen Juris, 2004.

SCHNEIDER, Hans Peter. Peculiaridad y función de los derechos fundamentales en el Estado constitucional democrático. Tradução de Joaquín Abellán López. *In*: SCHNEIDER, Hans Peter. *Democracia y constitucion*. Madrid: Centro de Estudios Constitucionales, 1991. p. 119-149.

SCHREIBER, Anderson. Direito à moradia como fundamento para impenhorabilidade do imóvel residencial do devedor solteiro. *In*: RAMOS, Carmem Lúcia Silveira (Org.) *et al*. *Diálogos sobre direito civil*: construindo a racionalidade contemporânea. Rio de Janeiro: Renovar, 2002.

SILVA, José Afonso da. *Aplicabilidade das normas constitucionais*. 6. ed. São Paulo: Malheiros, 2002.

SILVA, Vasco Manuel Pascoal Dias Pereira da. Vinculação das entidades privadas pelos direitos, liberdades e garantias. *Revista de direito público*, Lisboa, n. 82, p. 41-52, 1986.

SILVA, Virgílio Afonso da. *A constitucionalização do direito*: os direitos fundamentais nas relações entre particulares. São Paulo: Malheiros, 2005.

SOBOTA, Katharina. Não mencione a norma!. Tradução de João Maurício Adeodato. *Anuário dos Cursos de Pós-Graduação*, Recife, ano 7, n. 7, p. 251-273, 1997.

STARCK, Cristian. Derechos fundamentales y derecho privado. Tradução de Maria J. Roca. *Revista Española de derecho Constitucional*, Madrid, n. 66, p. 65-89, set./dez. 2002.

STEINMETZ, Wilson. *A vinculação dos particulares a direitos fundamentais*. São Paulo: Malheiros, 2004.

STEINMETZ, Wilson. Princípio da proporcionalidade e atos de autonomia privada restritivos de direitos fundamentais. *In*: SILVA, Virgilio Afonso (Org.). *Interpretação constitucional*. São Paulo: Malheiros, 2005. p. 11-53.

STOCO, Rui. *Tratado de responsabilidade civil*. 6. ed. São Paulo: Revista dos Tribunais, 2004.

TEPEDINO, Gustavo. A tutela da personalidade no ordenamento civil-constitucional brasileiro. *In*: TEPEDINO, Gustavo. *Temas de direito civil*. 3. ed. Rio de Janeiro: Renovar, 2004. p. 23-54.

TEPEDINO, Gustavo. Normas constitucionais e relações de direito civil na experiência brasileira. *Boletim da Faculdade de Direito Studia Juridica*, Coimbra, n. 48, p. 323-345, 2000a.

TEPEDINO, Gustavo. O Código Civil, os chamados microssistemas e a Constituição: premissas para uma reforma legislativa. *In*: TEPEDINO, Gustavo (Org.). *Problemas de direito civil-constitucional*. Rio de Janeiro: Renovar, 2000b. p. 1-16.

TRIBE, Laurence H. *American Constitucional Law*. New York: The Foudation Press, 1988.

VALE, André Rufino do. *Eficácia dos directos fundamentais nas relações privadas*. Porto Alegre: Sergio Antonio Fabris, 2004.

VIEHWEG, Theodor. *Tópica e jurisprudência*. Tradução de Tércio Sampaio Ferraz Jr. Brasília, DF: Departamento de Imprensa Nacional, 1979.

WARAT, Luis Alberto. *O direito e sua linguagem*. 2. ed. Porto Alegre: Sergio Antonio Fabris, 1995.

WIEACKER, Franz. *História do direito privado moderno*. Tradução de Antônio Manuel Hespanha. 3. ed. Lisboa: Fundação Calouste Gulbenkian, 2004.

Índice de Assuntos

A

Aborto 55, 56, 121, 129
Alemanha 19, 20, 39, 44, 51, 68, 81, 109, 154, 184
Amostragem 167-170
Anonimato 179, 181
Antinomias 33, 42, 119, 120, 125
Autodeterminação 29, 56, 72, 82, 101, 107, 108, 111-114, 130, 144, 151, 158, 179, 201
Autonomia privada 18, 31, 43-45, 56, 57, 59, 66, 69, 72, 75, 78-83, 87, 92, 94, 96, 97, 101, 105, 106-118, 124, 129, 130, 135, 136, 141-144, 147, 148, 155, 158, 160, 161, 163, 166, 169, 170, 181-189, 193, 198, 199
- Aspectos existenciais 105, 113, 114, 117, 118, 141, 143, 144, 166, 172, 198
- Aspectos patrimoniais ... 106, 109-111, 114, 115, 118, 142, 143, 172, 198
- Tutela constitucional 109-118

B

Bem de família 190, 191, 193-195
- Impenhorabilidade 190-196
Benefícios trabalhistas 160
Big-bang
 Ver Código, Explosão
Brasil 19, 22, 39, 45, 85, 112, 157, 160, 162, 184, 187, 190

C

Caso
- Aborto I 55
- *Blinkfüer* 53, 54, 95
- *Böll* versus *Walden* 89
- *Burton* v. *Wilmington Parking Authority* 64
- *Columbia Broadcasting Sistem* v. *Democratic Nacional Comitee* 65
- "Condução do réu debaixo de vara" para realização do exame de DNA 171-181
- Exclusão de sócios de cooperativas e associações 181-189
- Exigência de revista íntima por parte da empresa *De Millus S. A.* 163-170
- *Lebach* 139, 140
- *Lüth* 52, 57, 81, 87, 88, 95, 155
- *Lloyd Corp.* v. *Tanner* 63
- *Marsh* v. *Alabama* 62
- *Moose Lodge Number 107* v. *Irvis* 65
- *Reitman* v. *Mulkey* 64
- *San Francisco Arts & Athletics Inc.* v. *United States Olyimpic Comitee* 65
- *Shelley* v. *Kramer* 63
- *Smith* v. *Allwright* 63
- Tratamento desigual de empregado brasileiro pela empresa aérea *Air France* 158-163
Código 31, 34, 35
- Explosão 34
Código Civil 31-35, 42, 43, 52, 97, 116, 156, 190
Colisão 24, 83, 101, 102, 105, 106, 118, 125, 132, 140, 146, 160, 161, 197, 199
Colisões externas 121, 122
Compagnie Nationale Air France 158, 159

página

Confissão ficta.................... 174-177, 181
Constituição 18, 27, 33, 38, 42-44,
    49-51, 60, 61, 63, 67, 72, 74-76,
    78-81, 83, 88-91, 98, 99,
    112-114, 118, 124, 128, 132,
    133, 137, 142, 144-146, 154,
    155, 160, 163, 166, 175, 177,
    182-185, 188-190, 197, 198
- Brasileira........... 19, 41, 68, 71, 96-103,
    109, 117, 132
- Portuguesa.................... 77, 92, 110-112
Constituição Federal............18, 97, 106,
    113, 114, 116, 146, 154, 163,
    164, 170, 173, 179, 197-199
Contrato social...............................27, 35
Cooperativa......................181, 183, 187

D

Decisões judiciais 80, 84, 97, 137, 197
Declaração Francesa de 1789.............28
De Millus S. A. 163-165, 167
Dependências sociais........................37
Desigualdade fática 143, 144, 147,
    148, 162, 197
Direito
- À honra...........................106, 124, 146,
    154, 163, 171-173
- À identidade 171, 173, 176, 177, 179
- À informação...................106, 135, 136
- À intangibilidade do corpo
    humano.........................171, 173, 175
- À intimidade e à
    privacidade 163-170
- À vida........................55, 56, 125, 129
- Autoral.............................. 100, 186-189
- Civil................18, 19, 31, 33, 42, 44, 52,
    72, 76, 81, 82, 85, 92,
    107, 184, 185, 197
- De defesa............................59, 87, 183
- De propriedade 33, 107, 109, 110,
    112, 113, 115, 117,
    130, 135, 191, 193
- Livre desenvolvimento da
    personalidade 45, 52, 73, 74,
    109, 111-113, 140, 201

página

- Livre disposição do corpo 18, 124,
    173, 174, 176, 177, 180
- Livre manifestação do
    pensamento...................................106
- Preservação da intimidade ...106, 127,
    143, 153, 163-171, 179
- Privado 19, 24, 29, 31, 32, 35,
    41-45, 48, 52-55, 61, 62, 67,
    71, 73, 74, 77-84, 86-88,
    90-92, 97, 98, 185, 199
- - Cláusulas gerais.................80, 83, 84,
    92, 96-98
- Público 17, 32, 41, 53, 87
- Subjetivo........ 26, 29, 31, 49-51, 53, 67,
    74, 83, 84, 91, 95, 96, 196
- - *Status ativae civitatis* 30
- - *Status civitatis* 30
- - *Status libertatis* 30
- - *Status subjectionis* 30
Direitos fundamentais..........17, 18, 21,
    28, 30, 36
- Aplicabilidade nas relações
    privadas....... 19, 23-27, 36, 38, 40,41,
    43, 44, 47-69, 71, 75, 84,
    85, 91, 93, 95, 98,100, 103,
    105, 107, 112, 151,
    184, 190, 192, 199
- Concepção tradicional....27, 32, 41, 48
- Destinatário 47, 48, 54, 55, 57,
    66, 68, 86, 89, 96, 99,
    100,161, 162, 175
- Dimensão objetiva 49-58, 67, 80, 88
- Eficácia imediata 72-79, 83, 86,
    89, 90, 92, 96, 100-103,
    140, 142, 147, 155, 162-164,
    166, 170, 183, 184, 188, 198, 200
- Eficácia
    interprivada 56, 105, 112, 118
- Eficácia mediata 24, 48, 78-90,
    96-99, 103, 135, 156,
    184, 185, 197
- Eficácia privada........23, 43, 45, 57, 60,
    85, 141, 153-201
- *in concreto* 93, 94, 118, 124, 133,
    143, 144, 199, 200

Índice de Assuntos | **217**

- Normas definidoras.......17, 18, 21, 22, 24, 26, 27, 35, 36, 51, 52, 67, 75, 76, 84, 88, 89, 97, 98, 102, 105, 122, 125, 127, 129, 130, 141, 155, 182, 192, 196-200
- Relações entre particulares..............22
- - Conflitos........................... 24, 105-151
Direitos humanos............26, 28, 50, 61, 106, 137
Discriminação......... 60, 63-65, 100, 120, 145-150, 160-162
- Racial....................................61, 62, 147
Direkte Drittwirkung
  Ver Teoria da eficácia direta
Drittwirkung............19, 38, 57, 73, 75, 79, 84-86, 94, 95

E
ECAD...................................186, 187, 189
Efeito externo............................20, 22, 93
Eficácia...21, 22
Eficácia horizontal............19, 21, 43, 59, 103, 157, 181, 184
Eficácia irradiante............ 19, 21, 49-58, 67, 73, 87
Escola da Exegese........................32, 198
Escola do Direto Público
  Subjetivo.........................17, 28, 51, 198
Espanha........19, 39, 44, 76, 89, 154, 178
Estado..........17-20, 23, 25-32, 36, 38-41, 43, 44, 47-103, 112, 119, 135, 141, 143, 146, 147, 150, 159, 161, 162, 174, 178, 181 184, 186, 188, 191, 192, 196, 198
- Deveres de proteção............24, 48, 49, 55-59, 61, 66-68, 84-86, 99
Estado Social............................36, 39, 73
Estados Unidos.................17, 39, 40, 60, 61, 65, 184, 190
Europa..17, 184
Exame de DNA..................18, 125, 137, 171-181, 194

F
Fiador.. 190-196

G
Grau de satisfação............................134

H
Horizontalwirkung...............................19

I
Idoneidade......................... 133-136, 144
Interesse coletivo......................116, 117
Itália................................19, 39, 76, 109

J
Jurisprudência............60, 61, 79, 81, 82, 87, 108, 133, 139, 146, 154, 159, 171
- Brasileira......................... 151, 153-201
Juros.. 155-157

L
Legislador....................30, 33, 35, 41, 44, 56, 58, 61, 64, 68, 69, 71, 72, 76, 78, 79, 82-85, 87, 88, 97, 100-102, 119, 123, 131-134, 175, 194, 195, 198, 199
Lei Fundamental de Bonn.....49, 51, 55, 73, 87, 99, 109
Liberdade.........17, 18, 20, 27, 29, 30, 36, 37, 43, 52, 53, 56, 58-61, 64, 66, 68, 74, 77, 79, 82, 91, 94, 95, 99, 101, 107, 108, 110-118, 123, 141-143, 145, 147, 148, 150, 171, 180-182, 189, 201
- Contratual...........37, 82, 106, 107, 110, 115, 163-170, 193
- De consciência............73, 126, 129, 143
- De exercício da profissão..........20, 57, 107, 109, 110, 113, 115, 125, 143, 187, 188
- De expressão e informação.....52, 106, 124, 127, 130, 140, 154, 172
- De imprensa...................20, 35, 54, 140
- De locomoção 143, 156, 157
- De opinião.............................28, 54, 55
- Individual................17, 27, 43, 52, 53, 61, 113, 116

página
- Negocial 106-112, 115, 145, 148, 150, 163
- Promocional 115

M
Margem de ação epistêmica 102
Mittelbare Drittwirkung
Ver Direitos fundamentais, Eficácia mediata
Moradia 190-196

N
Nacionalidade 18, 19, 74, 100, 162
Necessidade 133-136, 144, 169, 175, 195
Negócios jurídicos 48, 86, 91, 106, 109, 115, 145

O
Ordem jurídica 34, 43, 49, 50, 74, 79, 109, 111, 116, 125, 189
Ordem objetiva de valores 51, 53-55, 57, 61, 68, 69, 80, 86, 88

P
Panconstitucionalização 79, 83
Particulares 19, 21, 23-25, 29, 47, 48, 55-60, 65-69, 71-73, 75-80, 83, 84, 86-96, 98-103, 105, 106, 109, 111, 112, 115, 118, 122, 130, 135, 140, 142-151, 153, 158-161, 163, 166, 170, 171, 174, 182, 184, 185, 188, 189, 192, 193, 196-199
Poder social 24, 90, 93, 94, 141, 144, 149, 162, 166, 172, 186, 197
Poderes privados 36-40, 90, 93, 94, 186, 189
Poderes públicos 23, 36-40, 43, 50, 56, 60, 61, 76, 78, 89, 91, 94, 100, 101, 112, 145, 146, 160, 189
Ponderação 24, 56, 78, 83, 96, 97, 101, 102, 105, 108, 116, 122, 125-136, 138-140, 154, 158, 168, 170, 173, 177, 179, 180, 187, 188, 194-197, 199, 200

página
Portugal 19, 44, 76, 77, 110, 154
Pós-modernidade 34
Precedentes 128, 131, 136-139, 158, 184
Prima facie 55, 94, 123, 125, 128, 131, 139-144, 157, 162, 166, 172, 186, 188, 197, 200

Princípio
- Ampla defesa 99, 107, 181-189
- Da dignidade da pessoa humana .. 43, 49, 53, 73, 74, 79, 80, 81, 112-114, 118, 125, 129, 149, 148, 155, 157, 166, 167, 169, 170, 172, 175, 181, 185, 193, 199
- Da harmonização 92
- Da igualdade 24, 44, 81, 108, 123, 141, 144-151, 157, 158-163, 191, 197
- - Aspectos específicos 144-151
- Da livre iniciativa 115, 166, 124
- Democrático 101
- De universalização 138, 139
- De proporcionalidade ... 128, 132-134, 136, 144, 146, 168, 169, 177, 178, 199
Princípios constitucionais 33, 41-45, 118, 125, 138, 147, 149, 150, 158, 182, 186, 188, 189
Produto interno bruto (PIB) 39
Publicização 41

R
Ratio decidendi 88
Relações entre iguais 32, 37, 78, 90, 92, 96, 141, 148
Revista íntima 107, 137, 163-170

S
Sistema jurídico 33, 35, 54, 55, 119, 122
Solidariedade 43, 110, 179
State action 60-69, 184, 198
Subsunção 122, 128, 129, 131, 138
Sujeição 18, 30, 37, 75

Supremo Tribunal Federal
(SFT).................. 89, 146, 156, 158-160,
163-165, 167-170, 172, 173, 176,
179, 181-185, 190, 191,
193, 194, 196, 200

T
Teoria da convergência
estatista....................... 58-60, 65, 66, 68
Teoria da eficácia direta
Ver Direitos fundamentais, Eficácia
imediata
Teoria do ordenamento jurídico......119
Teoria dos Direitos
Fundamentais................18, 31, 50, 135

Tribunal Constitucional
Alemão.......... 22, 49-58, 67, 68, 74, 84,
125, 130, 135, 138, 139,
140, 146, 155

U
União brasileira de Compositores
(UBC)............................. 181, 187-189
unmittelbare Drittwirkung
Ver Direitos Fundamentais, Eficácia
imediata

V
Validade................................22
Volksgenosse 117

Índice da Jurisprudência

                        página

A
ADI nº 2.054-4-DF 186
AG nº 15.220 159
AGRAG nº 220.459-2 .... 164, 167
AP nº 307 163
Apelação Cível nº 59614562 154

H
Habbeas corpus nº 12.547/DF 155
HC nº 69.912-1 164
HC nº 71.373-4 171
HC nº 80.948-1 163

                        página

R
RE nº 85.439 163
RE nº 100.094 163
RE nº 158.215 .... 183, 184
RE nº 160.222-8 .... 164, 184
RE nº 161.243-6/DF 159, 166, 184
RE nº 201.819-8/RJ 158, 181, 183
RE nº 407.688-8/SP 190, 196
RHC nº 63.834-1 164
RMS nº 6.380 159

S
Súmula nº 454 (*DJ*, 08.10.1964) 159

Índice Onomástico

página

A
Abrantes, José João Nunes 76, 78
Aguiar, Ruy Rosado de 155
Albuquerque, Fabíola Santos 115
Albuquerque, Xavier de 163
Alexy, Robert 18, 19, 45, 48, 51,
53-55, 58, 59, 67, 68, 94-97,
100-102, 123, 125, 126, 131-135,
137-140, 146, 155, 168, 169,
173, 175-177, 195, 196
Alfaro Águila-Real, Jésus 89, 112 149
Alves, Moreira 164, 167, 172
Andrade, José Carlos Vieira de 21,
56, 79, 90-93, 111, 112,
138, 141, 142, 145, 147-149
Arendt, Hannah 117
Asís Roig, Rafael de 30, 40

B
Barbosa, Joaquim 192, 193, 196
Bastos, Celso Ribeiro 149
Bilbao Ubillos, Juan Maria 25-27,
37-41, 43, 58, 60, 62-64,
67, 76, 77, 112, 150
Bobbio, Norberto 22, 26, 27, 119
Böckenförde, Ernst-Wolfgang 37
Düll, Henrich 89
Branco, Paulo Gustavo Gonet .. 19, 107,
183, 184, 187

C
Canoas, Araken de Assis 154
Canotilho, J. J. Gomes 18, 34, 76, 77,
79, 94, 103, 116, 135, 138, 146, 147
Caupers, João 38, 110

D
Doehring, Karl 67
Dürig, Günther 79, 81, 87, 184
Dworkin, Ronald 50, 119, 122, 137

página

E
Estrada, Alexei Julio... 43, 57, 72, 74-76,
78, 80, 83-85, 96, 98,
99, 101, 103, 185

F
Ferrer i Riba, Josep 79, 187
Forsthoff, Ernest 17, 43, 44

G
Gadamer, Hans-Georg 136, 137, 170
Gallotti, Luis 159
Galvão, Ilmar 164, 177, 186
García Torres, Jesús 40, 52, 73-75,
81, 112
Gerber, Carl Friedrich von 29
Guimarães, Mário 159
Günther, Klaus 121, 122, 126-128,
137, 169

H
Habermas, Jürgen 116, 127, 137
Harlam, Veit 52, 88
Hartman, Nicolai 51
Hesse, Konrad 31, 49, 50, 71, 79, 80,
82, 83, 85, 87, 101, 102,
105, 109, 141, 142, 184
Hobbes, Thomas 27, 39

I
Isensee, Josef 57

J
Jellinek, Georg 29, 30, 49, 50
Jiménez-Blanco, Antonio 40, 52,
73-75, 81, 112

K
Kaufman, Rodrigo de Oliveira ... 19, 59,
72, 74, 127, 136, 159, 183, 187

	página
Kelsen, Hans	22
Kervégan, Jean-Francois	116

L

Lafer, Celso 20, 26-29, 106, 117
Lôbo, Paulo Luiz Netto..........31, 33, 41,
   97, 116, 171, 176, 180, 190, 193
Lorenzetti, Ricardo Luis..............31, 34,
   35, 41, 44

M

Mayer, Rafael 163
Mello, Marco Aurélio de 171, 172,
   174, 175, 183
Mendes, Gilmar Ferreira.......19, 54, 73,
   157, 172, 181-183, 187, 191
Münch, Ingo von..............18, 19, 44, 57,
   68, 72-74, 85, 109

N

Naranjo de la Cruz, Rafael ...59, 60, 76,
   79, 163
Neves, Marcelo 102, 116
Nipperdey, Hans Carl 72, 74, 75,
   140, 184
Northfleet, Ellen Gracie............182, 183

O

Oeter, Stefan...57

P

Passarinho, Aldir...............................164
Peces-Barba, Gregório Martínez 21,
   22, 27, 28, 32, 76, 114, 115
Peluso, Cezar.............................191, 193
Perez Luño, Antonio-Enrique.....26, 29,
   31, 50, 51
Perlingieri,
   Pietro..........76, 109, 110, 114, 118, 179
Prata, Ana............................. 78, 110-112
Preuss, Ulrich....................................116
Prieto Sanchís, Luis.... 76, 109, 119-121,
   123, 124, 126, 128, 131,
   132, 134, 136, 139, 147

	página

Q

Quadra-Salcedo, Tomás 56, 112, 196

R

Resek, Francisco 171, 173
Ribeiro, Joaquim de Sousa.........79, 108
Rouanet, Sérgio Paulo........................34

S

Salvador Coderch, Pablo....79, 112, 187
Sarlet, Ingo Wolfgang...... 19-21, 26, 36,
   59, 67, 74, 76,
   93, 100, 196
Sarmento, Daniel..............19, 20, 22, 50,
   51, 76, 102, 113, 114,
   117, 118, 128, 132,
   154, 155, 184
Scheller, Max..51
Schwabe, Jürgen 59
Silva, Vasco Manuel Pascoal
   Dias Pereira da 22, 38, 43,
   92, 93, 137, 141
Silva, Virgílio
   Afonso da.....................19, 23, 99, 132
Silveira, Néri da................................163
Smend, Rudolf 50, 51
Sobota, Katharina...............................97
Starck, Cristian 57
Steinmetz, Wilson.......19, 20, 62, 76, 85,
   107, 112, 113, 143, 145, 146, 150, 196

T

Tepedino, Gustavo 33, 42, 142, 185

V

Vale, André Rufino do 19, 76
Velloso, Carlos 159, 160, 171,
   172, 177
Verani, Sérgio.....................................165

W

Wittgenstein..34

Esta obra foi composta em fonte Palatino Linotype, corpo 10
e impressa em papel Offset 75g (miolo) e Supremo 250g (capa)
pela Gráfica e Editora O Lutador.
Belo Horizonte/MG, abril de 2011.